Julei M. Habisreutinger (Hg.)

Sendepause – 365 x fernsehfrei und Spaß dabei

Illustrationen von Johannes Langemann

BEUST Verlag

Die Deutsche Bibliothek - CIP-Einheitsaufnahme

Sendepause : 365 x fernsehfrei und Spass dabei / Julei M. Habisreutinger (Hg.). Ill. von Johannes Langemann. – 2. Aufl. – München : Beust, 1996
(KidsWorld)
ISBN 3-89530-008-X
NE: Habisreutinger, Julei M. (Hrsg.)

1. Auflage, 1.–5. Tausend, 1995
2. Auflage, 6.–10. Tausend, 1996

ILLUSTRATIONEN: Johannes Langemann
LEKTORAT: Cornelia Richter-Machicao
für GAIA Text, München
LAYOUTDESIGN, SATZ UND PRODUKTION:
GAIA Text, München
UMSCHLAGDESIGN: Reinert & Partner, München
DRUCK: J.G. Manz AG, Dillingen/Donau

ISBN 3-89530-008-X

Printed in Germany

Wie man dieses Buch benutzt

Wie Sie bereits beim ersten Durchblättern bemerkt haben werden, ist dies ein ungewöhnliches Buch, und deshalb beginnt es auch anders als andere. Denn dieses Buch will Ihnen das Spielen so einfach wie möglich machen.

Es ist sinnvoll, sich zunächst mit dem ausführlichen Inhaltsverzeichnis auf den folgenden Seiten vertraut zu machen. Darin sind alle 365 Spielvorschläge zweimal aufgeführt: einmal entsprechend der Reihung im Buch, zum anderen geordnet nach der Spielkategorie und innerhalb dieser Kategorien nach Altersgruppen.

Der spontane Spieler kann also, angeregt durch einen Spieltitel, gleich zur Tat schreiten (oder er blättert durch das Buch und überläßt es dem Zufall, ein Spiel zu finden). Wer systematischer vorgehen will, orientiert sich anfangs an der Spielkategorie – insgesamt elf an der Zahl: Basteln, Spielen, Geschicklichkeitsspiele, Streichholzspiele, Rechenspiele, Wortspiele, Experimente, Musik machen, Rezepte, Umwelt erleben und Zaubertricks. Sodann erleichtern die Altersangaben die Orientierung, welches Spiel für welche Altersgruppe am besten geeignet ist.

Haben Sie sich für ein Spiel entschieden, können Sie mit Hilfe der folgenden Symbole schnell einschätzen, was Sie zu seiner Durchführung benötigen, wieviele Mitspieler nötig sind, ob das Spiel draußen oder drinnen zu spielen ist, ob es laut oder leise ist und wieviel Zeit Sie brauchen. Diese Angaben dienen nur der allgemeinen Orientierung, denn beim Spielen sollen der Phantasie keine Grenzen gesetzt werden. Alle Spielideen können nach Lust und Laune verändert, verkürzt, verlängert oder kombiniert werden.

- **Altersgruppe**
- **erforderliche Zahl an Mitspielern**
- **in welcher Jahreszeit**
- **drinnen oder draußen**
- **laut oder leise**
- **Vorbereitungszeit**
- **Spieldauer**
- **benötigtes Material**
- **Spielkategorie**
- **mit Eltern**
- **Gefahrenhinweis**

Inhalt

Dieses Symbol kennzeichnet Spiele, bei denen Eltern mehr als nur am Rande in das Spielgeschehen einbezogen sind.

Alle Spiele auf einen Blick

Alle Spiele geordnet nach Kategorien und Alter

Basteln

ab 4 Jahre

ab 5 Jahre

ab 6 Jahre

ab 7 Jahre

ab 8 Jahre

ab 9 Jahre

ab 10 Jahre

Spielen

ab 3 Jahre

ab 4 Jahre

ab 5 Jahre

ab 6 Jahre

ab 7 Jahre

ab 8 Jahre

ab 9 Jahre

Geschicklichkeitsspiele

ab 4 Jahre

ab 5 Jahre

ab 6 Jahre

ab 7 Jahre

ab 9 Jahre

ab 10 Jahre

Umwelt erleben

ab 4 Jahre

ab 5 Jahre

ab 6 Jahre

ab 7 Jahre

ab 8 Jahre

ab 9 Jahre

Streichholzspiele

ab 4 Jahre

ab 5 Jahre

ab 9 Jahre

ab 10 Jahre

Experimente

ab 7 Jahre

ab 8 Jahre

ab 9 Jahre

ab 10 Jahre

Musik machen

ab 4 Jahre

ab 5 Jahre

ab 6 Jahre

ab 7 Jahre

ab 8 Jahre

Rechenspiele

ab 7 Jahre

ab 8 Jahre

ab 9 Jahre

ab 10 Jahre

Rezepte

ab 4 Jahre

ab 5 Jahre

ab 6 Jahre

ab 8 Jahre

ab 9 Jahre

Wortspiele

ab 3 Jahre

ab 6 Jahre

ab 7 Jahre

ab 8 Jahre

Zaubertricks

Vorbemerkung

Mach' mal Pause – Sendepause!

Wir sind nicht von der Fraktion, die Ihnen den Fernseher verbieten will. Der Fernseher ist heute fester Bestandteil unserer Welt und – in der richtigen Dosierung – ein faszinierendes Medium der Unterhaltung und Information.

Doch Fernsehen hat auch etwas Süchtigmachendes, und es erfordert viel Willenskraft, sich seiner „einlullenden" Faszination zu entziehen, auszuschalten und andere Dinge zu tun.

Kinder werden besonders leicht fernsehsüchtig, weil sie unendlich neugierig sind und besonders stark auf visuelle Reize reagieren. Andererseits sind Kinder aber auch mit viel Phantasie begabt und beständig auf der Suche nach Möglichkeiten, sie auszuleben. Das Fernsehen bietet ihnen wenig Gelegenheit dazu – und instinktiv spüren Kinder das. Denn hat man sie einmal vom Fernsehen weggelockt, zum Spielen verführt, sind die Reize des Fernsehens schnell vergessen.

Haben Sie einmal den Unterschied zwischen spielenden und fernsehenden Kindern beobachtet?

Kinder sind normalerweise immer in Bewegung, höchst aktiv und interessiert, sie plappern fortwährend und können sich stundenlang mit den verrücktesten Dingen beschäftigen. Vor dem Fernseher werden Kinder apathisch, reglos, bekommen einen glasigen Blick und wirken oftmals wie hypnotisiert.

Dennoch ist es nicht der Inhalt der Fernsehsendungen – obwohl auch darüber einiges zu sagen wäre –, der Sorgen macht, sondern die Tatsache, daß Kinder Zeit, die sie sonst mit Springen, Tanzen, Hüpfen, Tratschen und Spielen verbringen würden, sitzend vor dem Fernseher in Halbtrance vergeuden.

Aber all das brauchen wir Ihnen ja nicht zu sagen, sonst hätten Sie sich dieses Buch nicht gekauft. Eines vielleicht doch noch: Spielen ist für Kinder eine elementare Tätigkeit, ebenso wichtig wie Essen und Schlafen. War man früher noch der Meinung, Spielen sei eine „luxuriöse" Freizeitbeschäftigung, hat sich heute die – wissenschaftlich fundierte – Auffassung durchgesetzt, die häufiges Spielen als Grundvoraussetzung für eine gesunde geistige und emotionale

Entwicklung von Kindern ansieht. Im Spiel erproben und lernen Kinder all jene Fähigkeiten, die sie später für den „Ernstfall" des Lebens benötigen. Im Spiel entwickeln sie stabile, aktiv selbst erfahrene „Rollenmodelle", Modelle, die sich erheblich von den nur passiv aufgenommen „Vorbildern" der Fernsehhelden unterscheiden.

Legen Sie also, so oft Sie können, eine Sendepause ein. Und damit Ihnen das leicht fällt, haben wir uns bemüht, unsere Spielideen so einfach, kurz und so übersichtlich wie möglich zu halten.

Sie sollen auf einen Blick erkennen können, wie, wo, wann, mit wem, was gespielt oder gebastelt werden soll. Altersangaben erleichtern die Auswahl, ebenso die Angaben zu Vorbereitungszeit, Spieldauer und benötigtem Material. Skizzen veranschaulichen, wo nötig, die Spielbeschreibungen.

In unserer Sammlung finden Sie nicht nur Spiele von heute, sondern auch viele aus alter Zeit, die Sie vielleicht noch aus Ihrer eigenen Kindheit kennen, Spiele, die entstanden, als es noch kein Fernsehen gab.

Viele Spiele stammen aus der lebendigen „Spielpraxis" – vom Pausenhof oder aus dem Kindergarten. Ganze Schulklassen haben mitgeholfen, die einfachsten, besten und beliebtesten Spiele zu finden. So ist ein buntgemischtes Kaleidoskop entstanden, das Spiele für jede Situation und für jede Jahreszeit beinhaltet.

Die meisten Spiele sind so angelegt, daß sie von den Kindern alleine gespielt werden können und die Eltern nur bei der Vorbereitung dabei sein müssen. Wenn Sie aber wollen, können Sie auch fast immer mitspielen!

Und falls Ihnen und Ihren Kindern beim Spielen plötzlich eigene, neue Spiele einfallen – schreiben Sie diese auf und senden Sie sie an die Verlagsadresse, Beust Verlag, Fraunhoferstr. 13, D-80469 München (am Ende des Buches finden Sie ein Formular, das Sie zu diesem Zweck ausschneiden können). Verwendbare Spiele werden in der nächsten Auflage unter Namensnennung abgedruckt: Alle Einsendungen nehmen jeweils am 30. Juni eines Jahres an einer Verlosung von fünf attraktiven Preisen teil (der Rechtsweg ist ausgeschlossen).

Noch eine Anmerkung zum Schluß: In den Texten wurden aus Platzgründen ausschließlich männliche Anredeformen verwendet.

Um das auszugleichen, haben wir das Spiel „Frauensprache" an die erste Stelle im Buch gesetzt. Es bietet eine Anleitung dafür, wie alle männlichen Formen durch weibliche ersetzt werden können.

Gedankt sei an dieser Stelle allen, die Spiele gesammelt haben, den Mitautoren und meinen beiden kleinen pfiffigen Mitspielern Severin und Lilith. Nicht zuletzt sei Johannes Langemann gedankt, der mit unendlicher Geduld Spiel um Spiel illustriert hat.

München, im April 1995
Julei M. Habisreutinger

1. Frauensprache

Wort-spiele

- ab 9
- auch allein
- jederzeit
- drinnen + draußen
- leise
- 1 Min.
- 15 Min. +

Die Amazonen waren ein kriegerisches Frauenvolk im Altertum. Sie zogen lediglich Mädchen auf und trafen sich nur einmal im Jahr mit Männern.

Stellt euch vor, daß die Amazonen kommen und jedes Wort, das an einen Mann erinnert, verbieten: Mann, Herr, Junge ...
Sucht für mindestens 20 männliche Wörter ein weibliches.
Fangt an mit **Mann**schaft, be**herr**schen, Amt**mann**, **man** ...
Ihr könnt dieses Spiel noch fortsetzen, indem ihr euch einen Zeitungsartikel oder den Abschnitt eines Buches vornehmt und in diesem Text alle männlichen Begriffe durch weibliche ersetzt.

2. Würfellaus

Spielen

- ab 5
- mind. 2
- jederzeit
- drinnen
- leise
- 10 Min.
- 20 Min. +
- Papier, Stifte, 1 Würfel

Hier geht's um die Laus!

Alle Spieler sitzen im Kreis und haben ein Stück Papier vor sich und einen Stift in der Hand. Nun wählt jeder Spieler sich die Augenzahl aus, mit der er sich seine Laus erwürfeln möchte. Dann beginnt die Würfelrunde. Würfelt ein Spieler die von ihm gewählte Augenzahl, so darf er einen Teil der Laus zeichnen, zuerst den Bauch, die Beine, den Kopf, dann die Fühler.

Wer hat zuerst seine Laus fertig gezeichnet? Ihr könnt auch gemeinsam eine große Laus zeichnen. Jeder Spieler, der eine „sechs" würfelt, darf einen Teil der Laus zeichnen. Wer sie vollendet, ist der Lause-Sieger.
Schaut mal auf seinem Kopf nach, ob ihr da was findet!

Geschicklichkeitsspiele

Mit Stäbchen essen

3.

Essen wie der Kaiser von China!

Ihr könnt das Spiel mit einer kleinen Mutprobe beginnen, indem ihr zu einem Asien-Restaurant geht und fragt, ob ihr zum Üben je ein Paar Bambusstäbchen geschenkt bekommt. Ersatzweise könnt ihr auch Stricknadeln, Mikadostäbchen oder Holzstöckchen nehmen.

Ihr öffnet die rechte Hand (Linkshänder die linke), legt zunächst ein Stäbchen in die Falte zwischen Daumen und Zeigefinger, klappt den Daumen darüber, stützt es mit dem kleinen Finger und haltet es mit der Spitze des Ringfingers fest. Dieses Stäbchen bleibt immer starr. Nun legt ihr das zweite Stäbchen parallel vor das erste und haltet es zwischen Zeige- und Mittelfinger so fest, daß ihr es bewegen und damit die Essenshappen einklemmen könnt. Die Spitzen der Stäbchen müssen immer auf gleicher Höhe sein, sonst rutschten sie auseinander oder eure Hand verkrampft sich.

Wißt ihr, daß die Chinesen mehr Nudeln als Reis essen? Ihr könnt also eure Spaghetti demnächst getrost mit Stäbchen essen.

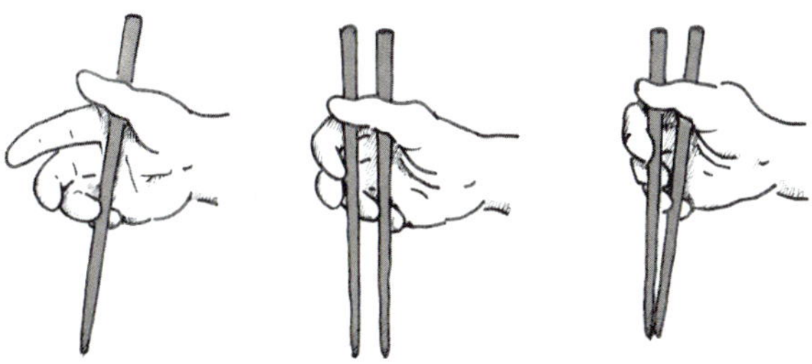

ab 6

auch allein

jederzeit

drinnen

leise

2 Min.

5 Min. +

Stäbchen aus einem asiatischen Restaurant oder Lebensmittelgeschäft.

Wortspiele

Namenskette

4.

Könnt ihr aus euren Namen eine Namenskette bilden?

Ein Spieler nennt seinen Namen, zum Beispiel „Daniel". Der Name des nächsten Spielers muß nun mit dem Buchstaben beginnen, mit dem der vorherige Name aufhört, also beispielsweise „Lucie". Der dritte Name muß entsprechend mit „E" beginnen. Findet ihr keine passenden Namen mehr, so denkt euch einfach passende aus! Natürlich könnt ihr das Spiel auch mit Namen aus der Pflanzen- oder Tierwelt oder aus den Bereichen Erdkunde, Schule, Verkehr, Haushalt spielen.

Wem nicht schnell genug ein passender Name einfällt, muß ein Pfand abgeben oder scheidet aus. Wer als letzter übrigbleibt, ist Sieger und darf die nächste Spielrunde eröffnen.

ab 7

mind. 4

jederzeit

drinnen

laut

1 Min.

20 Min. +

5. Südsee-Mixgetränk

Rezepte

ab 9

mind. 4

jederzeit

drinnen

leise

5 Min.

30 Min.

Mixer, 3 l Milch, 4–5 reife Bananen, 1 kleine bis mittelgroße Packung Vanille- oder Bananeneis

Ihr unternehmt eine leckere Abenteuerreise in die Südsee.

Die reifen Bananen werden erst im Mixer püriert und dann mit Milch und Eis vermixt. In Gläser füllen und gleich trinken, nicht erst lange stehenlassen!

Um noch mehr Spaß beim Trinken zu haben, könnt ihr drei Strohhalme ineinanderstecken.

Spürt Ihr beim Saugen ein Kitzeln auf der Zunge?

6. Papierbatik

Basteln

ab 6

auch allein

jederzeit

drinnen

leise

15 Min. +

30 Min. +

Weißes Japanpapier (ca. 10 x 10 cm), 3 verschiedene Batikfarben, 3 Joghurtbecher, Pinzette, Schere, weiße Briefkarten, Klebstoff, alte Zeitung, Bügeleisen

Schönste Muster auf Japanpapier batiken!

Teilt jeden Bogen des Japanpapiers in vier gleiche Teile. Jedes Teil als Fächer, als Ziehharmonika oder als Stern entweder waagrecht oder diagonal falten. Die drei Farben in die Joghurtbecher füllen. Das gefaltete Papierstück mit der Pinzette greifen und so in die erste Farbe eintauchen, daß ein Drittel des Papierstücks gefärbt ist. Das Papierstück nochmals auf die Hälfte falten und mit der Pinzette in die zweite Farbe eintauchen. Dann das letzte Drittel des Papierstücks in die dritte Farbe tauchen. Das gefärbte Papierstück auf eine alte Zeitung legen und trocknen lassen. Sind alle Papierstücke getrocknet, werden sie vorsichtig aufgefaltet und glatt gebügelt. Wie gefallen euch die entstandenen Muster? Zuletzt klebt ihr die gefärbten Teile auf weiße Grußkarten.

heißes Bügeleisen

mit Eltern

Geschick-
lichkeits-
spiele

Furchterregende Grimassen

7.

Vermutlich werdet ihr bei diesem Spiel weniger Schrecken als Gelächter auslösen!

Die Ringgummis oder Gummibänder müssen so eng und gleichzeitig so weit sein, daß sie sich über die Mitte des Kopfes in der Höhe der Nasenspitze spannen lassen. Jetzt versucht ihr alle gleichzeitig, durch Augenrollen, Naserümpfen, Backenbewegen und schreckliche Grimassen das Gummi über die Nasenspitze nach unten wandern zu lassen.

Wem das Gummi zuerst um den Hals fällt, der hat gewonnen.

ab 5

mind. 2

jederzeit

drinnen + draußen

leise

1 Min.

Kräftige und weite Ringgummis oder Gummibänder

30 Min.+

Basteln
Spielen

Farbdomino

8.

Bastelt ein Farbdomino und laßt die jüngeren Geschwister mitspielen!

Geschenkpapier mit Tapetenkleister auf einen Pappkarton aufkleben und trocknen lassen. Dann die nichtbeklebte Seite mit Bleistift und Lineal in 21 Karten aufteilen, jede Karte ist 5 cm breit und 10 cm lang. Die Karten sorgfältig ausschneiden und mit Lineal und Bleistift halbieren, so daß jede Karte aus zwei Quadraten besteht. Sucht euch sechs verschiedene Farben Glanzpapier, schneidet es im Format der Karten aus und beklebt die beiden Quadrate von 6 Karten mit derselben Farbe und die Quadrate der restlichen 15 Karten mit zwei verschiedenen Farben, wobei alle Farben jeweils einmal miteinander kombiniert werden. Nun werden die verdeckten Karten gleichmäßig unter den Mitspielern aufgeteilt. Der erste Spieler legt eine seiner Karten mit der Farbe nach oben in die Mitte. Die anderen Spieler versuchen der Reihe nach, passende Karten anzulegen. Wer hat als erster alle seine Karten untergebracht? Ihr könnt natürlich auch allein mit den Karten eine bunte Farbschlange legen.

ab 6

mind. 2

jederzeit

drinnen

leise

1 Std. +

30 Min. +

Pappkarton und buntes Geschenkpapier (100 x 210 cm), sechs verschiedene Farben Glanzpapier, Tapetenkleister, Klebstoff, Schere, Bleistift, Lineal

mit Eltern

9. Eskimo-Iglu bauen

Basteln

ab 7

auch allein

Winter

draußen

leise

1 Min.

4 Std. +

In einem Iglu aus Eis und Schnee kann es urgemütlich wie in einer Hütte sein!

Im Freien (Wiese, Park, Garten) rollt ihr Schneekugeln, tragt sie zusammen und setzt sie zu einer großen Halbkugel neben- und aufeinander. Die Lücken und Winkel mit Schnee ausfüllen und -stopfen, am besten mit Händen und Schaufel festklopfen. Wenn es sehr kalt ist, übergießt ihr die Kugel mit Wasser, das rasch friert und dadurch die Wand glättet und festigt. Dann grabt ihr mit Spaten oder Schaufel einen Eingang in die Mauer und schabt dahinter vorsichtig das Innere der Halbkugel aus. Wenn von oben Licht durchscheint, müßt ihr aufhören, damit die Wand nicht zu dünn wird! Schließlich legt ihr den Boden mit Säcken oder alten Decken, trockenem Laub oder Fichtenzweigen aus. Wenn ihr auf dem Land wohnt, kommt ihr sicher auch an Stroh, das sich ebenfalls gut eignet. Mit einer Kerze könnt ihr den Iglu gemütlich beleuchten.

Schaufel, Wasser, Säcke oder alte Decken, Kerze, viel Schnee

10. Kletterteufel

Basteln

ab 10

auch allein

jederzeit

drinnen

leise

30 Min. +

2 Std. +

Der Kletterteufel hat' s in sich! Denkt nur, er klettert an glatten Schnüren hoch!

Aus dem Fichtenholzbrettchen einen kleinen Teufel aussägen. In einem Winkel von 45 Grad wird schräg von oben nach unten ein Loch durch die Arme gebohrt. Der Winkel muß exakt ausgemessen sein, denn von ihm hängt es ab, ob der Teufel klettern kann! Am Kopf und am Po ebenfalls kleine Löcher bohren und Wollfäden (Haare, Teufelsschwanz) einkleben. Ein Gesicht aufmalen oder -kleben. Nun in die Fichtenholzleiste drei weitere Löcher bohren, die sogenannte „Waage", an der der Teufel aufgehängt wird. Die langen Kordeln durch die Teufelsarme ziehen. Die einen Enden oben an der Waage verknüpfen, die anderen unten mit je einer Holzkugel abschließen. Am mittleren Loch der Waage eine Schnur befestigen und den Teufel senkrecht aufhängen.

Wotans grüner Meerestrank

11.

Kennt ihr den germanischen Gott Wotan? Er war ein großer Rauf- und Saufbold. Bei einer Wette trank er so viel vom grünen Meereswasser, daß sich der Spiegel der Weltmeere senkte.

Bevor ihr euer »Weltmeer« aus einer großen Glasschüssel trinken könnt, müßt ihr Tee zubereiten, ein wenig abkühlen lassen, Honig in den noch warmen Tee geben und darin auflösen, einmischen, Pfefferminzblätter einstreuen – sieht wie Meerestang aus! – und schließlich einen Berg Eiswürfel zum Kühlen hineingeben. Bei Wotan waren dies die Eisberge des Nordmeers.

ab 9

mind. 4

Sommer

drinnen

leise

3 Min.

1 Std. +

2,5 l Pfefferminztee (aus ca. 20 Teebeuteln), 4 EL Honig, Saft aus 3 Zitronen, frische Pfefferminzblätter, zahlreiche Eiswürfel

mit Eltern

Herdplatte, heißer Tee

Jetzt in jede Hand eine Holzkugel nehmen, die Kordeln etwas nach außen ziehen und abwechselnd einmal an der rechten, dann an der linken Kordel ziehen. Klettert euer Teufelchen hoch? Hui, nun saust er schon wieder zurück! Aber sogleich beginnt er wieder hochzuklettern!

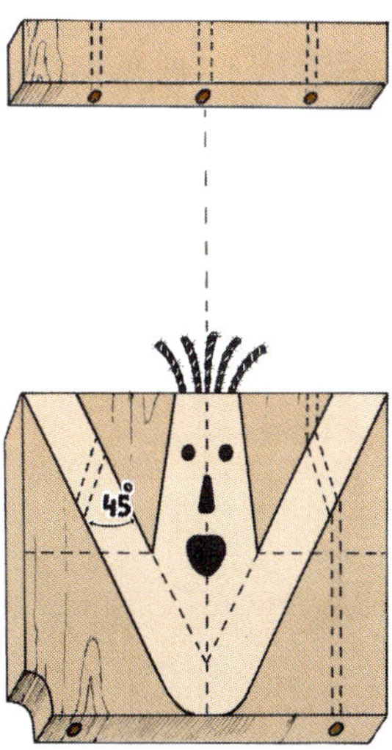

Fichten- oder Kiefernholzbrettchen (10 x 12 cm, 2 cm dick), Fichten- oder Kiefernholzleiste (2 x 2 x 12 cm), geschliffen und lackiert, 2 Holzkugeln (Durchmesser 2 cm), 2 Kordeln oder Schnüre jeweils 180 cm lang und 0,3 cm dick, Wollfäden, Buntstifte, Klebstoff, Handbohrer, Fuchsschwanz oder Laubsäge

Handbohrer, Säge

mit Eltern

12. Verflixte Sieben

Rechenspiele

ab 8

mind. 2

jederzeit

drinnen

laut

1 Min.

15 Min. +

„Eins, zwei, drei, vier, fünf, sechs, verflixt, acht ...“!

Alle Spieler sitzen in einer Runde und zählen nacheinander. Einer beginnt mit „eins“, der nächste fährt fort mit „zwei“. Dabei muß statt der sieben stets „verflixt“ gesagt werden. Auch statt „siebzehn“ oder „einundzwanzig“ und jeder anderen durch sieben teilbaren Zahl heißt es „verflixt“. Wer einen Fehler macht oder zu lange überlegt, muß ein Pfand abgeben oder scheidet aus. Wer beherrscht die „verflixte Sieben“ am besten? Natürlich könnt ihr stattdessen auch „fünf“ oder „neun“ einsetzen!

13. Geheimschrift mit Zaubertinte

Zaubertricks

ab 8

mind. 3

jederzeit

drinnen

leise

5 Min.

30 Min.

Zwei Kinder können sich mit geschriebener Zaubertinte unsichtbare Nachrichten vor den Augen der anderen zukommen lassen.

Während der eine Zauberer draußen warten muß, diktieren die anderen Mitspieler dem anderen einen geheimen Text, etwa:

„Nie wirst du erraten,
wo wir mit dem Spaten,
unseren Schatz versteckt!“

Der Zauberer schreibt den Text mit einem Pinsel, den er immer wieder in das Fläschchen mit frisch gepreßtem Zitronensaft tunkt. Die getrocknete Schrift ist unsichtbar. Dann ruft er den zweiten Zauberer mit den Worten herein:
„Krötenschleim und Schlangengift – entziffre mir nun diese Schrift!“

Der zweite Magier kommt geheimnisvoll mit brennender Kerze herein und murmelt:
„Lichtlein, Lichtlein zeig geschwind, welche Worte geschrieben sind!“
Dann hält er das Schreiben über die Kerze, und eine braune, lesbare Schrift erscheint.

Saft von einer Zitrone, Fläschchen, feiner Pinsel, Kerze, Streichhölzer

Spielen

Reiterturnier

14.

ab 8

mind. 6

jederzeit

draußen

laut

5 Min.

30 Min. +

Spannendes Reiterturnier für zwei Mannschaften!

Bestimmt eine Laufstrecke und stellt einfache Hindernisse auf, beispielsweise ein Kissen oder einen leeren Schuhkarton. Jede Mannschaft besteht aus Reitern und Pferden, wobei jeder Spieler einmal Pferd und einmal Reiter ist. Der erste Spieler – der Reiter – besteigt sein Pferd, indem er sich auf den Rücken des zweiten Spielers – des Pferdes – setzt. Je ein Pferd der beiden Mannschaften trabt die vorher abgemachte Runde entlang. Wieder zurückgekehrt, kommt das nächste Paar an die Reihe. Dann werden die Rollen getauscht, und die vorherigen Reiter sind die Pferde. Welche Mannschaft hat als erste ihre Runden beendet? Konnten alle Pferde die aufgestellten Hindernisse ohne Punktabzug überwinden?

Zaubertricks

Durch eine Postkarte steigen

15.

ab 9

mind. 2

jederzeit

drinnen

leise

keine

15 Min.

Postkarte, Schere

Eher geht ein Kamel durch ein Nadelöhr als ein Mensch durch eine Postkarte? Ihr könnt das Gegenteil beweisen!

Postkarte längs zusammenfalten und abwechselnd von der Knickkante und von der offenen Seite her in vielen schmalen Abständen (etwa 5 mm) einschneiden – aber nur so weit, daß ein Rand von 1 cm verbleibt. Die in der ganzen Länge und von beiden Seiten her eingeschnittene Karte wieder vorsichtig auseinanderklappen und die Knickfalze – bis auf den obersten und untersten Rand – in der Mitte durchschneiden. Danach kann die Postkarte wie eine Ziehharmonika weit auseinandergezogen werden – und ihr könnt in der Mitte durchsteigen.

16. Vampirtrank

Rezepte

ab 8

mind. 4

jederzeit

drinnen

leise

30 Min.

1 Std. +

Dieser Trank ist so rot und kuhl, daß Vampire ihn lieben würden!

Im abgekühlten, aber noch warmen Tee den Honig auflösen und danach den Saft der Orangen zugießen. Die Blutorangenscheiben hineinlegen und etwas ziehen lassen. Schließlich die Eiswürfel hinzufügen. Mit Strohhalm gemeinsam aus einer Schüssel trinken.

Herdplatte, heißer Tee

2,5 l Hagebuttentee (aus etwa 20 Beuteln Tee), 3 EL Honig, Saft von 3 Blutorangen, Scheiben von 1 quergeschnittenen Blutorange, Eiswürfel

mit Eltern

---

17. Klingender Luftballon

Basteln

ab 4

auch allein

jederzeit

drinnen + draußen

laut + leise

5 Min.

10 Min. +

Was für Geräusche können Luftballons machen?

Einen Luftballon entweder mit ein paar Steinchen, Erbsen, Perlen oder Papierschnipseln füllen, aufblasen und verknoten. Nun den Luftballon fliegen lassen und hören, welche Geräusche er von sich gibt. Könnt ihr den Erbsen-Luftballon von dem Papierschnipsel-Ballon unterscheiden? Welcher Luftballon klingt am schönsten? Was geschieht, wenn ihr beispielsweise Wasser in den Luftballon füllt? Kann er dann noch fliegen?

Luftballons, ein paar getrocknete Erbsen, kleine Perlen, Papierschnipsel

mit Eltern

Geschicklichkeitsspiele

Linkshänder und Rechtshänder

18.

ab 5

auch allein

jederzeit

drinnen + draußen

Unter euren Freunden und Klassenkameraden befinden sich sicher Linkshänder. Wenn ihr Linkshänder spielt, werdet ihr entdecken, wie schwierig es ist, alles mit links zu machen.

Versucht, als „Linkshänder" – mit der linken statt der gewohnten rechten Hand – mit einem Löffel zu essen, die Tür aufzuschließen, eine Hand zu reichen, zu schreiben, Brot zu schmieren, zu malen, zu zeichnen ...
Entdeckt selbst, was euch noch alles als „Linkshänder" schwerfällt. Stellt euch vor, daß früher Linkshänder gezwungen wurden, die rechte Hand zu benutzen.

30 Min. + **keine** **leise**

Basteln

Versteckpuppe

19.

ab 9

auch allein

jederzeit

drinnen

leise

30 Min. +

1 Std. +

mit Eltern

„Kasperl komm raus!" Eine lustige Stabpuppe kann tanzen und sich verstecken.

Auf einen 50 cm langen Holzstab eine große Holzkugel als Kopf stecken und festkleben und auf die Kugel ein lustiges Gesicht malen. Den Stoffrest auf die Mitte falten und aus dem Mittelbruch einen Halbkreis (4–5 cm) ausschneiden, so daß der Kopf hindurchpaßt. Mit Nadel und Faden den Halsausschnitt unterhalb des Kopfes zusammenziehen und festnähen. Rechts und links aus dem Stoff die Ärmchen herausschneiden, die Seitennähte schließen und vorne eine kleine Holzkugel als Händchen einnähen. Aus Filz und Pappe eine Tütenform ausschneiden: Viertelkreis, dessen innere Spitze abgerundet ist. Filz und Pappe aufeinanderkleben und zu einer Tüte zusammenkleben, die unten ein Loch hat. Die Tüte über den Stab schieben und das Kleidchen fest an die obere Öffnung der Filztüte nähen. Nun bekommt Kasperl noch ein paar Wollfäden auf den Kopf geklebt und eine Filzzipfelmütze aufgesetzt. Zum Schluß das Glöckchen an der Zipfelmütze festnähen. Die Filztüte festhalten und den Stab nach unten ziehen, schwupp, schon ist Kasperl versteckt! Schwupp, jetzt ist Kasperl wieder da!

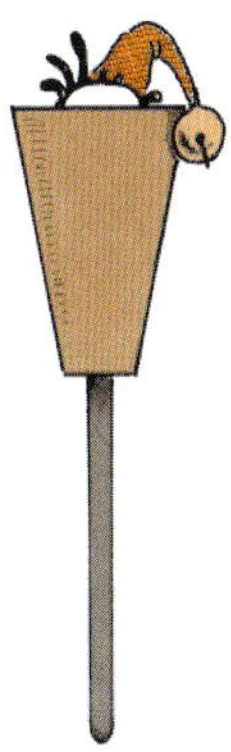

Holzstab (ca. 50 cm lang), Holzkugel (Durchmesser 4–5 cm) mit einer Öffnung, Stoffrest ca. 30 x 30 cm, Filzstück und Pappe jeweils ca. 25 x 15 cm, Wollfäden, Faden, Nadel, Schere, Klebstoff, Buntstifte, kleines Glöckchen

20. Rückwärts sprechen

Wort-spiele

ab 7

mind. 2

jederzeit

drinnen + draußen

leise

keine

15 Min. +

Beim Sträwkcür-Buchstabieren trainiert ihr eure Schnelligkeit im Denken wie Boris Becker seinen blitzschnellen Aufschlag.

Ein Spieler denkt sich einen Gegenstand oder ein Lebewesen aus, das er von hinten gelesen ausspricht. Wer das Wort als erster erkennt, darf nun selbst ein rückwärts gesprochenes Wort sagen, das die anderen erraten müssen.

21. Balancieren

Geschick-lichkeits-spiele

ab 6

auch allein

jederzeit

drinnen + draußen

leise

keine

15 Min. +

Lineal, Besenstiel oder längerer Stock

Lirum larum Besenstiel – Balancieren ist das Ziel!

Wenn ihr einmal Akrobat, Seiltänzer/in oder Jongleur werden wollt, müßt ihr das schnelle Zusammenspiel zwischen Augen und Händen üben.

Lineal (oder einen anderen länglichen Gegenstand) zunächst im Handteller balancieren – später auf der Spitze des Mittel- und Zeigefingers!

Mit der Uhr (Stoppuhr) messen, wer es am längsten schafft.

Schließlich versucht ihr das gleiche mit einem Besen oder Schrubber, den ihr auf dem Stielknauf balanciert.

Basteln

Rosettenstern

22.

Rosettensterne aus Packpapier für den Weihnachtsbaum!

Aus Packpapier lange Streifen schneiden. Dabei folgendes Maßverhältnis beachten: die Länge muß sechsmal so groß sein wie die Breite! Nun mit Goldfarbe oder anderen Farben den Streifen bemalen. Den bemalten Streifen wie eine Ziehharmonika falten. Als Falthilfe eignet sich ein kleines Lineal, das die Faltenbreite angibt. Für die Sternspitzen nacheinander die Faltungen gleichmäßig abschrägen. Durch das andere Ende des gefalteten Streifens einen Faden ziehen und den Streifen zusammenziehen. Die Enden des Fadens gut verknoten. Die Rosetten auffalten und das Ende mit dem Anfang des Streifens verkleben. Einen Faden durch eine der Sternspitzen ziehen und den Stern am Weihnachtsbaum aufhängen!

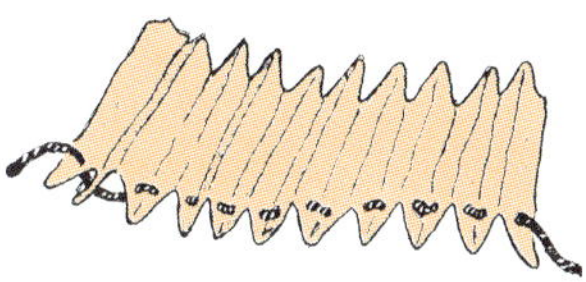

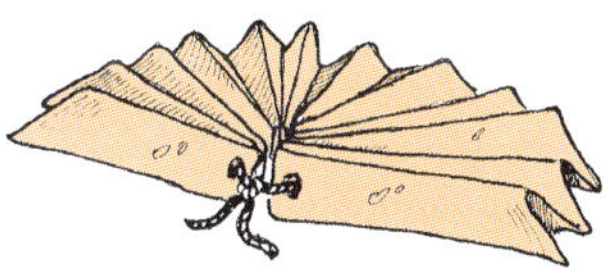

ab 8

auch allein

Winter

drinnen

leise

10 Min.

30 Min. +

Papierstreifen aus Packpapier (Breite : Länge, 1: 6), Lineal, Bleistift, Schere, Wasserfarben mit Gold, Stopfnadel, Faden, Klebstoff

---

Zauber-tricks

Feuerschlucker

23.

Ihr schluckt eine brennende Kerze – und es schmeckt euch sogar!

Aus dem Innenteil eines festen Apfels ein kerzenähnliches Stück „schnitzen". Das Bruchstück einer Walnuß als Docht aufsetzen. Dieses Stückchen ist voller Nußöl und brennt deshalb kurz. Im Mund erlischt es sofort. Den falschen Kerzenstummel zwischen echten Stummeln verstecken.

Dann tretet ihr auf und nehmt vor den Zuschauern scheinbar einen von vielen Kerzenstummeln aus eurem Schächtelchen, zündet ihn an, steckt ihn in den Mund – und verspeist ihn mit sichtbarem Appetit.

Ihr riskiert nichts, werdet aber als Zauberer (oder zumindest als Helden) bestaunt.

ab 10

mind. 2

jederzeit

drinnen + draußen

leise

10 Min.

mit Eltern **Zündholz** **5 Min.**

einige Kerzenstummel, Apfel, Messer, Walnuß

24. Gießversuch

Umwelt erleben, Experimente

ab 8

auch allein

Frühling

drinnen

leise

30 Min. +

6 Tage +

Dieses Experiment zeigt, was saurer Regen bewirkt!

Besorgt euch drei kleine Blumentöpfe und pflanzt in jeden eine kleine Pflanze. Nun werden drei Gläser unterschiedlich gefüllt und beschriftet: Das erste Glas wird mit gewöhnlichem Leitungswasser gefüllt und dementsprechend mit einem Etikett versehen, auf dem „Leitungswasser" steht. Dem Wasser des zweiten Glases werden 5 Eßlöffel Essig zugefügt, es wird mit dem Etikett „wenig Essig" versehen. Das dritte Glas enthält 10 Eßlöffel Essig mit Wasser vermischt und bekommt das Etikett „viel Essig". Auch die drei Blumentöpfchen werden mit denselben Etiketten versehen. Alle 2 bis 4 Tage wird der Trinkwasser-Blumentopf mit dem Wasser aus dem Trinkwasser-Glas gegossen, der Blumentopf, auf dem „wenig Essig" steht, mit dem Gemisch aus dem Glas mit dem Etikett „wenig Essig", und der Topf mit der Aufschrift „viel Essig" wird dementsprechend aus dem Glas mit „viel Essig" versorgt. Was für Veränderungen könnt ihr feststellen? Notiert alle Beobachtungen in euer Heft! Denkt über den sauren Regen nach!

3 Pflänzchen in je einem Blumentopf, 3 Gläser, Wasser, Essig, Klebeetiketten, Stift

mit Eltern

25. Kinder-Duden

Wortspiele

ab 9

auch allein

jederzeit

drinnen

leise

keine

45 Min. +

Ihr legt ein Wörterbuch für die Sprache der Kinder und Jugendlichen an. Denn im Duden, dem Schulwörterbuch der deutschen Sprache, fehlen viele der Wörter, die Kinder und Jugendliche verwenden.

Ihr nehmt ein dickes Vokabelheft, das ihr alphabetisch unterteilt. Dann sammelt ihr alle Begriffe, von denen ihr wißt, daß eure Eltern sie nicht verwenden. Zum Beispiel: cool, voll gut, uncool, Fuzzy, zombig. Diese Begriffe alphabetisch geordnet in die linke Spalte eintragen. In die rechte Spalte schreibt ihr, wie das Wort in hochdeutsch heißt, und erklärt es.

Wenn ihr dieses Vokabelheft schließlich an die Dudenredaktion (Postfach 100311, 68003 Mannheim) sendet, erhaltet ihr womöglich einen Preis.

Vokabelheft mit Mittelstrich, Bleistift

Geschicklichkeitsspiele

Fangbecher

26.

Kleine Geschicklichkeits- und Geduldsübung!

ab 7

auch allein

jederzeit

drinnen

leise

10 Min. +

15 Min. +

Faltet ein quadratisches Blatt diagonal, so daß die zusammengefalteten Spitzen nach oben zeigen. Jetzt wird die rechte Ecke nach links, die linke nach rechts gefaltet. Die erste der beiden überstehenden Spitzen umknicken und in die von links gefaltete Ecke hineinschieben. Dann die zweite Spitze in das Innere des Bechers knicken. Die Tüte etwas zusammendrücken und in den Boden des Fangbechers ein kleines Loch bohren, einen Wollfaden durchziehen und verknoten. Am anderen Ende des Wollfadens eine Perle befestigen.

Diese nun so hochwerfen, daß sie mit dem Becher aufgefangen werden kann. Wie oft ist die Perle schon im Becher gelandet?

Tonpapier (z. B. 15 x 15 cm), Wollfaden (20 – 30 cm), eine Perle

---

Spielen

Zahlenlöschen

27.

Hier werden nicht Brände, sondern Zahlen gelöscht!

ab 5

mind. 2

jederzeit

drinnen

leise

Mit Kreide oder Stift schreibt jeder Spieler auf einen Tisch oder ein Stück Papier für sich die Zahlenreihe 1 – 6 nebeneinander auf. Nun geht der Würfel reihum. Jeder Spieler darf die Zahl „löschen", die er gewürfelt hat. Ist sie in seiner Zahlenreihe bereits getilgt, darf er sie beim rechten oder linken Nachbarn löschen. Ist die entsprechende Zahl auch da bereits gelöscht, muß er sie wieder in seine Reihe aufnehmen. Wer hat als erster alle Zahlen gelöscht?

Papier, Stifte, Würfel **15 Min. +** **3 Min.**

28. Ameisenhöhle anlegen

Umwelt erleben

ab 6

auch allein

Sommer

drinnen + draußen

leise

20 Min.

4 Tage +

Ameisen bauen berggroße Höhlenburgen für ihre dichtbevölkerten Staaten. Ihr könnt wie Forscher dieses Leben bei euch zu Hause beobachten.

Ein großes Glas nehmen und mit Sand sowie Blumen-, Wald-, Garten- oder Komposterde füllen. Ameisen im Garten oder Wald einfangen, indem ihr sie in ein Marmeladen- oder Honigglas lockt, in dem sich noch Reste befinden. Die Ameisen in das große Glas überlaufen lassen. Dann das Glas mit Klarsichtfolie abdecken und mit einer Stecknadel Löcher in diese Folie pieksen (damit Luft hineinkommt). Alle zwei Tage die Ameisen mit etwas Honig, Marmelade oder Zucker füttern. Nach wenigen Tagen werdet ihr beobachten können, wie eifrig die Ameisen in ihren Tunneln arbeiten – besonders, wenn eine Königin dabei ist.

Vergeßt nicht, nach einiger Zeit die Ameisen wieder im Garten auszusetzen!

großes Glas, Alufolie, leeres Honig- oder Marmeladenglas (mit Resten), Erde, Klarsichtfolie

29. Kastanienboccia

Geschicklichkeitsspiele

ab 6

mind. 2

Herbst

draußen

leise

30 Min. +

20 Min. +

Wer hat ein gutes Auge? Wer kann gut werfen und zielen?

Jeder Spieler bemalt zunächst 4–6 Kastanien in seiner Lieblingsfarbe, legt sie auf eine alte Zeitung und läßt sie trocknen. Eine Kastanie wird als die Zielkastanie schwarz oder weiß angemalt. Nun wird eine Startlinie in den Boden gezogen, und von dort aus wirft ein Spieler die Zielkastanie. Nacheinander versuchen nun die einzelnen Spieler, ihre Kastanien möglichst nah bei der Zielkastanie zu plazieren. Wessen Kastanien kommen der Zielkastanie am nächsten?

Statt einer Zielkastanie einen Schuhkarton in 3 bis 5 m Entfernung aufstellen und mit den Kastanien dort hinein zielen. Wer erreicht hier die meisten Treffer?

4–6 Kastanien für jeden Spieler, Plakafarben, Pinsel, alte Zeitung, Schuhkarton

Wort-
spiele

Lautmalerei

30.

ab 8	
auch allein	
jederzeit	
drinnen	
leise	
keine	
45 Min. +	
Vokabelheft, Stift	

Erwachsene benutzen häufig sehr sachliche Wörter oder Fremdwörter, die den Ursprung des Wortes nicht mehr erahnen lassen.

Erfindet einmal selbst einfache lautmalerische Worte und legt euch ein Vokabelheft an, in das ihr eure Worterfindungen eintragt.

Einige Beispiele: Auto = Töfftöff, Pistole = Pängpäng, Rede = Blabla-Schnarch, TV = Glotzglotze, Trauer = Schnief ...

Geschick-
lichkeits-
spiele

Eistransport

31.

ab 5	
mind. 4	
Sommer	
draußen	
leise	
5 Min. +	
10 Min. +	
mehrere Eiswürfel	

Wie schnell schmilzt Eis?

Alle Spieler stehen im Kreis, und mehrere Eiswürfel machen die Runde. Die Eiswürfel müssen so schnell wie möglich von einem Spieler zum nächsten gereicht werden. Keiner darf sie länger in seiner Hand behalten. Wer nur noch Wasser erhält, hat Pech und muß ausscheiden. Wie lange konnte der Eistransport stattfinden?

Wer als letzter übrigbleibt, bekommt als Preis ein großes Eis!

32. Dino-Zeichnen

Spielen

ab 5

mind. 2

jederzeit

drinnen

leise

keine

30 Min. +

Kennt ihr das Zeichenspiel von der eierlegenden Wollmilchsau? Das wollen wir auf Dinosaurier übertragen.

Der erste Mitspieler zeichnet auf einem querliegenden Blatt links einen Dino-Kopf bis zum Halsansatz. Dann knickt er das Blatt so um, daß nur noch der Halsansatz zu sehen ist. Der zweite Mitspieler führt die Zeichnung vom Hals über die Vorderbeine bis zum Bauchnabel fort (wir gehen einfach davon aus, daß Dinos einen Bauchnabel haben). Auch er faltet seine Zeichnung so, daß sie verdeckt ist. Der nächste zeichnet die Hinterbeine bis zum Schwanzansatz. Und der letzte Zeichner denkt sich einen mächtigen Schwanz aus.

Welchem Dino ähnelt das aufgefaltete Ungetüm ? Dem Tyrannosaurus? Oder welchem anderen?

Papier, Blei- oder Buntstifte

---

33. Oster-Mobile

Basteln

ab 6

auch allein

Frühling

drinnen

leise

10 Min.

30 Min. +

ausgeblasene Eier, Wasserfarben, Pinsel, Eierkartons, Wollfäden (ca. 20 cm lang), Nähgarn, Schere, Klebstoff, Streichhölzer, Zweige oder dünne Holzstäbe

Bastelt euch ein lustiges Oster-Mobile!

Beliebig viele Eier ausblasen und mit Wasserfarben oder Filzstiften bunt bemalen. Von den Eierschachteln die Vertiefungen einzeln wegschneiden und sie gleichfalls farbig anmalen. Nun wird das (Eierschachtel-) „Körbchen" mit dem Ei durch vier gleichlange Wollfäden verbunden, indem in gleichmäßigen Abständen die vier Fäden oben am Ei und unten am Körbchen festgeklebt werden. Dann einen etwa 30 cm langen Faden um ein halbiertes Streichholz wickeln, festkleben und vorsichtig in die obere Öffnung des Eis schieben. Alle mit Körbchen versehenen Eier werden zu einem Mobile zusammengefaßt, dabei jeweils ein bis zwei Eier an einem dünnen Holzstab festbinden und diesen Holzstab mit den anderen Holzstäben so verbinden, daß die Eier im Gleichgewicht hängen. Und wer sitzt in den Körbchen dieser „Eier-Heißluftballons"? Malt kleine Häschen auf Papier, schneidet sie aus und setzt sie in die Körbchen! Wie gefällt den Osterhasen der Blick aus der Luft?

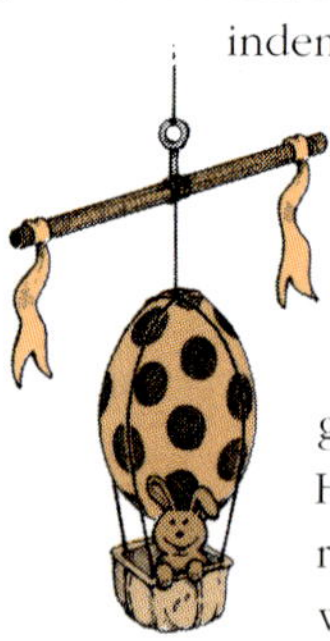

mit Eltern

Geschick-
lichkeits-
spiele

Schnüffeltest

34.

Wer gut kochen, Detektiv spielen oder als Indianer oder Trapper Fährten lesen will, muß gut riechen können.

Abwechselnd werden jedem Mitspieler mit einem Halstuch die Augen verbunden. Dann werden ihm verschiedene Gegenstände unter die Nase gehalten, die einen angenehmen oder unangenehmen Geruch verströmen: Früchte ohne Schale, Wurstsorten, Käsesorten, Blumen, Zwiebeln, Knoblauch, Parfüm, Rasierwasser, Schuhe von Erwachsenen, Kleidungsstücke (von Mama und Papa).

Es können auch zwei unterschiedlich duftende Dinge gleichzeitig unter die Nase gehalten werden.

ab 5

mind. 2

jederzeit

drinnen + draußen

laut

keine

20 Min. +

Halstuch, verschiedene Gegenstände, die intensiv riechen

Basteln

Königskrone

35.

Wollt ihr heute einmal Königin oder König sein?

Aus stabiler Goldfolie ein Rechteck ausschneiden. Etwa 3 cm vom Rand entfernt mit Lineal und Bleistift der Länge nach eine Linie ziehen und im Abstand von etwa 12 cm eine zweite. Zwischen der ersten und der zweiten Linie Zacken vorzeichnen und ausschneiden.

Die Krone auf den Königskopf setzen und mit einer Büroklammer die Weite des Kopfes markieren. Anschließend die Krone zusammenkleben und mit bunten Papiermustern verzieren. Was haben Seine Majestät, Frau Königin oder Herr König, heute für Wünsche und Befehle?

ab 4

auch allein

jederzeit

drinnen

leise

10 Min.

20 Min. +

mit Eltern

Glanz- oder Goldfolie (ca. 15 x 50 cm), Bleistift, Schere, Klebstoff, buntes Papier, Büroklammern

36. Haremsblick

Geschick-lichkeits-spiele

ab 6

mind. 4

jederzeit

drinnen

leise

10 Min.

30 Min. +

Im Orient kann man verschleierte Frauen nur an ihren Augen erkennen. Wie gut seid ihr beim Augen-Detektivspiel?

Ein Türrahmen zwischen zwei Zimmern wird mit einem alten Bettlaken oder einem Tuch verhängt. Auf Augenhöhe wird ein Loch in den Vorhang geschnitten, das nur so groß wie ein Auge sein darf. Die Mitspieler teilen sich in zwei Gruppen zu beiden Seiten des Vorhangs. Ein Spielleiter hält das Guckloch zu. Dann stellt sich je ein Mitspieler auf einer Seite hinter das Loch. Der Spielleiter zieht die Hand weg. Die beiden blicken sich tief ins Auge und müssen erraten, wem das andere Auge gehört.

Schere, altes Tuch oder Laken

37. Wattepusten

Geschick-lichkeits-spiele

ab 7

mind. 2

jederzeit

drinnen

leise

3 Min.

15 Min. +

Wattefußball ist sehr spannend!

Die zwei Wollfäden als Tore ungefähr 20 cm von der Tischkante entfernt auf den Tisch kleben. Wattebausch als Fußball mitten auf den Tisch legen. Die beiden Spieler stehen sich gegenüber, halten die Arme auf dem Rücken verschränkt und versuchen abwechselnd, den Wattebausch in das „Tor“ (d. h. über den Faden des Gegners) zu pusten. Sieger ist, wer in der vorher festgesetzten Zeit die meisten Tore erzielt hat. Wer von euch hat die bessere Puste?

Wenn ihr mehr als fünf seid, setzt euch alle um einen Tisch herum, legt eure verschränkten Arme so vor euch auf den Tisch, daß ihr rechts und links die Arme eures Nachbarn berührt. Nun kommt der Wattebausch in die Mitte des Tisches und jeder Spieler muß versuchen, den Wattebausch so anzublasen, daß dieser die Arme eines Mitspielers berührt, aber nicht seine eigenen. Wer vom Wattebausch berührt wird, scheidet aus! Geht euch schon die Puste aus?

1 Wattebausch, 2 Wollfäden (so lang, wie der Tisch breit ist), Klebestreifen

Wortspiele

Reim-Geschichten

38.

Reim dich - oder ich freß dich!

Ihr schreibt eine Geschichte in Gedichtform. Ein Mitspieler beginnt zum Beispiel so: „Meine Mu, meine Mu, meine Mutter hat's nicht schwer."

Der zweite sagt und schreibt auf:

„Denn der Va, denn der Va, denn der Vater liebt sie sehr."

Der nächste Mitspieler kann nun den Reim mit dem gleichen Endlaut fortsetzen oder eine neue Endsilbe wählen, auf die sich aber das nächstfolgende Zeilenende wieder reimen sollte. Auch die Länge der Zeilen und der Rhythmus sollten passen.

Dieses Spiel könnt ihr über Tage und Wochen fortführen – bis ein dicker Gedichtroman entstanden ist!

ab 9

mind. 2

jederzeit

drinnen + draußen

laut

keine

30 Min. +

Papier, Bleistift

Spielen

Vernetzung

39.

Seht, wie verbunden ihr miteinander seid!

Alle Spieler setzen sich im Kreis auf den Boden. Ein ausgewählter Spieler nimmt ein Garn- oder Wollknäuel, geht zu einem der im Kreis Sitzenden und gibt ihm den Anfang des Knäuels in die Hand mit den Worten: „Du gehörst zu uns." Danach geht er von einem zum anderen Spieler kreuz und quer im Kreis herum immer mit denselben Worten, wobei das Wollknäuel sich immer weiter abwickelt. Da jeder Spieler die Wolle in der Hand festhält, entsteht langsam ein großes Netz. Am Schluß wird das Netz auf den Boden gelegt und zum besseren Betrachten mit Klebestreifen festgeklebt.

Versucht doch mal, das Netz aufzulösen und die Wolle wieder aufzuwickeln. Schafft ihr das?

ab 4

mind. 5

jederzeit

drinnen + draußen

leise

5 Min.

15 Min. +

mit/ohne Eltern

1 Wollknäuel, Klebestreifen

40. Falt-Nikolaus

Basteln

ab 6

auch allein

Winter

drinnen

leise

5 Min.

20 Min. +

rote Papierservietten oder rotes Tonpapier (ca. 15 x 15 cm), weißes Papier, Watte oder ungesponnene Wolle, Schere, Klebstoff, Buntstifte, Pappe

mit Eltern

Am Nikolaustag wird der Tisch besonders festlich mit einem Falt-Nikolaus geschmückt!

Rotes Tonpapier oder eine rote Papierserviette einmal diagonal falten und wieder aufklappen. Nacheinander beide Seiten bis zum Mittelbruch einknicken. Auf die Rückseite der Serviette einen etwa 1 cm breiten und 10 cm langen Pappstreifen auf den Mittelbruch kleben. Die untere Spitze nach hinten falten, so daß der Nikolaus aufgestellt werden kann. Ein Nikolausgesicht malen, es ausschneiden und unterhalb der hochstehenden Serviettenspitze ankleben. Zuletzt Mantel und Mütze mit Watte oder Wolle verzieren und ein Bärtchen an das Gesicht kleben. Hat der Nikolaus auch einen Sack dabei? Malt einen Sack und klebt ihn so auf den Mantel, daß darin eine kleine Süßigkeit Platz findet!

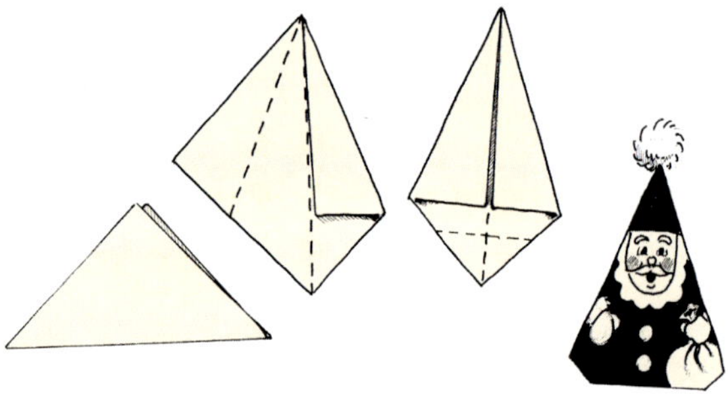

41. Schoko-Apfelringe

Rezepte

ab 6

auch allein

Herbst

drinnen + draußen

leise

30 Min.

4 Std. +

Legt euch im Herbst einen leckeren Wintervorrat an!

Beliebig viele Äpfel waschen und rundherum schälen. Nun das Kerngehäuse herausstechen und die Äpfel in ca. 1 cm dicke Scheiben schneiden. Die Apfelscheiben für etwa 15 bis 30 Minuten in eine Schüssel Wasser mit Zitronensaft legen. Danach die Apfelscheiben entweder auf eine lange Schnur auffädeln (wobei zwischen den einzelnen Scheiben etwas Abstand gelassen werden muß!) und diese Schnur drei Tage lang zum Trocknen in die Sonne hängen oder die Apfelscheiben auf Backpapier legen und sie 3 Stunden lang bei ca. 50 Grad Celsius im Backofen trocknen lassen. Sind die Apfelringe fein getrocknet, könnt ihr sie halbseitig oder auch ganz in zerlassene Schokoladenkuvertüre tauchen!

Äpfel, Zitronensaft, lange Schnur, Backpapier, Schokoladenkuvertüre, Messer, kleine Schüssel

mit Eltern

Wort-
spiele

Alphabetmix

42.

Kniffliges Buchstabieren!

Ein Spieler ruft ein Wort in die Runde, beispielsweise „Maus"! Wer kann nun am schnellsten die Buchstaben so sortieren, daß sie vom Alphabet her gesehen in der richtigen Reihenfolge stehen? Maus hieße also „Amsu". Wie würde „Schlange", wie „Flußpferd" buchstabiert werden? Falls euch das anfangs zu schwierig ist, malt das Alphabet einfach groß auf, so daß alle Spieler es sehen können. Am Anfang könnt ihr auch die gesuchten Wörter aufschreiben und sie schriftlich sortieren. Wer hat als erster das Lösungswort aufgeschrieben?

- ab 8
- mind. 3
- jederzeit
- drinnen
- laut
- 3 Min.
- 30 Min. +
- evtl. Papier, Stifte

Geschick-
lichkeits-
spiele

Luftballonspiele

43.

Ein Riesenspaß mit wassergefülltem Luftballon!

Bildet zwei Gruppen und spannt ein Seil oder Netz zwischen euch auf. Stimmt ab, ob ihr mit dem Luftballon Kopfball, Nasenball, Faustball oder Volleyball spielen wollt. Wenn ihr im Haus spielt, sollten keine zerbrechlichen Gegenstände oder solche im Raum sein, an denen ihr euch in der Hitze des Spiels verletzen könnt. Auch sollten im Haus die Ballons nicht mit Wasser gefüllt werden. Sonst werdet ihr dieses schöne Spiel sicher nur einmal spielen dürfen.

Im Freien könnt ihr einen wassergefüllten Luftballon einsetzen. An einem heißen Tag im Sommer gibt es nichts Schöneres als einen gekonnten Kopfballkonter, bei dem der Ballon platzt und sein kühles Naß auf die erhitzten Köpfe und Körper verplatscht.

- ab 6
- mind. 2
- jederzeit
- drinnen + draußen
- laut
- 10 Min.
- 1 Std. +
- Luftballon, Seil oder Netz, Wasser

44. Ein Bett für euren Liebling

Basteln

ab 4

auch allein

jederzeit

drinnen + draußen

leise

10 Min.

1 Std. +

Euer Kuscheltier hat ein Zuhause, hat es aber auch ein Bett?

Je nach Größe eures Kuscheltieres (Püppchen oder großer Pandabär) benötigt ihr einen Schuhkarton oder einen größeren Kasten. Den Boden polstert ihr mit zerknülltem Zeitungspapier, Watte, Sägemehl oder Sägespänen und deckt diese Unterlage mit einem Stoffrest ab. Als kuschelige Zudecke dient ein kleines oder großes Kissen.

Stellt das Bettchen neben eures und wiegt euer Kuscheltier in den Schlaf und singt oder erzählt ihm Gute-Nacht-Geschichten.

Schuhkarton, Karton, Körbchen oder Kiste, Stoffrest, Sägespäne, Sägemehl, Watte, Zeitungspapier, Kissen

mit Eltern

45. Karotten beobachten

Umwelt erleben

ab 4

beliebig

jederzeit

drinnen

leise

5 Min.

2 Tage +

Stirbt eine Karotte nach der Ernte? Beobachtet, ob sie weiterwächst!

Ihr nehmt eine Karotte mit grünem Krautschopf, schneidet die Spitze ab und legt die Gelbe Rübe mit dem Grün in eine Glasschüssel mit Wasser. Die Schüssel ans Fenster stellen. Jeden Tag Wasser nachfüllen, damit die Karotte immer unter Wasser ist. Beobachtet, wie das Kraut weiterwächst.

Spannend wird's, wenn ihr sieben Tage lang jeweils eine neue Karotte in die Glasschüssel dazulegt. Vergleicht die sieben Karotten nach einer Woche. Welche Unterschiede entdeckt ihr?

Glasschüssel, Karotten, Messer

Basteln

Seilbahn bauen

46.

Ihr baut ein Seilbahnnetz zwischen verschiedenen Alpengipfeln.

Auf geschlossene kleine Schachteln klebt ihr in der Mitte der Oberseite der Länge nach Strohhalme (Seilführung). Dann Fenster und Türen ausschneiden und die Schachtel anmalen, vielleicht mit Zugspitzbahn o.ä. beschriften. Wenn ihr die Gondel insgesamt noch mit Tesafilm umwickelt, wird sie stabiler. Ein kleines Gewicht (Steinchen) zum besseren Rutschen hineinlegen. Durch die Strohhalme eine Schnur ziehen und diese zwischen verschiedenen Punkten unterschiedlicher Höhe im Zimmer festmachen, am Bilderhaken, an der Stuhllehne, am Schrankfuß oder an der Gardinenstange.
Die Gondeln von oben nach unten rauschen lassen.

Im Freien bieten sich noch aufregendere Gondeltouren, so vom Baum hinab, vom Fenster im 1. Stock in den Hof oder über einen schmalen Bach hinüber.

ab 6

auch allein

jederzeit

drinnen + draußen

leise

3 Min.

1 Std. +

mit Eltern

kleine Schachteln, Strohhalme, Schnur, Klebstoff, Tesafilm, Buntstifte

---

Geschicklichkeitsspiele

Brezel-Schnapp

47.

Beim Brezel-Schnapp hängen die Brezeln ganz schön hoch!

Alle Brezeln mit Hilfe kurzer Schnüre in gleichmäßigem Abstand an eine lange Schnur knoten, so daß eine lange Brezelkette entsteht. Diese Brezelkette wird zwischen einen Türrahmen oder im Garten zwischen zwei aufgestellte Stangen oder Pfosten gespannt. Die Brezeln sollten gerade in Augenhöhe der Spieler hängen. Nun legt jeder Spieler die Hände auf den Rücken und versucht, beim Hochspringen mit dem Mund eine Brezel anzubeißen. Ist genügend Platz für alle Spieler vorhanden, so ist es besonders lustig, wenn alle gleichzeitig nach den Brezeln schnappen.

ab 4

mind. 2

jederzeit

drinnen + draußen

laut

10 Min. +

15 Min. +

mit Eltern

lange dicke Schnur, Brezeln je nach Spieleranzahl, kurze Bindfäden oder Schnüre

48. Mixgetränk für Mutige

Rezepte

ab 6

mind. 3

jederzeit

drinnen

leise

15 Min.

30 Min. +

1 l kalte Buttermilch, 4 Eigelb, 2 EL Honig, 0,25 l Heidelbeersaft, 1 Schneebesen

Wer es wagt, erlebt sein blaues Wunder!

Eines oder mehrere der Kinder betätigen sich getrennt von den anderen in der Küche als Hexen oder Zauberer. Mit einem Schneebesen vermischen sie Buttermilch, Eigelb, Honig und Heidelbeersaft. Die Farbe des dabei entstehenden Getränks sieht verführerisch schön, aber auch gefährlich aus. Mit diesem blauen Getränk werden nun die anderen überrascht. Sie werden mit Hexen- und Zaubersprüchen verwirrt und ängstlich gemacht. Wer es wagt, zuerst zu trinken, wird sein blaues Wunder erleben: Es schmeckt herrlich!

49. Eine Stadt bauen

Basteln

ab 6

auch allein

jederzeit

drinnen

leise

15 Min.

1 Std. +

Packpapierbögen, alte Verpackungsschachteln, Pappe, Klebstoff, Schere, Bleistift, Buntstifte oder Wasserfarben

Ihr baut eine eigene Stadt – so wie sie euch gefällt.

Zunächst sammelt ihr eure Baumaterialien: kleine Pappschachteln, leere Verpackungsschachteln von Haferflocken, Mohrenköpfen und anderen Lebensmitteln. Auf einen Bogen Packpapier zeichnet und malt ihr einen farbigen Stadtplan mit Straßen, Parks, Bächen, Flüssen, Seen.

Aus den Verpackungen schneidet ihr Fenster und Türen aus und setzt gefalteten Karton als Dächer obendrauf. Die Häuser und Hochhäuser bemalen. Draufschreiben, was sie darstellen: Schule, Krankenhaus, Feuerwehr, Rathaus oder Bürohochhaus. Dann die Häuser auf den Stadtplan stellen oder kleben. Spielfiguren und Spielautos bringen Leben in eure Stadt.

Wort-
spiele

See- oder Meer-?

50.

Wie heißt es richtig? Seekatze oder Meerkatze? Seehund oder Meerhund? Meergurke oder Seegurke? Seerettich oder Meerrettich? Meerjungfrau oder Seejungfrau?

Sammelt einmal alle Begriffe, die die Vorsilbe See- oder Meer- haben können! Was gehört beispielsweise zu Adler? Zu Elefant? Zu Schwein? Zu Busen? Notiert alles, was euch einfällt! Wer weiß am meisten? Schaut im Lexikon nach, wenn ihr unsicher seid! Überlegt, warum ein Unterschied zwischen See und Meer besteht. Wer hat dafür eine einleuchtende Erklärung?

ab 8

auch allein

jederzeit

drinnen

leise

5 Min.

20 Min. +

Papier, Stift, evtl. Lexikon

Spielen

Ernsthaft lachen

51.

Dieses Spiel heißt: Lachen, ohne zu lachen.

Alle Mitspieler liegen auf dem Boden: Der zweite Mitspieler mit dem Kopf auf dem Bauch des ersten; der dritte auf dem Bauch des zweiten usw. Wenn viele mitspielen, läßt sich ein gezackter Kreis bilden. Der erste Mitspieler legt sich dann mit dem Kopf auf den Bauch des letzten.

Einer fängt an und sagt „ha", der zweite „ha-ha", der dritte „ha-ha-ha" ...

Und dann werdet ihr erleben, wie das ernste „hahaha ..." in ein echtes Lachen übergeht. Die Köpfe wackeln, weil sich die Bäuche beim Lachen so heftig bewegen!

Wer aber hält das ernste Lachen am längsten durch?

ab 6

mind. 3

jederzeit

drinnen + draußen

laut

1 Min.

30 Min. +

52. Abenteuermuseum

Basteln

ab 5

auch allein

jederzeit

drinnen

leise

10 Min.

1 Std. +

Schuhkartons und größere Kartons ohne Deckel, Fotokarton, Schere, Wasserfarben, Buntstifte, Pinsel, Klebstoff, Klarsichtfolie

mit Eltern

Ihr bastelt euch Schaukästen für ein eigenes Abenteuermuseum!

Auf dünnen Karton oder Fotokarton malt ihr Teile einer kleinen Welt, zum Thema Bauernhof – Bauersleute, Haus, Stall, Tiere, zum Thema Urwelt – Vulkan, Dinos, zum Thema Dschungel – Tiger, Affen, Bäume, was euch gerade einfällt. Die aufgemalten Menschen, Tiere und Gegenstände schneidet ihr so aus, daß am Fuß oder Sockel noch eine Leiste von 2 cm zum Umfalzen und Aufkleben bleibt.

Dann den seitlich gestellten, nach vorne offenen Schuhkarton oder die Schachtel innen mit der jeweiligen kleinen Welt ausmalen, die ihr euch ausgesucht habt. Vor diesen Hintergrund und in diesen Raum klebt ihr die Figuren und Gegenstände, die dazu passen.

Den Schaukasten an der offenen Seite mit durchsichtiger Plastikfolie schließen. Fertig.

53. Kofferpacken

Wortspiele

ab 7

mind. 3

jederzeit

drinnen

laut

keine

20 Min. +

Vergeßt nichts beim Kofferpacken!

Die Spieler sitzen im Kreis. Der erste Spieler beginnt: „Ich packe meinen Koffer und packe einen Strumpf ein." Der zweite Spieler fährt fort: „Ich packe meinen Koffer und packe einen Strumpf und ein Comic-Heft ein." Der dritte Spieler sagt: „Ich packe meinen Koffer und packe einen Strumpf, ein Comic-Heft und ein Taschenmesser ein." Der vierte Spieler ergänzt: „Ich packe meinen Koffer und packe einen Strumpf, ein Comic-Heft, ein Taschenmesser und eine Fadenrolle ein." Jeder Spieler setzt zu den bereits eingepackten Gepäckstücken noch sein eigenes hinzu. Das Kofferpacken geht so lange, bis ein Spieler ein Gepäckstück vergißt. Dann beginnt das Packen wieder von vorn!

Basteln

Münzsammlung aus Papier

54.

Diese Münzsammlung ist federleicht und kostet nichts. Aber auf dem Papier seid ihr bald fast so reich wie Dagobert Duck!

Ihr beginnt eure Münzsammlung mit den Münzen, die ihr kennt und vielleicht auch selbst besitzt. Die Münzen von beiden Seiten (Zahl und Wappen) in schöner Reihenfolge unter die erste Seite des Heftes legen. Mit der flachen, gespitzten Bleistiftmine sachte darüberrubbeln, so daß sich das Münzprofil abbildet.

Fragt Freunde und Bekannte eurer Familie, ob sie weitere Münzen haben, vielleicht alte und ausländische. Wenn ihr ins Ausland in die Ferien fahrt, solltet ihr dieses Sammelheft immer dabeihaben. Schon bald wird das Heft so voll sein, daß ihr ein neues braucht.

ab 5

auch allein

jederzeit

drinnen

leise

5 Min.

30 Min. +

Münzen, Din-A5-Heft, Bleistift

Geschicklichkeitsspiele

Perlenstafette

55.

Besonderes Kunststück: mit einem Strohhalm Perlen transportieren!

Jeder Spieler bekommt zwei Teller, einen mit (abgezählten) Perlen und einen ohne Perlen, im Abstand von 2 Metern aufgestellt. Auf ein Startsignal hin versucht jeder Spieler, so schnell wie möglich jede einzelne Perle mit seinem Strohhalm anzusaugen und in den leeren Teller zu befördern. Wer eine Perle unterwegs verliert, muß sie vom Boden aufsaugen. Wenn ihr euch in zwei Mannschaften aufteilt, dann muß von jeder Mannschaft ein Spieler nach dem anderen jeweils eine Perle ansaugen, im Teller ablegen und den Strohhalm zurückbringen, so daß der nächste Spieler starten kann.

Welcher Spieler ist der schnellste? Welche Mannschaft hat zuerst die Perlen in den Teller transportiert?

ab 6

mind. 2

jederzeit

drinnen

leise

5 Min.

10 Min. +

Teller und Strohhalme je nach Spieleranzahl, Perlen (größer als Strohhalmöffnung!) oder Papierschnipsel

56. Stoffmarionette

Basteln

ab 6

auch allein

jederzeit

drinnen

leise

10 Min. +

30 Min. +

Taschentuch oder Stoffrest, etwas Watte oder ungesponnene Wolle, Wollfäden, Schere, Klebstoff, Kreppapier, kleine Holzstange, Nadel, Faden, Buntstifte

Bastelt euch eine Marionette und führt ein Marionettentanztheater auf!

In die Mitte des Taschentuchs einen fest zusammengedrückten Wattebausch oder ein kleines Wollknäuel legen. Das Tuch zusammenfalten und mit einem Wollfaden den Kopf abbinden. An allen vier Zipfeln einen Knoten machen, zwei sollen die Hände, zwei die Füße sein. Um die Taille einen weiteren Wollfaden binden. Was für ein Gesicht bekommt die Stoffpuppe? Bekommt sie Wollhaare und ein Kleidchen aus Kreppapier? Zuletzt an die beiden Armzipfel und den Kopf je einen längeren Faden nähen und diese Fäden an einer kleinen Holzstange festbinden.

Zu welcher Musik können eure Marionetten besonders gut tanzen?

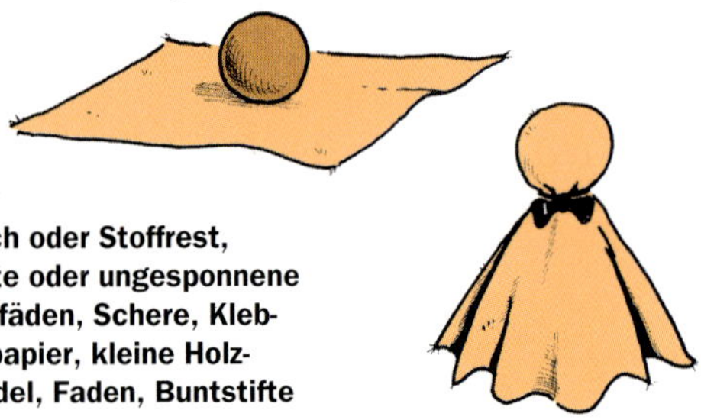

57. Mord im Dunkeln

Spielen

ab 8

mind. 5

jederzeit

drinnen

laut

5 Min.

20 Min. +

dunkles Zimmer, Tanzmusik, Papier, Stift

Gefährliches Spiel: Mord im Dunkeln!

Je nach Spielerzahl werden kleine Zettel vorbereitet, auf die verschiedene Symbole gezeichnet werden: ein Messer für den Mörder, eine Lupe für den Detektiv, ein Strichmännchen für die Tänzer. Die Zettel werden gemischt. Jeder Spieler zieht einen Zettel. Der Detektiv verläßt den Raum, die übrigen Spieler verraten nicht, was sie gezogen haben und tanzen im dunklen Zimmer zur Musik. Plötzlich ertönt ein schriller Schrei. Jetzt hat der Mörder sein Opfer leicht in die Seite gerammt, und das Mordopfer fällt zu Boden. Das Licht geht an, alle müssen stehenbleiben, der Detektiv erscheint und versucht, den Mörder zu finden. Dabei darf er jede Frage stellen, aber nur zweimal direkt fragen („bist du der Mörder?"). Hat er richtig geraten, bekommt er den Detektivpreis. Hat er den Mörder nicht gefunden, beginnt das Spiel von vorn. Wer am Ende mehrere Preise eingeheimst hat, wird zum Chefdetektiv ernannt.

Basteln

Foto-Puzzle

58.

Ihr bastelt eine Foto-Puzzelei!

Bittet eure Eltern um (möglichst große) Fotos. Es können alte, ungeliebte (Mama findet sich zu dick, Papa zu häßlich) oder doppelte Fotos sein. Wenn demnächst Abzüge von Fotos vom Urlaub oder Kindergeburtstag gemacht werden, dann bittet um große (20 x 30 cm) Abzüge von besonders lustigen Aufnahmen.

Die Fotos sorgfältig auf Kartonpapier oder dünnen Karton aufkleben und den Rand sauber beschneiden. Nun die Bilder nach Lust und Laune zerschneiden – allerdings sollten die Puzzleteile nicht zu klein sein.

Dann zusammensetzen. Aufbewahren könnt ihr die Puzzleteile in einem Säckchen oder Schächtelchen, damit kein Teil verloren geht.

So könnt ihr euch mit der Zeit eine Sammlung von Puzzlespielen – eine Foto-Puzzelei – zulegen.

ab 5

auch allein

jederzeit

drinnen

leise

10 Min.

30 Min. +

Fotos, Kartonpapier oder dünner Karton, Klebstoff, Schere, Säckchen oder Schachtel

Schere

Spielen

Stip-Stop

59.

Ladet eure Freunde zu einem feinen Schmaus ein, und während ihr eßt, spielt ihr Stip-Stop!

Jeder Spieler darf der Reihe nach einmal bestimmen, wie gegessen wird. Dafür kann jeder aus folgenden Befehlen einen Befehl auswählen: „Hänsel" – alle dürfen furchtbar schlampig und ungezogen essen. „Gretel" – es muß besonders fein und anständig gegessen werden. „Feuerwehr hat kein Wasser mehr!" – alle leeren ihre Gläser. „Stip-Stop" – die Bewegung, die gerade ausgeführt wurde, muß ständig fortgesetzt werden. „Stop" – alle dürfen sich nicht mehr rühren. „Schnecke" – ganz langsam essen. „Rennauto" – ganz schnell essen.

Jeder Spieler in der Runde gibt einen Befehl, den die anderen solange ausführen müssen, bis er sie mit einem „weiter" erlöst. Daraufhin kommt der nächste Spieler an die Reihe.

Wie lange habt ihr heute für euren Stip-Stop-Schmaus gebraucht?

ab 7

mind. 3

jederzeit

drinnen

leise

keine

10 Min. +

60. Baumratespiel

Umwelt erleben

ab 6

mind. 2

jederzeit

draußen

leise

5 Min.

10 Min. +

Tuch oder Schal

Ein Ratespiel besonderer Art!

Einem Spieler werden mit einem Tuch die Augen verbunden. Nun wird er auf „Irrwegen" zu einem Baum geführt, den er gründlich betasten und umarmen darf. Danach wird er zum Ausgangspunkt zurückgeführt, und das Tuch wird ihm abgenommen. Hat er erraten, welcher Baum es war? Wenn nicht, darf er die Bäume in der näheren Umgebung betasten, bis er den richtigen gefunden hat - nun ohne Augenbinde.

Ratet beim Spaziergang einmal, wieviele Spieler wohl nötig sind, um den nächsten großen, dicken Baum zu umarmen? Alle Spieler halten sich an den Händen und bilden einen engen Kreis um den besagten Baum.

Wer beim Raten der richtigen Anzahl am nächsten kommt, ist der Baumsieger und bekommt einen kleinen Preis.

61. Paarfangen

Geschicklichkeitsspiele

ab 6

mind. 7

jederzeit

draußen

laut

5 Min.

15 Min. +

Blitzschnelles Paarfangen!

Stellt euch immer zwei und zwei hintereinander auf und haltet euch an den Händen! Mit dem Rücken zu der Schlange steht dicht vorne der Fänger. Nun muß das letzte Paar sich trennen, und einer läuft rechts, der andere links an den anderen Paaren vorbei nach vorn. Bevor sich das Paar vorne wieder zusammenfindet, versucht der Fänger einen der beiden zu fangen. Erwischt er einen, nimmt er sich diesen als Partner, und der übriggebliebene Spieler ist nun der Fänger. Erwischt der Fänger keinen der beiden, so muß er einen Spieler des nächsten Paares zu fangen versuchen.

Spielen

Großfamilie

62.

Wer bekommt die größte Familie?

Jeder Spieler würfelt reihum mit drei Würfeln. Zuerst muß mit den drei Würfeln eine „eins" gewürfelt werden, das ist das Familienoberhaupt – Herr „wie heißen Sie bitte?". Nun wird mit zwei Würfeln um die Familienmutter gewürfelt. Kommt eine „zwei" zustande, ist das die Familienmutter – Frau „Ihren Namen, bitte!". Die Augenzahl des zweiten Würfels gibt die Kinderzahl an. Mit diesem Würfel darf ein zweites Mal gewürfelt werden. Diese gewürfelte Augenzahl wird zur vorher gewürfelten Kinderzahl hinzugerechnet. Wieviele Kinder hat die Großfamilie von Frau und Herrn „Sowieso"?

Natürlich könnt ihr weiterwürfeln um Tanten, Onkel, Kusinen und Kusins. Bei jeder neuen Würfelrunde müßt ihr zuvor ausmachen, um wen ihr würfelt! Falls ihr euch die Anzahl der Familienmitglieder nicht merken könnt, notiert sie euch auf einem Zettel.

Wer hat die meisten Familienmitglieder zusammengewürfelt?

ab 7
mind. 2
jederzeit
drinnen
leise
keine
15 Min. +
3 Würfel

Basteln

Postkarten selbst herstellen

63.

Postkarten kosten im Laden bis zu 2,00 DM das Stück! Ihr könnt Post- und Grußkarten für eure eigene Verwendung herstellen oder um sie an Eltern, Verwandte und Bekannte zu verschenken, gelegentlich sogar verkaufen!

Am einfachsten benutzt ihr unbedruckte (weiße oder farbige) Karteikarten im Format Din A6. Diese Karten könnt ihr allerdings fein säuberlich aus Kartonpapier auch selbst herstellen. Das Format sollte sich nach den üblichen Postkarten richten. Auf die eine Seite der Postkarten zeichnet ihr sorgfältig die Trennlinie zwischen Text- und Adressenteil und rechts oben eine Fantasie-Briefmarke. Auf die andere druckt ihr mit Kartoffeldruck euer farbiges Kunstwerk oder malt einfach etwas darauf. Wenn das Bild einem Anlaß dient (Geburtstag oder Neujahr), könnt ihr auch entsprechende Grüße formulieren wie: „Alles Gute zum Geburtstag!" Ihr könnt euch auch etwas Ungewöhnliches einfallen lassen. Wie wär's mit „Herzliches Beileid zur Verlobung"?

ab 7
auch allein
jederzeit
drinnen
leise
10 Min.
1 Std. +
Kartoffel, Wasserfarben, Pinsel, Lineal, Bleistift, weiße oder farbige Karteikarten (A6) ohne Linierung

64. Rettungsringe

Spielen

ab 6

mind. 8

jederzeit

draußen

laut

10 Min.

30 Min. +

Bunte Pappstücke bzw. Pappringe

Helft euch gegenseitig aus der Not!

Bastelt zuerst zwei grüne Pappringe für die Fänger und je nach Teilnehmerzahl zwei bis vier rote Pappringe für die Retter. Nun werden z. B. zwei Fänger und vier Retter ausgezählt (es müssen immer mehr Retter als Fänger sein). Sie erhalten die jeweiligen Pappringe. Die übrigen Spieler (ohne Pappringe) eilen geschwind davon. Gerät ein Spieler in Not, kommt ihm ein Fänger also zu nahe, so kann er mit Hilfe eines Rettungsrings, den ihm ein Retter zuwirft, gerettet werden. Wer dennoch gefangen wird, erhält den grünen Ring des Fängers.

65. Selbstbemalte T-Shirts

Basteln

ab 6

auch allein

jederzeit

drinnen

leise

10 Min.

30 Min. +

Ist es nicht fantasielos, T-Shirts zu tragen, auf denen „Oilily, Benetton, Chevignon" oder sonstwas steht? Ihr habt euren eigenen Stil und macht eure eigene Mode!

Das weiße oder farbige T-Shirt mit der Brust- oder Rückenseite auf ein Stück Karton legen und mit Reißnägeln spannen. Mit waschbaren Stoffmalfarben malt ihr ein Bild auf das Hemd oder schreibt einen bunten Text darauf. Dann noch mit eurem Namen signieren – und fertig ist eure eigene „Designer"-Mode!

Stoffmalstifte, unbedrucktes T-Shirt, Karton, Reißnägel

mit Eltern

Geschicklichkeitsspiele

Kleckerliesen

66.

Lacht nicht über die zwei Kleckerliesen! Ihr kommt auch gleich dran!

Verbindet zwei Spielern die Augen mit einem Tuch! Die eine Kleckerliese bekommt einen Teller Pudding oder Brei vorgesetzt und einen Löffel in die Hand. Die andere Kleckerliese ist hungrig und will gefüttert werden. Da beide nichts sehen, ist dieses Füttern ganz schön schwierig! Wo ist der Brei? Und wo ist der Mund? Hat es gut geschmeckt, Kleckerliese?

ab 7
mind. 2
jederzeit
drinnen
leise
5 Min.
5 Min. +

1 Teller Pudding oder Brei, 1 Löffel, 2 Tücher oder Schals

Basteln

Das eigene Radioprogramm

67.

Erwachsene gestalten euer Kinderprogramm im Radio und überhaupt das Radioprogramm. Das muß nicht sein, ihr könnt auch euer eigenes Programm zusammenstellen!

Ihr nehmt einen großen, geschlossenen Karton, in den ihr hinten mit dem Sägemesser oder Fuchsschwanz einen Eingang zum Hineinschlüpfen sägt. Durch dieses Loch muß so viel Licht ins Innere gelangen, daß ihr im Karton Texte lesen könnt.
Dann bemalt und gestaltet ihr die breite Vorderseite als Radiofront. Ein zerkratztes Lineal kann als Senderwählfeld dienen, angeklebte Joghurtbecher als Einstellknöpfe.
Nun könnt ihr für euer Publikum ein Programm gestalten, wie es euch gefällt. Lest Geschichten vor, singt Lieder, tragt Familien- und Schulnachrichten vor. Befragt jemanden zu wichtigen Themen, äußert Proteste und Kritiken.
Ihr kriecht abwechselnd in euren Sender. Eure Stimme hallt darin fast so, als ob ihr durch einen Lautsprecher redet.

ab 8
mind. 2
jederzeit
drinnen + draußen
laut
10 Min.
2 Std. +

großer Karton (Umzugskarton), Sägemesser oder Fuchsschwanz, Wasserfarben, Buntstifte, Joghurtbecher, altes Lineal, Klebstoff

Sägemesser oder Fuchsschwanz

68. Jägerball

Geschick-lichkeits-spiele

ab 7

mind. 4

jederzeit

draußen

laut

3 Min.

30 Min. +

1 Ball

Ein Jäger jagt viele Hasen!

Ein ausgezählter Spieler ist der Jäger. Er versucht, mit einem Ball einen der vielen davonlaufenden Hasen „abzuschießen“, indem er ihn mit dem Ball trifft. Diese halten ihn zum Narren und weichen ihm geschickt aus. Hat er endlich einen Hasen getroffen, so wird dieser Hase zum Jäger. Wer ist der geschickteste Hase?
Wer ist der beste Jäger?

69. Bonbontütchen

Basteln

ab 5

auch allein

jederzeit

drinnen

leise

3 Min.

15 Min. +

Kleine Bonbontütchen für den Kinderkaufladen!

Buntes Papier (auch Zeitungs- oder Packpapier) in kleine Quadrate schneiden. Jedes Quadrat diagonal falten. Mit doppeltem Faden entlang der Diagonale Zierstiche setzen, dann eine der aufeinanderliegenden Seiten zusammennähen. Auch entlang der Tütenöffnung können natürlich noch Zierstiche gesetzt werden, falls der kleine Kaufmann oder die Kauffrau noch Lust und Geduld hat. Wer schneller fertig sein möchte, kann die Tüten auch kleben.

Wieviel Bonbons oder Süßigkeiten passen in eure Tütchen?

mit Eltern

1 quadratischer Papierbogen (10 x 10 cm), Nadel, Faden, Schere

Umwelt erleben

Wolkenbilder

70.

Was tun an einem herrlichen Sonnentag?

Sucht euch ein ruhiges Plätzchen, legt euch auf den Rücken und beobachtet die Schönwetterwolken, die über euch hinwegziehen. Wenn ihr länger in den Himmel guckt, werdet ihr erleben, wie sich die Wolken zu Bildern, Figuren, Fabelwesen, Geschichten formen oder zusammenballen. Erzählt euch gegenseitig, was ihr alles am Himmel entdeckt habt!

ab 6

mind. 2

Sommer

draußen

leise

keine

30 Min. +

Basteln

Wachstropfen

71.

Aus vielen kleinen Wachstropfen wird ein großer Tropfen!

Eine Alufolie auf dem Tisch ausbreiten. Aus Seiden- oder Butterbrotpapier eine große Tropfenform (20 x 10 cm) ausschneiden und auf die Folie legen. Jeder Spieler erhält nun eine brennende Kerze und tropft damit solange auf das Seidenpapier, bis der Seidenpapiertropfen mit einer dicken Wachsschicht überzogen ist. Den großen Tropfen etwas trocknen lassen, dann auf der anderen Seite mit Wachs beträufeln. Ist der große Tropfen fertig, ein kleines Loch oben durchbohren, Geschenkband durchziehen und ihn ins Fenster oder an den Weihnachtsbaum hängen. Besonders schön wird der Tropfen, wenn ihr verschiedenfarbige Kerzen verwendet!

ab 4

auch allein

Winter

drinnen

leise

3 Min.

30 Min.

mit Eltern

brennende Kerze

verschiedene Kerzen, Seidenpapier, Alufolie, Geschenkband

72. Arzt spielen

Spielen

ab 6

mind. 2

jederzeit

drinnen + draußen

laut

10 Min.

1 Std. +

Wer hat Angst vor dem Weißen Mann? Niemand, der selbst Doktor spielen kann!

Zunächst packt ihr euren Arztkoffer (irgendeine Tasche, alte Handtasche) mit Fieberthermometer, Verbandszeug und Arzneimitteln voll. Dann zieht ein Mitspieler das weiße T-Shirt an und wird so Frau oder Herr Doktor. Jeder Mitspieler darf einen Patienten betreuen (dann wechselt das weiße T-Shirt). Fiebermessen, Puls fühlen, in die Augen schauen. Sind die Ohren sauber? Welche Diagnosen stellt ihr? Welche Heilmittel verschreibt ihr? Leidet euer Patient beispielsweise an der Kicherkrankheit, so muß er 10 Minuten ernsthaft schauen.

weißes T-Shirt, „Arzttasche", Schal, ausgemusterte Pillendosen gefüllt mit Pfefferminzpastillen, Bonbons o.ä., Salbendöschen, Verbandszeug, altes Fieberthermometer

73. Futterhäuschen für Vögel

Basteln

ab 6

auch allein

Winter

drinnen + draußen

leise

5 Min.

30 Min. +

Im harten Winter könnt ihr Vögeln das Überleben ermöglichen.

Ihr klebt die Milchtüte an der Ausgußstelle wieder zu. In die Mitte der oberen Seite ein Loch für die Schnur zum Aufhängen bohren. Etwas oberhalb des Bodens in der Mitte der Seitenwände links und rechts auf gleicher Höhe je ein Loch bohren. Ein dünnes, so langes Stöckchen durchstecken, daß es auf beiden Seiten etwa 10 cm herausragt. Über den Enden des Stöckchens je eine aufklappbare Luke einschneiden und die Laschen nach oben biegen. So können sich die Vögel auf dem Stöckchen niederlassen und durch die Luke ins Haus schlüpfen. Das Loch muß also groß genug sein, daß Vögel wie Meisen durchpassen. Dann durch eine Luke Vogelfutter einfüllen. Das Häuschen an der Schnur in einem Baum oder Strauch aufhängen, den ihr beobachten könnt.

Welche Vögel folgen eurer Einladung? Vielleicht haben eure Eltern ein Vogel-Bestimmungsbuch.

leere Milchtüte (Tetrapak), kleiner Handbohrer oder spitzes Messer, Klebstoff, Stöckchen, Schnur, Vogelfutter

Handbohrer, Schere, spitzes Messer

mit Eltern

Geschick-lichkeits-spiele

Buch der Rekorde

74.

Ihr veranstaltet mit euren Geschwistern und Freunden eigene Olympische Spiele mit Erfassung der Rekorde.

Zunächst bemalt ihr den Umschlag des Ringbuches mit farbigen Olympischen Ringen und Wettbewerbsszenen. Dann werden die Nasen der Trennblätter mit den Benennungen der einzelnen Wettkampfgebiete beschriftet: Sport, Spiele, Ratespiele. In den jeweiligen Abteilungen wird jede Seite einer Tätigkeit zugeordnet (z. B. Sackhüpfen unter der Abteilung Sport). Die einzelnen Seiten werden durch drei senkrechte Linien in Abschnitte unterteilt und überschrieben mit Rekord, Name des Rekordhalters, Datum.

Nun die Wettkampfarten bestimmen: Weitspringen, Hüpfen auf einem Bein, Kopfstand, Ins-Gesicht-Starren ohne zu lachen …

Alle Rekorde notieren. Jeder Rekord darf frühestens am nächsten Tag gebrochen werden.

ab 7

mind. 2

jederzeit

drinnen + draußen

leise

keine

1 Woche +

Ringbuch mit Trennblättern, liniertem Papier, Papierumschlag, Buntstifte, Schreibstift

Basteln

Dattelkamel

75.

Dattelkamele dürfen am Dreikönigstag aufgegessen werden!

Datteln auf einen Draht aufziehen und dann diesen zu einem Kamel formen. Zuerst den Kopf, dann den Körper mit zwei Beinen, zuletzt zwei zusätzliche Beine um den Körper wickeln. Jedes Körperteil mit einer Schlaufe beenden. Für die Ohren können auch Rosinen, für Bauch und Höcker Feigen oder Aprikosen verwendet werden. Ein Stück Pappkarton ausschneiden und die Füße des Kamels durch den Karton ziehen und auf der Rückseite festbiegen. Dadurch bekommt das Dattelkamel einen guten Stand. Wie hat euch das Dattelkamel geschmeckt?

ab 8

auch allein

Winter

drinnen

leise

10 Min.

30 Min. +

Datteln, sonstige Trockenfrüchte: z. B. Feigen, Rosinen, Aprikosen, Nüsse usw., feiner Blumendraht, kleine Zange, Pappkarton

76. Papierflechten

Basteln

ab 5

auch allein

jederzeit

drinnen

leise

Buntes Auf und Ab für kleine clevere Leute!

Auf einen Bogen Origami-Papier einen Rahmen von 1 bis 2 cm zeichnen. In diesen Rahmen mit Teppichmesser oder Schere parallele Schnitte im Abstand von ca. 1 cm ziehen. Aus weiteren verschiedenfarbigen Bögen Streifen schneiden (0,5 bis 1 cm breit). Diese bunten Streifen abwechselnd durch den vorbereiteten Bogen weben.
Verziert mit dem fertigen Flechtwerk eure Briefumschläge, Geschenke, Spielkartons oder was euch gerade einfällt!

mit Eltern

10 Min.

30 Min.

Verschiedenfarbiges Origami-Papier, 1 kleines Teppichmesser, Schere, Lineal, Bleistift

77. Tannenwichtel

Basteln

ab 6

auch allein

Winter

drinnen

leise

1 Std. +

1 Std. +

mit Eltern

Veranstaltet in der Adventszeit einmal einen Tannenwichtel-Nachmittag!

Sucht und sammelt bei einem Waldspaziergang größere und kleinere Kiefernzapfen. Vielleicht habt ihr auch noch Pinienzapfen aus dem Sommerurlaub? Als Köpfchen dient eine Holzperle, die auf einen halbierten Zahnstocher gesteckt wird. Den Zahnstocher in die Spitze des Zapfens stecken und mit einem großen Klecks Klebstoff befestigen. Längere Zeit trocknen lassen. Dann auf die Perle ein Wichtelgesichtchen malen. Für Umhang und Mütze jeweils einen Kreis (8 und 3 cm Durchmesser) aus Filz oder Stoff zuschneiden und den Kreis halbieren. Umhang an der geraden Seite leicht kräuseln, um den Wichtel legen und vorne zusammennähen. Vom Halbkreis der Mütze noch so viel wegschneiden, daß die Mütze auf das Köpfchen paßt. Mütze zur Tütchenform zusammenkleben, innen mit Klebstoff bestreichen und auf den Wichtelkopf setzen. Danach Mütze und Kopf (das Bärtchen nicht vergessen) mit Wolle oder Watte verzieren. Als Händchen können zwei kleinere Perlen vorn auf dem Zapfen befestigt werden.

Wenn ihr den Wichtel aufhängen wollt, einfach einen Faden durch die Mützenspitze ziehen. Die Tannenwichtel sitzen aber am liebsten auf dem Adventskranz!

Kiefern- oder Pinienzapfen, Holzperlen verschiedener Größe (für den Kopf: ca. 20–40 mm Durchmesser), Tonpapier, Filz- oder Stoffreste, naturfarbene, ungesponnene Wolle oder Watte, Zahnstocher, Faden, Nadel, Klebstoff, Schere

Geschick-
lichkeits-
spiele

Dosenlauf

78.

Ein Spiel „in schwindelnder Höhe", das euren Gleichgewichtssinn trainiert – wichtig für die unter euch, die Akrobaten werden wollen.

Auf zwei der Dosen kauert ihr mit je einem Fuß. Die dritte holt ihr mit einer Hand nach und setzt sie einen Schritt voraus. Dann das hintere Bein auf die vorgesetzte Dose ziehen. Die nun freie, letzte Dose wieder mit der Hand vorziehen – bis ihr am Ziel seid.

Die Spannung wird erhöht, wenn ihr dabei einen Wettlauf veranstaltet. Oder wenn ihr das Dosenstelzen nutzt, um mit trockenen Füßen um die Wette durch eine große Pfütze zu gelangen.

ab 5

mind. 2

jederzeit

draußen

laut

5 Min.

30 Min. +

leere große Konservendosen gleicher Größe (pro Mitspieler 3)

Umwelt
erleben

Baumadoption

79.

Adoptiert einen Baum!

Ihr sucht euch im Frühling einen Baum in eurer Nähe aus, der euch besonders gefällt oder interessiert, und ernennt ihn zu eurem „Pflegekind". Schreibt in ein Heft, was euch an diesem Baum auffällt. Beobachtet, wann er die ersten Knospen bekommt, wie lange es dauert, bis seine Blätter sich entfalten, wieviele Herbsttage vergehen, bis euer Baum alle Blätter verloren hat. Notiert jede Veränderung. Wird euer Baum von Tieren bewohnt? Von welchen? Wählt einen besonderen Ast aus und meßt ihn ab und notiert die Maße in euer Beobachtungsheft. Wieviel wächst er in einem Jahr? Habt ihr den Eindruck, daß ihm Wasser fehlt, so besorgt welches. Werden seine Blätter im Sommer weiß? Hat er vielleicht eine Krankheit? Schaut in einem Bestimmungsbuch nach, zu welcher Baumart euer Lieblingsbaum gehört. Was konntet ihr während eines Jahres alles an eurem Adoptivbaum beobachten?

ab 8

auch allein

jederzeit

draußen

leise

keine

mind. 1 Jahr

Ein Baum in der Nähe, evtl. Schreibheft, Stift

80. Non-Stop-Kinderprogramm

Spielen

ab 8

mind. 2

jederzeit

drinnen + draußen

laut

10 Min.

2 Std. +

Schaltet das Programm der Erwachsenen aus! Gründet euren eigenen Fernsehsender und macht euer eigenes Non-Stop-Programm!

Ihr nehmt einen großen, geschlossenen Karton (womöglich einen ehemaligen Fernsehverpackungs-Karton), in den ihr vorne mit dem Sägemesser oder Fuchsschwanz einen Bildschirm sägt (groß genug zum Hineinschlüpfen). Dann bemalt und gestaltet ihr den Karton als Fernseher.

Nun könnt ihr für euer Publikum das Programm zusammenstellen, wie es euch gefällt. Tretet als Musikanten auf, tragt Familien- und Schulnachrichten vor, führt Interviews mit berühmten Persönlichkeiten und laßt Kommentare zu euch wichtigen Themen vorlesen. Selbstverständlich könnt ihr euch auch über Fernsehserien lustigmachen, die ihr kennt, indem ihr sie nachspielt oder witzig verändert.

Jeder darf einmal in euren Apparat kriechen, um einen Beitrag zu eurem Non-Stop-Programm zu leisten.

großer Karton (z.B. Umzugskarton oder gar Fernseh-Verpackungskarton), Sägemesser oder Fuchsschwanz, Wasserfarben, Buntstifte, Klebstoff

Sägemesser oder Fuchsschwanz

---

81. Herzpralinen

Rezepte

ab 5

auch allein

Winter

drinnen

leise

10 Min.

20 Min.

Feine Herzpralinen für Marzipanliebhaber!

Marzipanmasse mit Puderzucker und Rosenwasser gründlich verkneten. Dann die Masse nicht zu dünn ausrollen und lauter Herzen ausstechen. Die Kuvertüre im Wasserbad erhitzen, bis sie streichfähig ist. Die Marzipanherzen zur Hälfte damit bestreichen.

Zuletzt jedes Herz mit einer Walnuß verzieren. Ein paar Stunden kühlstellen und dann probieren.

200 g Marzipanmasse, 50 g Puderzucker, 1–2 EL Rosenwasser, 80 g gehackte Walnüsse, Vollmilchkuvertüre, 1 Herz-Ausstechform, Nudelholz, Pinsel, kleiner Topf, kleine Schüssel

mit Eltern

Basteln

Familien-Jahreskalender

82.

Die Jahreskalender der Erwachsenen sind grau und langweilig. Ihr bastelt für euch einen bunten, großen Jahreskalender, bei dessen Anblick man sich von einem Tag auf den anderen freut.

Nach der Vorlage des kleinen, gedruckten Jahreskalenders unterteilt ihr euren großen in 12 Monate (mit senkrechten Linien) und 28–31 Monatstage (mit waagrechten Linien). Über die senkrechten Felder schreibt ihr die Namen der Monate, in die waagrechten Felder die Wochentage (Montag-Sonntag) und die Tagesnummern (1–31).

Dann besinnt ihr euch aller wichtigen Termine, die ihr eintragen wollt: Geburtstage von Familienangehörigen und Freunden, Ferienplanung, Schulausflüge, schulfreie Tage, Feiertage und Familienfeste, Dorf- oder Stadtfeste, Besuche von lieben Menschen. Denkt euch für jedes Ereignis eine bunte Markierung aus, die ihr aufmalt oder ausschneidet und dann ins Datumsfeld einklebt, darunter ausgeschnittene Fotos von Geburtstagskindern und ein gemaltes Zebra für den Besuch im Zoo.

ab 7

auch allein

um Jahreswende

drinnen

leise

10 Min.

3 Std. +

mit Eltern

Jahreskalender in DinA 4 (aus Apotheke oder Bank), Packpapier oder Fotokarton in DinA 1, Klebstoff, Bleistift, Buntstifte, Schere

Musik machen

Das hängende Xylophon

83.

Xylophon, Xylophon – ich schlag aus dir den schönsten Ton!

Den Drahtkleiderbügel frei aufhängen (im Freien an Baum oder Strauch). Dann die verschiedenen Teile des Klangkörpers (Löffel verschiedener Größe, kleine und größere Flaschen oder Metallgegenstände) mit Nylonfaden fest verknoten und in einer Länge zwischen 10 und 20 cm vom Bügel baumeln lassen. Mit Löffeln werden die verschiedenen Teile des Xylophons zum Klingen gebracht.

ab 4

auch allein

jederzeit

drinnen + draußen

laut

mit Eltern

15 Min. +

5 Min.

Drahtkleiderbügel (aus der Reinigung), Löffel verschiedener Größe, Metallgegenstände wie schwere Schrauben, kleine und größere Flaschen, Nylonfaden

84. Bunte Eier

Basteln

ab 4

auch allein

Frühling

drinnen

leise

10 Min.

30 Min.

Bunt marmorierte Ostereier für den Osterstrauß!

Eier mit der Stecknadel oben und unten anstechen und ausblasen. Das farbige Seidenpapier in Schnipsel reißen. Schnipsel für Schnipsel durch das Schälchen mit Wasser ziehen und auf die Eier streichen. Sind die Eier rundherum mit Seidenpapierschnipseln beklebt, werden sie zum Trocknen in Eierbecher gestellt. Nach dem Trocknen die Schnipsel vorsichtig von den Eiern entfernen.

Ihr werdet staunen, was für tolle Muster und Farben entstanden sind! Zuletzt mit einer langen Stopfnadel ein passendes Geschenkband durch jedes Ei ziehen, dafür das eine Ende des Geschenkbands zur Schleife binden, das andere am Osterstrauß befestigen.

verschiedenfarbiges Seidenpapier, gekochte oder ausgeblasene Eier, Schälchen Wasser, Geschenkband, lange Stopfnadel

mit Eltern

85. Kastanien-Wurfspiel

Geschicklichkeitsspiele

ab 5

mind. 2

Herbst

draußen

laut

5 Min.

30 Min. +

Wer trifft die Schachtel mit Kastanien, der wird König von Albanien!

Je nach Größe und Alter der Mitspieler stellt ihr euch hinter einer gezogenen Linie auf, die 3 bis 5 m vom Wurfziel (Korb oder Schachtel) entfernt ist. Jedes Kind hat 6 Kastanien zum Werfen. Die Treffer in verschiedenen Durchgängen zählen oder aufschreiben. Wer die meisten Treffer erzielt, wird „König von Albanien".

Schachtel oder Korb, viele Kastanien (pro Spieler 6 Stück)

Basteln

Dino-Landschaft

86.

Haben eure Dinos eigentlich ein richtiges Zuhause? Eine Landschaft, in der sie sich wohlfühlen?

Zeitungsschnipsel mit Wasser und Kleister vermengen. Dann einen umgestülpten Trichter dick mit diesem Pappmaché bestreichen. Wenn die Masse getrocknet ist, Trichter auslösen. Den Vulkanberg schwarz bemalen, rote Lavaströme herabfließen lassen. Wattebäuschchen als Rauchwolken auf die Vulkanspitze kleben.

Für eine Dino-Wohnhöhle blast ihr einen Luftballon auf. Mit Pappmaché überpacken. Nach dem Trocknen Luft aus dem Ballon lassen. Höhle bemalen. Vulkan und Höhle auf den Karton kleben. Die restliche Kartonfläche als Urzeit-Landschaft bemalen (mit roten Lavaströmen). Oder mit dem restlichen Pappmaché gestalten, Moos und Steine aufkleben

ab 6

auch allein

jederzeit

drinnen

leise

15 Min.

1 Std. +

Zeitung, Wasser, Kleister, Trichter, Luftballon, Wasserfarben, Watte, Kartonpapier

---

Basteln

Rübengeist

87.

Habt ihr Angst vor bösen Geistern? Dann stellt euch einen Rübengeist zur Abschreckung ins Fenster oder auf den Gartenzaun!

Wenn keine Rübe aufzutreiben ist, einfach einen Kürbis nehmen! Mit dem Messer die Spitze der Rübe begradigen und die obere Seite mit dem Rübenkraut als Deckel abschneiden. Aus Deckel und Rübenkörper das Fruchtfleisch mit Messer oder Löffel herauskratzen. Aufpassen, daß die Wand nicht zu dünn wird. Auf die Außenseite der Rübe ein Gesicht einritzen und anschließend mit dem Messer ausschneiden. In den Rübenboden eine kleine Vertiefung für das Teelicht bohren. Das Teelicht anzünden und den Rübendeckel auf die Rübe setzen.

Wirkt euer Rübengeist in der Dunkelheit gespenstisch?

ab 7

auch allein

Herbst

drinnen + draußen

leise

30 Min.

1 Std. +

mit Eltern

scharfes Messer, brennendes Teelicht

Futterrübe oder Kürbis, scharfes Messer, Löffel, Teelicht

88. Gemalte Mahlzeit

Basteln

ab 5

auch allein

jederzeit

drinnen

leise

5 Min.

1 Std.+

Ihr malt einen „Augenschmaus“ – denn der Appetit kommt vom Sehen.

Eure Familie erwartet Gäste zum Abendessen. Ihr wißt, was eure Eltern in der Küche zum Essen vorbereiten. Inzwischen deckt ihr den Tisch mit einer Papiertischdecke. Dann zeichnet ihr die Gedecke der einzelnen Gäste auf: Teller, Gläser, Besteck, Salatteller, Tischkärtchen für die Teilnehmer am Essen. Schließlich malt ihr die in der Küche vorbereiteten Speisen farbig auf die Teller. Wer hat am meisten Appetit? Wer ißt nur pflanzliche Kost? Wer ißt kein Gemüse? Wenn die Teller dann tatsächlich beladen werden, könnt ihr vergleichen.

Papiertischdecke, Bleistift, Buntstifte, Wasserfarben

89. Steinzeichen

Wortspiele

ab 7

mind. 2

Sommer

draußen

leise

30 Min. +

20 Min. +

Steinzeit-Computer? Sitzt ihr am Strand oder an einem anderen steinigen Ort?

Sammelt viele bunte und unterschiedlich große Steine! Die Steine gut abwaschen und trocknen lassen. Mit Wasser- oder Plakafarben entweder eine Zahl oder einen Buchstaben auf jeden Stein malen. Mit den Buchstabensteinen könnt ihr Nachrichten in den Sand oder auf den Weg „schreiben“. Oder ihr könnt beispielsweise das Buchstabenspiel „Gefüllte Kalbsbrust“ damit spielen. Allerdings müßt ihr dazu mehrmals das Alphabet malen. Mit den Zahlensteinen könnt ihr entweder kleine Rechnungen oder das ganze Einmaleins zusammenstellen. Malt dazu auch Steine, auf denen die Rechenfunktionen (+, -, :, x, =) stehen. Ihr teilt die bemalten Steine gleichmäßig unter euch auf. Ein Spieler beginnt eine Gleichung zu legen, die anderen Spieler versuchen, sie zu ergänzen. Wer sie mit dem passenden Zahlenstein vollenden kann, bekommt einen Punkt und darf eine neue Gleichung beginnen. Denkt euch selbst Rechenspiele aus!

Steine, Wasser- oder Plakafarben, Pinsel, evtl. Klebstoff, Wachs zum Polieren oder Sprühlack

Basteln

Duftbeutelchen

90.

ab 5

auch allein

Frühling - Herbst

drinnen + draußen

leise

1 Std. +

30 Min. +

So hängen Frühlingspracht und Sommerduft
noch im Winter in der Luft!

Sobald Gräser wachsen und Blumen blühen, beginnt ihr zu beobachten, zu sammeln und zu trocknen. Ihr schnuppert an den Pflanzen und findet heraus, welche besonders gut riechen: abgefallene Rosenblätter, Kamille, frisch gemähtes Gras, Veilchen, Jasmin ... Ihr trocknet die Blumen und Gräser gut ausgebreitet auf Zeitungspapier und sammelt sie dann in einer großen Dose.

Im Herbst, wenn die Pflanzen draußen allen Duft verlieren, bemalt ihr ein Stück Stoff mit Stoffarbe und schneidet einen Kreis von 25 bis 35 cm Durchmesser aus. Ein Häufchen der Duftmischung legt ihr darauf und bindet das Säckchen mit einem Geschenkband oben zu. Dieses Säckchen legt ihr in den Kleiderschrank oder hängt es in eurem Zimmer auf. Oder ihr schenkt den Duftbeutel eurer Lieblingstante.

mit Eltern

Sammeldose, gesammelte und getrocknete Duftmischung aus Blüten und Gräsern, Rest eines dünnen Stoffes oder Tüllvorhanges, Stoffarben, Schere, Schnur oder Geschenkband

---

Geschicklichkeitsspiele

Kerzen löschen

91.

ab 4

mind. 2

jederzeit

draußen

laut

5 Min.

15 Min. +

Munter flackert das Kerzenlicht,
doch wir brauchen es am Tage nicht.
Drum zielen wir mit der Wassergischt
bis der Kerzenschein erlischt.

Ihr zieht oder denkt euch eine Abstandslinie zur brennenden Kerze (je nach Alter 2 bis 5 m). Dann zielt ihr mit dem Strahl der prall mit Wasser gefüllten Plastikflasche auf den brennenden Docht der Kerze. Wie lange braucht jeder Mitspieler zum Löschen?

mit Eltern

Streichhölzer

leere Shampoo- oder Spülmittelflasche, Wasser, Kerze, Streichhölzer, Uhr mit Sekundenzeiger (oder Stoppuhr)

92. Muschelkette

Basteln

ab 7

auch allein

Sommer

draußen

laut

30 Min. +

1 Std. +

Als Erinnerung an die Ferien am Meer oder als Mitbringsel für die Freundin oder den Freund könnt ihr euch eine Kette aus Muscheln basteln.

In Muscheln, die von Natur aus noch kein Loch zum Auffädeln haben, muß mit Hilfe eines Nagels vorsichtig ein Loch geschlagen werden. Dann die Weinkorken mit einem scharfen Messer in breite Scheiben schneiden. Nun drei Lederbänder so zusammenknüpfen, daß eines etwa 5 cm übersteht. Mit den Lederbändern einen Zopf flechten und in regelmäßigen Abständen die Muscheln, Korkenscheiben und Perlen auffädeln. Am Ende den Zopf so verknoten, daß wiederum ein Band länger als die anderen endet. Die Kette schliessen, indem ihr die beiden überstehenden Bänder miteinander verbindet und womöglich mit Draht umwickelt.

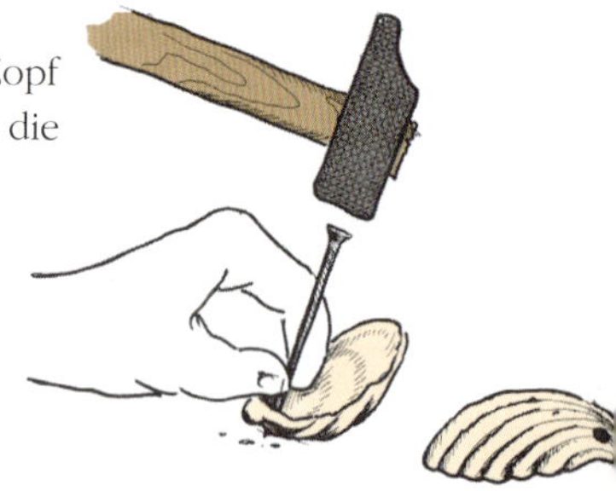

Muscheln, Nagel, Hammer, 3 Lederbänder (jedes mind. 60 cm lang), Holzperlen, Weinkorken, Messer, evtl. Draht

mit Eltern

93. Familienflagge

Basteln

ab 6

auch allein

jederzeit

drinnen + draußen

leise

5 Min.

1 Std. +

Diese Familienfahne könnt ihr bei allen Festen und Familienfeiern aufstellen.

Den Stoff mit Reißzwecken auf Pappe spannen und mit Stoffarben bemalen. Ihr könnt euren Familiennamen darstellen, den Beruf der Eltern, das Haus, in dem eure Familie schon seit Urzeiten wohnt, oder was ihr für typisch bei eurer Familie haltet.

Dann die Flagge an Stiel oder Stange festkleben oder sie durchbohren und eine Schnur durchziehen, mit der ihr sie oben und unten am Holz festbindet.

Holzstange oder alter Besenstiel, alter Stoff oder alter Bettkissenbezug, Stoffarbe, Pinsel, Schnur, Klebstoff

Rezepte

Eisclown

94.

ab 5

auch allein

Frühling - Herbst

drinnen

leise

5 Min.

15 Min.+

Wie schön ist unser Clown aus Eis!
Doch unser Hunger ist so heiß,
daß wir nicht lange auf ihn schauen,
sondern ihn im Magen tauen.

Abgetropfte Ananasscheiben auf Untertassen oder in Kompottschalen legen. Je 1 Kugel Vanilleeis (kann auch eine andere Eissorte sein) in die Mitte dieser „Halskrause" setzen. Ein Waffelröllchen dient als Spitznase, eine Mandarinenscheibe als Mund, Rosinen oder Kirschen als Augen. Eine schief aufgesetzte Eiswaffel ist der Hut. Damit könnt ihr eure Gäste bedienen.

mit Eltern

Ananasscheiben, Speiseeis-Kugeln, Rosinen oder entkernte Kirschen, Mandarinenscheiben, Waffelröllchen, Eistüten

Basteln

Blätterbild

95.

ab 5

auch allein

Herbst

drinnen + draußen

leise

30 Min.

30 Min. +

Wenn der Herbstwind schöne bunte Blätter durch die Luft wirbelt, dann sammelt sie ein und fertigt daraus ein herbstliches Blätterbild!

Ein schönes Untergrundpapier suchen (Seiden- oder Geschenkpapier) und auf einen Karton kleben. Nun die gesammelten Blätter in freien Formen (oder als Strauß oder Wald) auf dem Papier anordnen und nebeneinander oder etwas übereinander festkleben. Die Übergänge zwischen den Blättern mit Wachskreiden ausmalen. Wurden die Blätter nicht gepreßt oder getrocknet, so könnt ihr beobachten, wie sich das Blätterbild nach einiger Zeit zusammenzieht. Wollt ihr das Bild verschenken, so überzieht es entweder mit selbstklebender Klarsichtfolie oder rahmt es ein.

Gesammelte Blumen- und Baumblätter, evtl. Gräser, Papier, Karton, Klebstoff, Wachsmalkreiden, evtl. Glasrahmen

96. Blinde Kuh

Spielen

ab 5

mind. 2

jederzeit

draußen

laut

5 Min.

1 Std. +

Muh, muh, muh,
ich bin die blinde Kuh.
Mein Augenlicht ist ausgebrannt,
drum irre ich durchs ganze Land.

Zwischen Bäumen, Sträuchern, Stangen und in den Boden gestoßenen Stöcken spannt ihr eine Schnur, um ein Gebiet abzugrenzen, in dem das Spiel stattfindet. Aufpassen, daß keine Verletzungsgefahr besteht. Die Blinde Kuh erhält eine Augenbinde. Dann wird sie einige Male um sich selbst gedreht. Schließlich muß sie versuchen, einen Mitspieler zu fangen. Wer erwischt wird, muß stehenbleiben. Die Blinde Kuh soll nun erraten, wer es ist, und darf dann ihre Augenbedeckung an den erwischten Mitspieler weitergeben.

Tuch oder Schal, Stöcke, Schnur oder Wäscheleine

---

97. Wachsanhänger

Basteln

ab 4

auch allein

Winter

drinnen

leise

5 Min.

30 Min.

mit Eltern

Duftende Wachsanhänger für euren Weihnachtsbaum!

Die Wabenblätter auf ein Küchenbrett legen. Mit Ausstechformen (Herz, Stern, Tannenbaum) aus den Blättern verschiedene Formen ausstechen und vorsichtig mit dem Messer aus der Form lösen. Um die Formen zu verstärken, können mehrere Schichten aufeinander gedrückt werden. Zuletzt schmales Geschenkband mit der Stopfnadel durch die ausgestochenen Bienenwachsformen ziehen. Das eine Ende des Geschenkbands zu einer kleinen Schleife binden, mit dem anderen Ende den Wachsanhänger am Weihnachtsbaum befestigen.

Honigwabenblätter, Ausstechformen, Messer, Küchenbrett, schmales Geschenkband, Stopfnadel

Spielen

Telefonieren ohne Worte

98.

Ohne Telefongebühren
lassen sich Gespräche führen,
wenn statt großem Blablabla
sich die Hände kommen nah.

Aus dünnem Karton, Kartonpapier oder Packpapier rollt ihr eine Röhre, in die eure Arme leicht hineinpassen. Die Überlappung der Röhre verkleben. Nun könnt ihr euch ohne Worte durch die Röhre mit den Händen begrüßen, kraulen, kitzeln, streicheln. Wer als erster ein Wort verliert oder hörbar lacht, der hat verloren.

ab 5

mind. 2

jederzeit

drinnen + draußen

leise

5 Min.

30 Min. +

dünner Karton, Karton- oder Packpapier, Klebstoff

Streichholzspiele

Streichholzbild

99.

Mit Streichhölzern lassen sich tolle Muster legen!

Nehmt euch eine ganze Menge Streichhölzer und ordnet sie auf einem Papierbogen beispielsweise zu einem Zickzack-Muster oder einem Stern oder einem Bild mit Haus, Sonne und Baum. Welche Wirkung erzielt ihr, wenn ihr 10 Streichhölzer mit den Köpfen nach unten legt, dann 10 mit den Köpfen nach oben? Ihr könnt auch mit Buntstiften vorher ein Muster aufzeichnen und es mit Streichhölzern ausfüllen. Wenn euch euer Bild besonders gut gefällt, dann klebt die Streichhölzer einfach auf dem Papierbogen fest! Wenn nicht, ordnet sie zu einem neuen Muster!

ab 4

auch allein

jederzeit

drinnen

leise

3 Min.

10 Min. +

mit Eltern

1 bis 2 gefüllte Streichholzschachteln, Klebstoff, Papierbögen, Buntstifte

100. Angallenges klangar?

Wort-spiele

ab 8

mind. 2

jederzeit

drinnen + draußen

laut

1 Min.

30 Min. +

Ach wie gut, daß niemand weiß,
daß ich Bohnenstengel heiß.
Angach wiengie gungut, dangaß niengiemangand weingeiß,
dangaß ingich Bongohnengenstengengel heingeiß.

Mit einem einfachen Geheimschlüssel könnt ihr erreichen, daß Außenstehende euch nicht verstehen.

Ihr hängt einfach an jeden Selbstlaut (Vokal) ein ng an und wiederholt danach den vorherigen Selbstlaut Zum Beispiel: ich = ingich, wie = wiengie, gut = gungut …

Angallenges klangar?

101. Geheimnisvolle Rückenschilder

Spielen

ab 9

mind. 6

jederzeit

drinnen

laut

10 Min.

20 Min.

kleine Schilder, Klebestreifen

Findet heraus, was auf eurem Rücken steht!

Jeder Spieler bekommt ein Schild auf den Rücken geklebt, das ihn als berühmte Persönlichkeit, als Blume oder Tier ausweist. Alle können die Rückenschilder der Mitspieler lesen, nur das eigene nicht. Jetzt versucht jeder Spieler, sich bei einem Mitspieler zu erkundigen, was auf seinem Schild geschrieben steht. Dabei dürfen nur solche Fragen gestellt werden, die mit Ja oder Nein beantwortet werden können. Hat ein Spieler ein Nein zur Antwort bekommen, muß er sich einen neuen Partner suchen.

Wer hat zuerst erfahren, was auf seinem Rückenschild steht?

Basteln

Nikolaussack

102.

Bastelt euch einen Nikolaussack mit 24 Überraschungspäckchen!

Auf Karton oder Zeichenpappe einen Nikolaus mit großem Sack malen. 24 Streichholzschachteln entweder bekleben oder bemalen und mit Nummern versehen. Alle Schächtelchen kunterbunt auf den Nikolaussack kleben. In jede Schachtel wird eine kleine Süßigkeit oder Überraschung gefüllt. Bis Weihnachten darf jeden Tag eine Schachtel geleert werden. Dieser Adventskalender eignet sich gut als Geschenk für kleinere Geschwister. Übrigens: Wißt ihr noch, was ihr in Schachtel Nr. 7 oder Nr. 15 oder Nr. 22 gesteckt habt?

ab 7

auch allein

Winter

drinnen

leise

30 Min.

1 Std.

24 Streichholzschachteln, Papier, Klebstoff, Buntstifte, Schere, 24 kleine Süßigkeiten

Spielen

Käsekästchen

103.

Eins, zwei, drei, vier Käsekästchen!

Ein beliebig großes kariertes Spielfeld wird bestimmt. Jeder Spieler darf einer nach dem anderen eine Seite eines Kästchens mit einem Stift nachfahren. Gelingt es einem Spieler, ein Kästchen zu schließen, so darf er es mit einem Zeichen (Kreuz, Punkt, Herz) kennzeichnen und einen weiteren Strich ziehen. Kann er nochmals mit einem Strich ein Kästchen schließen, darf er weiter fortfahren, bis er keines mehr schließen kann. Dann ist der nächste Spieler an der Reihe. Sind am Ende alle Kästchen mit einem Zeichen gefüllt, so wird ausgezählt, welcher Spieler die meisten Kästchen erobern konnte. Wer trägt den meisten Käse nach Hause?

ab 6

2–4

jederzeit

drinnen

leise

3 Min.

10 Min. +

kariertes Papier, Stifte

104. Schwimmende Tiere und Schiffe

Basteln

ab 5

auch allein

Sommer

drinnen + draußen

leise

5 Min.

1 Std. +

dünner Karton oder Tonpapier, Bleistift, Buntstifte, Schere, Klebstoff, Korken, Zahnstocher

Für Badewanne, Planschbecken, Bach oder See: Enten, Fische, Dampfer, Segelboote, Wale, Delphine, Schwäne … basteln.

Auf doppelt gefalteten Karton oder Tonpapier malt ihr ein Tier oder ein Boot auf und schneidet es aus. Jeweils 2 Korken mit einem aufrechten Zahnstocher dazwischen waagrecht so zusammenkleben, daß der Zahnstocher übersteht, und ihr von beiden Seiten die Figurenteile an den Zahnstocher kleben könnt. Schwimmen sie gut, eure Enten und Fische?

105. ABC-Reise

Wortspiele

ab 7

2–10

jederzeit

drinnen

laut

1 Min.

10 Min. +

Schickt ein Wort auf die Reise durch das ganze ABC!

Sucht ein zweisilbiges Wort, das mit einem Selbstlaut beginnt! Beispielsweise: Adler. Der erste Spieler sagt also „Adler", der nächste „Badler", dann „Cadler", „Dadler" , „Eadler", „Fadler", „Gadler", das ganze Alphabet durch. Wer einen Fehler macht, scheidet aus oder muß ein Wort vollständig durchbuchstabieren. Nach diesem Spiel werdet ihr das Alphabet perfekt beherrschen. Eure Lehrer werden sicher staunen!

Spielen

Schiffe versenken

106.

Eine spannende Seeschlacht für zwei kleine Admiräle!

- **ab 7**
- **2**
- **jederzeit**
- **drinnen**
- **leise**
- **5 Min.**
- **15 Min. +**

Jeder Spieler zeichnet sich zwei Spielfelder auf sein Papier: 10 Kästchen nach unten und 10 zur Seite, wobei die senkrechten mit 1 bis 10 bezeichnet werden und die waagrechten mit a bis j. In das erste Spielfeld zeichnet jeder Spieler seine Flotte ein, ohne sie dem Gegenspieler zu zeigen. Die Flotte besteht aus 1 Schlachtschiff aus 4 Kästchen, 2 Kreuzern aus je 3 Kästchen, 3 Torpedobooten aus je 2 Kästchen und 4 U-Booten aus je 1 Kästchen. Dabei muß sich zwischen den Schiffen immer mindestens 1 Kästchen „Wasser" befinden.
Dann beginnt die Schlacht: Der erste Spieler gibt einen „Schuß" ab, gibt also die Koordinaten des Feldes an (2 H), auf dem er ein Schiff treffen möchte. Ist der Schuß ein Treffer, darf er weiterschießen, geht der Schuß ins Leere, kommt der andere Spieler dran. Beide Spieler notieren im zweiten Spielfeld stets ihre Treffer mit einem Kreuzchen im betreffenden Feld und Leerschüsse mit einer Null, um einen Überblick über die feindliche Flotte zu bekommen. Mit „Volltreffer" wird angezeigt, daß ein Schiff versenkt ist. Wer zuerst die Flotte des Gegners ausfindig gemacht und versenkt hat, ist Sieger. Natürlich läßt sich die Schlacht beliebig erweitern durch Vergrößern des Spielfelds und Ausbau der Flotte!

2 Blätter kariertes Papier, 2 Stifte

Basteln

Musikalisches Windspiel

107.

Wenn der Wind singt,
das Windspiel schwingt,
der Ton erklingt.

- **ab 6**
- **auch allein**
- **jederzeit**
- **drinnen + draußen**
- **leise**
- **5 Min.**
- **1 Std. +**

Etwa 20–30 cm lange Fäden abschneiden. Am Stab verknoten oder durch die Maschen des Siebs ziehen und festknoten. An den beiden gleich langen Fadenenden jeweils einen Metallgegenstand anbinden. Wenn kleine Glöckchen vorhanden sind, diese dazwischen hängen. Alle Gegenstände müssen sich bei leichter Bewegung berühren. Nun das Windspiel dort aufhängen, wo ein Luftzug geht, im Türrahmen oder Fensterrahmen.

altes Sieb oder dünne kurze Stange, dünner Nylonfaden oder fester Zwirn, Schere, Hammer, leichte Metallgegenstände wie Nägel, Schrauben, Korkenzieher, Löffel

108. Enten-Einmaleins

Rechen-spiele

- ab 7
- mind. 8
- jederzeit
- drinnen
- laut
- 3 Min.
- 20 Min. +

Kennt ihr das Enten-Einmaleins?

Der erste Spieler beginnt mit: „Eine Ente". Darauf sagt der zweite Spieler: „Zwei Beine", darauf der dritte : „steigen ins Wasser", darauf der vierte: „Plumps". Der fünfte Spieler fährt fort: „Zwei Enten", der sechste rechnet vor: „Vier Beine", der siebte Spieler sagt: „Steigen ins Wasser". Der achte Spieler übernimmt ein „Plumps", desgleichen der neunte Spieler. Der zehnte Spieler sagt dann: „Drei Enten", der elfte: „ Sechs Beine", der zwölfte: „ Steigen ins Wasser". Die drei nächsten Spieler sind daraufhin jeweils mit einem „Plumps" an der Reihe. Wer sich verspricht oder verzählt, beginnt entweder wieder mit einer Ente von vorne oder scheidet aus.

109. Schoko-Nuß-Brotaufstrich

Rezepte

- ab 6
- beliebig
- jederzeit
- drinnen
- leise
- 5 Min.
- 1 Std.

Wenn Freundinnen oder Freunde bei euch übernachten, könnt ihr sie morgens mit einem Schoko-Brotaufstrich überraschen, den ihr selbst hergestellt habt.

Die Sahne mit Kakaopulver, Honig und 1/7 der Butter verrühren. Dann in einem Topf so erhitzen, daß die Butter schmilzt, aber nicht köchelt. Die gemahlenen Nüsse einrühren. Die Mischung erkalten lassen. Den Rest der Butter mit dem Mixer schaumig schlagen und unter die Schokomischung rühren. Kühl aufbewahren.

150 g Butter (zimmerwarm), 150 g Honig, 100 ml süße Sahne, 40g Kakaopulver, 50 g gemahlene Nüsse

mit Eltern

Herdhitze

Rechen-spiele

Kleines Rechengenie

110.

Das kleine Rechengenie kann Gedanken lesen!

Ein Spieler denkt sich eine Zahl aus. Diese Zahl multipliziert er mit 3 (4) und zählt zu dem Ergebnis noch 6 (8) hinzu. Die Summe teilt er wieder durch 3 (4) und nennt das Ergebnis. Der andere Spieler weiß sofort, welche Zahl sich sein Partner zu Anfang ausgedacht hat, denn er ist ein Rechengenie.

Lösung: Vom Ergebnis müssen nur 2 abgezogen werden, so hat das kleine Rechengenie bereits die gedachte Zahl! Dies funktioniert bei jeder Zahl! Macht die Probe!

- ab 8
- mind. 2
- jederzeit
- drinnen
- leise
- 1 Min.
- 10 Min. +

evtl. Papier und Bleistift

Basteln

Bierdeckelmemory

111.

Bastelt aus eurer Bierdeckelsammlung ein tolles Tastmemory!

Ein altes großes Geschenk- oder Packpapier auf dem Tisch oder Boden ausbreiten. Die Bierdeckel mit Tapetenkleister bestreichen und auf das Geschenkpapier kleben. Mind. 1 Stunde trocknen lassen. Dann die Deckel ausschneiden. Die andere Deckelseite wird nun mit Schreibpapier verkleidet. Jeweils auf 2 Deckel 2 gleiche Gegenstände kleben. Sind die Karten fertig, werden alle Karten mit der Geschenkpapierseite nach oben auf den Tisch gelegt und gemischt. Die Augen der Spieler werden mit einem Tuch verbunden. Zuerst dürfen die Spieler der Reihe nach je 2 Karten umdrehen und ertasten. Wer zwei gleiche Karten gefunden hat, darf sie behalten. Wer keine passende Karte ertastet hat, läßt sie aufgedeckt liegen. Gibt es keine Karten mehr zum Umdrehen, darf jeder Spieler stets 2 Karten abtasten. Wer hat die meisten Kartenpaare ertastet? Wer kann die Materialien sogar benennen?

- ab 4
- mind. 2
- jederzeit
- drinnen
- leise
- 2 Std. +
- 20 Min. +

mit Eltern

mind. 24 Bierdeckel, Geschenk- oder Packpapier, Schreibpapier, Tapetenkleister, Klebstoff, Pinsel, Schere, verschiedene Gegenstände: 2 Erbsen, 2 Kronkorken, 2 Mandeln, 2 Knöpfe, 2 Stück Leder, Filz, Wolle, 1 Tuch oder Schal

112. Pustespiel

Geschicklichkeitsspiele

ab 2

mind. 2

jederzeit

drinnen

Wer treibt den Ball durchs Labyrinth?
Der mit den Backen voller Wind!

Aus Bauklötzen bildet ihr ein Labyrinth voller verschlungener Wege und Sackgassen. Dazwischen baut ihr leere Papierrollen als Tunnel ein. Nun treibt ihr mit eurer Puste den Tischtennisball vom Eingang des Irrgartens zum Ausgang. Wer schafft es am schnellsten?

laut — 5 Min. — 30 Min. +

Bauklötze, leere Toiletten- oder Küchenkrepprollen, Tischtennisball, Uhr mit Sekundenzeiger (oder Stoppuhr)

113. Rindenschnarrer

Musik machen

ab 8

auch allein

Frühling

draußen

laut

30 Min. +

20 Min. +

Wißt ihr, wie laut Rindenschnarrer tönen können?

Schneidet von einem Weidenzweig oder einem Vogelbeerstrauch einen kleinen Ast ab! Mit dem Messer eine Rille bei einer Länge von 4 bis 5 cm einkerben. Nun die Rinde solange klopfen, bis sie sich als Ganzes abziehen läßt. Von dieser Rindenhülse wie bei einer Flöte an einer Seite etwa 3 mm für das Mundstück abschrägen. Vorsichtig schneiden, denn wenn der innere grüne Teil beschädigt wird, kann der Schnarrer keinen Laut von sich geben. Nun die Rindenhülse etwas zusammendrücken und kräftig hineinpusten!

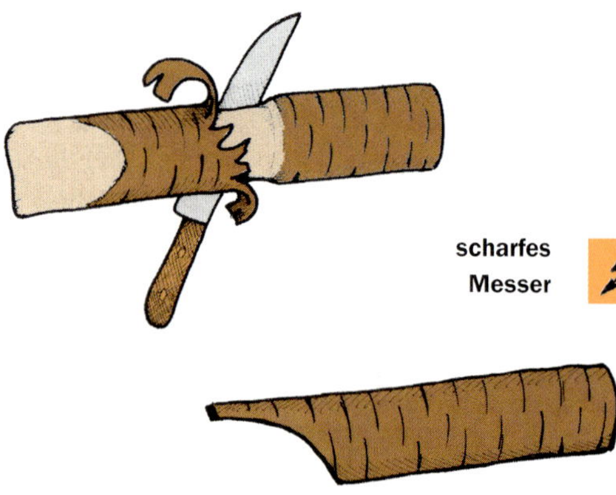

frischer Weidenzweig, scharfes Messer

scharfes Messer

Geschicklichkeitsspiele

Elfmeterschießen

114.

ab 5
mind. 2
jederzeit
draußen
laut
5 Min.
30 Min. +

Mit und ohne Anlauf
und kräftigem Tritte
zielen wir auf
des Ringes Mitte.

Ring oder Reifen knapp über Kopfhöhe frei aufhängen oder mit Kreide einen Ring auf eine Wand malen. In der Nähe des Zielfeldes dürfen sich selbstverständlich keine zerbrechlichen Gegenstände (Fenster!) befinden. Aus der Elfmeter-Entfernung versucht ihr nun, den Ball ins Kreisinnere zu kicken. Ihr könnt euch auch für Werfen oder Faustball entscheiden. Jeder Mitspieler hat fünf Schuß. Wer die meisten Treffer erzielt, gewinnt. Bei gleicher Trefferzahl findet ein „Stechen" (verlängertes Elfmeterschießen) statt.

Fußball, Gymnastikreif, Hoola-Hoop-Ring oder mit Kreide auf Wand (weit weg von Fenstern) gemalter Ring von etwa 1 m Durchmesser

---

Streichholzspiele

Streichholzfisch

115.

ab 10
auch allein
jederzeit
drinnen
leise
3 Min.
5 Min. +
8 Streichhölzer, 1 Knopf

Mit nur 8 Streichhölzern könnt ihr einen Fisch legen und ihn in verschiedene Richtungen schwimmen lassen.

2 Streichhölzer zu einem liegenden V zusammenstellen. In die Spitze den Knopf als Auge legen. Daran ein weiteres liegendes V so anschließen, daß eine Raute entsteht. An den oberen und unteren Eckpunkten der Raute je ein Streichholz, an die hintere Ecke der Raute 2 Streichhölzer in Form eines V anfügen. Der Streichholzfisch kann in die entgegengesetzte Richtung schwimmen, wenn drei Streichhölzer und das Auge verlegt werden. Welche Streichhölzer müssen verlegt werden? Und wohin?

Lösung: Drei der unteren Streichhölzer müssen wie in einem Parallelogramm nach oben verlagert werden. Auch das Auge muß versetzt werden.

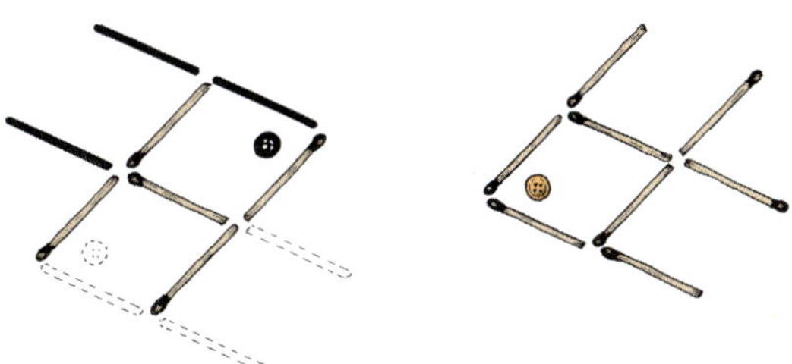

116. New York! New York!

Spielen

ab 4

mind. 2

jederzeit

drinnen

laut

5 Min.

30 Min. +

Überall auf der Welt – auch in New York werden mit diesem Spiel gutgläubige Touristen übers Ohr gehauen.

Jeder Spieler bekommt 10 Gummibärchen. Einer wird zum Spielleiter erkoren. Setzt euch an einen Tisch mit glatter Oberfläche, auf dem ihr mit den Bechern hin- und herfahren könnt. Der Spielleiter sitzt auf einer Seite des Tisches, die Wettspieler auf der anderen. Vor Spielbeginn stellt der Spielleiter die drei Becher nebeneinander, bugsiert den Spielstein unter einen der Becher und fährt ein paar Mal mit den Bechern über den Tisch hin und her. Dann hebt er die Becher kurz nacheinander hoch, um zu zeigen, wo sich der Spielstein befindet. Jetzt muß ein Spieler seinen „Einsatz" bringen, beliebig viele Gummibärchen in die Mitte legen. Und dann gehts los. So schnell und verwirrend wie möglich bewegt der Spielleiter die Becher über den Tisch. Nach dem Ende des Umherkreisens, muß der Mitspieler raten, unter welchem Becher der Spielstein liegt. Wer richtig rät, bekommt den Einsatz verdoppelt zurück, wer falsch rät, hat ihn an den Spielleiter verloren.

3 undurchsichtige Spielbecher aus beliebigem Material (z.B. leere Joghurtbecher), 1 Spielstein (ungekochte Nudeln, harte Bohnen etc. verwenden), Gummibärchen

mit Eltern

---

117. Seifenblasen

Umwelt erleben

ab 4

auch allein

Sommer

draußen

leise

10 Min.

5 Min. +

Seifenblasenflüssigkeit muß nicht gekauft werden. Selbstmischen ist leicht!

In einem kleinen Eimer, Schmierseife und Glycerin mit angewärmtem Wasser verquirlen. Wenn möglich, Regenwasser verwenden. Ansonsten mit den Mengen von Schmierseife und Glycerin etwas experimentieren, da Leitungswasser unterschiedlich hart ist. Die Strohhalme an den Enden ein wenig aufschlitzen, damit besonders schöne Blasen entstehen. Den Strohhalm kurz ins Wasser tauchen und dann vorsichtig in der Luft durchblasen. Je langsamer geblasen wird, desto größer wird oftmals die Blase. Wer bläst die größten Blasen? Wohin treibt der Wind die Blasen?

Strohhalme, 1 kleiner Eimer, 40 g Schmierseife, 60 g Glycerin, 1 Schneebesen, 1 l Wasser

mit Eltern

Spielen

Handgemenge

118.

Schlag auf Schlag und Hand auf Hand!

Der erste Spieler legt seine rechte Hand auf den Tisch. Auf diese Hand legt der zweite Spieler seine rechte, dann der dritte, vierte ... , bis alle rechten Hände aufeinanderliegen. Nun legt der erste Spieler seine linke Hand auf den Händeberg, dann kommt der zweite, dritte, vierte ... dran. Dann zieht der erste Spieler seine rechte Hand unter dem Berg hervor und legt sie wieder oben auf. Dasselbe wird nacheinander vom zweiten, dritten, vierten ... Spieler getan. Und immer schneller wächst und verändert sich der Händeberg, bis es zu einem regelrechten Handgemenge kommt.

ab 4
mind. 3
jederzeit
drinnen + draußen
laut
1 Min.
10 Min. +

Mit Eltern

Umwelt erleben

Eislicht

119.

Eine glitzernde Pracht auf dem Fensterbrett oder der Terrasse.

Bei starkem Frost – unter -6 Grad Celsius – stellt ihr einen Eimer mit Wasser für ein paar Stunden in die Kälte, bis sich eine feste Eisschicht am Eimerrand abgesetzt hat, was ihr dadurch erreicht, daß ihr frühzeitig die Eisdecke zerschlagt und das noch nicht gefrorene Wasser ausschüttet.. Um den gefrorenen „Eistopf" leichter aus dem Eimer zu bekommen, könnt ihr ihn mit einem in heißes Wasser getauchten Tuch anwärmen – aber Vorsicht, daß das Eis nicht herausflutscht und zerbricht. In den Eistopf wird nun ein Teelicht oder eine kurze Kerze gestellt, deren Hitze ihn dann langsam zum Schmelzen bringt.

An einem frostkalten Abend ist das ein Schauspiel sich beständig ändernden Glitzerns und Funkelns.

ab 5
auch allein
Winter
draußen
leise
4 Std. +
2 Std. +
Eimer mit 4–6 l Inhalt, am besten aus Metall, Wasser, Teelicht oder kurze Kerze in Halter

Mit Eltern

120. Ballontanz

Geschicklichkeitsspiele

ab 6

mind. 4

jederzeit

drinnen

laut

10 Min.

Auf geht's zum Luftballontanz!

Jeder Spieler bläst einen Luftballon auf, befestigt eine ca. 50 cm lange Schnur daran und bindet sich den Ballon um das rechte Bein. Dann stellt ihr eure liebste Musik an, und der wilde Tanz kann beginnen. Jeder Spieler soll versuchen, die Luftballons der Mitspieler zum Platzen zu bringen und gleichzeitig mit dem eigenen Luftballon den Angriffen der anderen auszuweichen. Ist ein Ballon geplatzt ist, so muß sich der Eigentümer einen neuen organisieren oder ausscheiden. Wer ist der geschickteste und ausdauernste Luftballontänzer?
Der Tanz kann auch paarweise getanzt werden. Ist der Ballon eines Partners geplatzt, so scheidet er aus, und der andere muß sich einen neuen Partner mit Luftballon suchen!

30 Min. +

Luftballons je nach Teilnehmeranzahl, Schnüre, Musik

---

121. Baumschule

Umwelt erleben

ab 5

auch allein

jederzeit

drinnen

leise

30 Min.

Mit Glück wächst da ein schönes Zimmerbäumchen heran!

Einen Avocado-Stein ein oder zwei Tage in Wasser einweichen. Dann in den aufrechten Kern rundum drei Stecknadeln so hineinstecken (das breitere Ende soll unten sein), daß ihr ihn in ein Wasserglas hängen könnt. Das untere Ende des Steins sollte das Wasser nur leicht berühren – also in den Wochen, bis sich der Stein spaltet, beim Nachgießen aufpassen. Der Stein wird aufbrechen, am unteren Ende werden bald Wurzeln austreiben und oben wird ein Sproß herauswachsen. Sind Wurzeln und Sproß kräftig gewachsen, könnt ihr den Kern mit den Trieben in einen Topf pflanzen.

Avocadobäume können eine ansehnliche, schlanke Größe erreichen. Wenn ihr sie buschiger wollt, solltet ihr sie frühzeitig zurückschneiden.

3 Mon. +

mit Eltern

Frischer Avocado-Stein, Stecknadeln, Senf- oder Gurkenglas, Wasser, Blumentopf mit Erde

Wort-spiele

Scharade

122.

Das Wort Scharade stammt aus dem Französischen und bedeutet Wort- und Silbenrätsel.

Bildet zwei Gruppen. Eine Gruppe denkt sich ein längeres zusammengesetztes Wort aus, wie Füll-feder-halter. Dann spielt sie jede Silbe des Wortes der anderen Gruppe pantomimisch – also ohne Worte, nur mit Bewegungen – vor, die das Wort erraten muß.

Ihr könnt euch auch gegenseitig Sprichwörter, Film- oder Buchtitel vorspielen. Wie würdet ihr beispielsweise den Titel „Der große Blonde mit dem schwarzen Schuh" spielen? Wer richtig geraten hat, darf sich das nächste Wort ausdenken und es darstellen.

ab 9

mind. 5

jederzeit

drinnen + draußen

leise

30 Min. +

10 Min.

Basteln

Faltschachteln

123.

Faltet euch geschwind eine kleine Schachtel für eure Kostbarkeiten!

Mit dem Lineal zwei gleichgroße Quadrate aus Tonpapier oder Glanzfolie abmessen und ausschneiden. Das Quadrat von zwei Seiten her zweimal auf die Hälfte falten und wieder öffnen. Dadurch erhält das Quadrat insgesamt 6 Faltlinien (3 längs und 3 quer). Mit der Schere diagonal von jeder Spitze bis zur 1. Faltlinie einen Schnitt machen. Jetzt das 1. und 3. Dreieck links und das 2. und 4. Dreieck rechts von diesem Schnitt herausschneiden. Die Seiten mit Dreieck bis zur 1. Faltlinie umknicken und hochstellen, die Dreiecke im rechten Winkel dazu abbiegen. Zuletzt die geraden Seiten bis zur 1. Faltlinie umknicken und jeweils über die ins Schachtelinnere gebogenen Dreiecke stülpen und ankleben. Für den Schachteldeckel den ganzen Vorgang wiederholen!

ab 6

auch allein

jederzeit

drinnen

leise

5 Min.

15 Min. +

mit Eltern

Tonpapier oder Goldfolie, Schere, Lineal, Klebstoff

124. Doppelspiel

Spielen

ab 4

mind. 3

jederzeit

drinnen + draußen

leise

1 Min.

30 Min. +

Ein Heidenspaß für alle angehenden Pantomimenkünstler!

Die Mitspieler bilden Pärchen und stellen sich von Angesicht zu Angesicht auf. Einer wird zum „Spiegel" bestimmt (ausgelost) und muß nun alle Bewegungen und Grimassen des anderen nachmachen. Auf das Kommando eines Spielleiters wechseln die Rollen.

mit Eltern

125. Händeklatschen

Geschicklichkeitsspiele

ab 6

2

jederzeit

drinnen + draußen

laut

3 Min.

30 Min. +

Händeklatschen ist nicht schwer!

Stellt euch einem Spielpartner gegenüber und erhebt beide Hände. Die eigenen Hände zusammenschlagen. Mit beiden Händen gegen beide Hände des Partners schlagen. Die eigenen Hände zusammenschlagen. Die rechte Hand schlägt gegen die rechte Hand des Spielpartners. Wieder die eigenen Hände zusammenschlagen. Die linke Hand schlägt gegen die linke Hand des Partners. Dann die Klatschfolge wiederholen, aber das Tempo steigern! Wer macht zuerst einen Fehler?

Basteln

Schaukästen (Diorama)

126.

Wir basteln unsere kleine Welt, so wie sie uns gefällt.

ab 5

auch allein

Sommer

drinnen

leise

15 Min.

2 Std. +

Schuhkarton auf die Seite legen. Schachtelboden wird zur Rückseite des Guckkastens. Auf diese Rückseite, die Seitenwände und den davor liegenden Boden malt ihr eine Frühlings-, Sommer-, Herbst- oder Winterlandschaft mit Bäumen und Wiesen, Himmel, Sonne, Regen oder Schnee, Wasser oder Eis, Häusern und allem, was euch zu der entsprechenden Jahreszeit einfällt. Bäume, Häuser und Tiere oder Menschen könnt ihr zuvor auf Papier malen, dann ausschneiden und ins Diorama einkleben. Schmetterlinge oder Vögel könnt ihr doppelseitig bemalen und an Zwirn (mit Tesafilm an die Decke geklebt) in die Luft hängen. Ein See wird am besten auf den Boden gemalt. Dann kann er mit Steinchen und Moos umlegt und womöglich mit Kokosflocken oder Puderzucker bestäubt werden. Auch Herbstblätter lassen sich gut einkleben. Dann das Guckfenster mit Klarsichtfolie schließen und am Rand mit Klebeband umfassen.

Ihr könnt auch eine Wüsten-, Mond- oder Unterwasserlandschaft darstellen, je nachdem, was euch gerade einfällt.

weißer Schuhkarton ohne Deckel, Schere, Bleistift, Wasserfarben (oder Farbkreiden, Farbstifte), Zwirn, Tesafilm, Klebstoff, Klarsichtfolie, Klebeband, kleine Kiesel, Moos

---

Spielen

Paßt das rein?

127.

Wer gehört nicht zur Familie?

ab 3

mind. 3

jederzeit

drinnen

laut

5 Min.

Der Spielleiter sortiert die Kärtchen nach Kategorien (Tiere, Pflanzen) und bildet Häufchen. Dann legt er vier oder fünf Karten nebeneinander offen auf den Tisch und fügt jeder Reihe ein „artfremdes“ Kärtchen hinzu. Ihr müßt nun herausfinden, welches Kärtchen „falsch“ ist.
Ihr könnt auf einer Geburtstagsparty auch einen Mannschafts-Wettbewerb machen. Jede Gruppe, die richtig geraten hat, bekommt 1 Punkt. Wer die meisten Punkte hat, ist Sieger.

mit Eltern

Kärtchen, auf denen viele verschiedene Dinge abgebildet sind (selbst anfertigen oder Memoryspielkarten verwenden)

30 Min. +

128. Knete herstellen

Rezepte

ab 4

auch allein

jederzeit

drinnen

leise

5 Min.

1 Std. +

Knete kann man selbst herstellen. Und das Rummantschen macht viel Spaß!

Wasser zum Kochen bringen. Speiseöl und einige Tropfen Lebensmittelfarbe beigeben. Salz und Mehl vermischen, Wasser aufgießen. Gut durchkneten. Die weiche, gut modellierbare Knete ist ungiftig. Nach dem Basteln luftdicht verschlossen aufbewahren, um ein Austrocknen zu vermeiden.

Puppenmütter können den Teig auch ausrollen, mit Förmchen Kekse ausstechen oder Brezeln und Brötchen formen.

30 g Weinsteinsäure und Lebensmittelfarbe (Apotheke, Drogerie oder Lebensmittelladen), 3/4 l kochendes Wasser, 5 EL Speiseöl, 400 g Salz, 750 g Mehl, luftdicht abschließbare Aufbewahrungsdose

kochende Flüssigkeit

mit Eltern

---

129. Vor-und-Zurück-Spiel

Spielen

ab 5

mind. 4

jederzeit

draußen

laut

1 Min.

1 Std. +

Wehe, wehe,
wen ich sehe,
der hat kein Glück
und muß zurück!

Weit von einer Hauswand entfernt zieht ihr eine Linie. Ein Mitspieler steht mit dem Gesicht zur Wand. Die anderen stellen sich an der Linie auf. Wenn der Spieler an der Wand „Los!" ruft, trippeln alle nach vorne, indem sie immer einen Fuß vor den anderen setzen. Sobald sich der Kommandogeber an der Wand umdreht, müssen alle blitzschnell erstarren! Wer bei einer Bewegung ertappt wird, muß zurück zur Startlinie. Wer zuerst die Wand mit der Hand berührt, hat gewonnen und darf das Kommando übernehmen.

Wortspiel

Onkel Otto

130.

Lacht euch kringelig über das, was da rauskommt!

Jeder Mitspieler faltet ein Blatt Papier, so daß vier Spalten entstehen. Die Spalten werden oben mit den Fragen Wer? Macht was? Wie? Wo? beschriftet. Sodann füllt jeder Mitspieler auf seinem Blatt die erste Spalte aus, knickt die Spalte nach hinten und gibt sie im Uhrzeigersinn an den Nachbarn weiter. Alle füllen nun die zweite Spalte aus, dann die dritte, die vierte. Am Ende werden die Blätter der Reihe nach vorgelesen. Die Spalten könnt ihr natürlich beliebig erweitern.

ab 8
mind. 3
jederzeit
drinnen
laut

je 1 Blatt Papier pro Spieler, Stifte

2 Min.

Spiel von Christoph Habermayer, München

45 Min. +

Basteln

Himmel oder Hölle

131.

Wer kennt noch nicht „Himmel oder Hölle"?

Ein quadratisches Stück Papier von beiden Seiten auf die Hälfte falten, so daß ein Faltkreuz entsteht. Dann alle vier Ecken zum Mittelpunkt hin falten. Rückseite nach oben drehen und die Ecken wieder zur Mitte umklappen. Abermals umdrehen und die Papierspitzen von der Mitte zur Ecke knicken. Dann das ganze einmal quer und einmal längs aufeinander falten. Jeweils mit Zeigefinger und Daumen beider Hände von unten in die vier Taschen greifen und die vier Spitzen mit den Fingern in der Mitte zusammendrücken. Jetzt können die jeweils sich gegenüberliegenden inneren Dreiecke mit blauer und roter Farbe ausgemalt werden, so daß sich beim Öffnen nach dem Längsschlitz nur die rote Farbe zeigt (Hölle), beim Öffnen nach dem Querschlitz nur die blaue Farbe (Himmel). Bei der Frage „Himmel oder Hölle?" darf der Spielpartner mit dem Finger anzeigen, in welcher Richtung das Faltwerk geöffnet werden soll. Na, was hat er für sich gewählt?

ab 5
mind. 2
jederzeit
drinnen
leise
5 Min.
15 Min.

Quadratisches Stück Papier

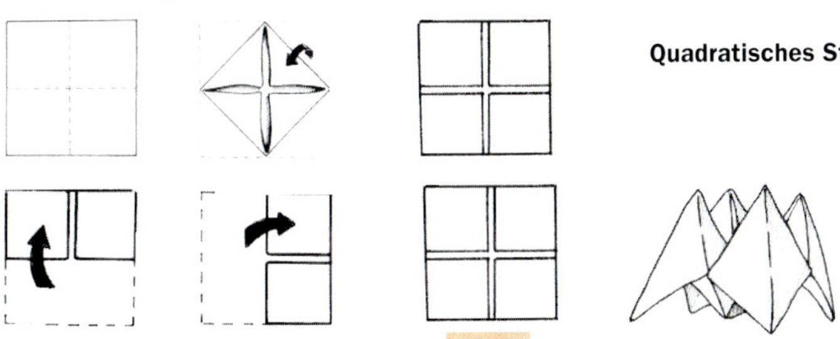

132. Mumienwettspiel

Spielen

ab 4

mind. 4

jederzeit

drinnen

laut

2 Min.

15 Min. +

Wer stellt die schönste Mumie her?

Zwei Mitspieler bilden jeweils ein Team. Ein Teammitglied wickelt das andere solange mit Klopapier ein, bis nichts mehr von ihm zu sehen ist (die „Mumie“ muß die Füße zusammenstellen, die Arme an den Körper legen und lückenlos mit Klopapier bedeckt sein). Reißt die Klorolle, muß von vorne begonnen werden. Das Team, das als erstes fertig ist, hat gewonnen. Bestimmt vor Spielbeginn einen Schiedsrichter, der feststellt, wann von vorne begonnen werden muß und ob das Team, das als erstes fertig ist, auch keine Lücke gelassen hat.

viele Klopapierrollen

mit Eltern

Spiel von Sabine Fröschl, München

133. Das ist der Daumen...

Wort-spiele

ab 3

mind. 2

jederzeit

drinnen + draußen

leise

keine

15 Min. +

Fingerspiel für kleine Leute.

„Das ist der Daumen / Der schüttelt die Pflaumen / Der liest sie auf / Der trägt sie nach Haus / Und der Kleine ißt sie ganz alleine auf.“

Zuerst wird auf den Daumen gezeigt oder am Daumen des kleinen Spielers gezogen, dann auf den Zeigefinger, den Mittelfinger, den Ringfinger und zuletzt auf den kleinen Finger. Dann macht der kleine Spieler eine Faust, sagt das Sprüchlein auf und zeigt der Reihe nach die entsprechenden Finger. Er kann auch mit den entsprechenden Fingern beider Hände auf den Tisch trommeln. Oder alle Spieler sitzen im Kreis und zeigen den einzelnen Zeilen entsprechend die richtigen Finger.

mit Eltern

Spielen

Steinböcke

134.

Steinböcke wohnen hoch oben im kargen Felsengebirge. Immer wieder kämpfen die stärksten Böcke gegeneinander, indem sie mit gesenktem Kopf aufeinanderzurasen und dann versuchen, sich gegenseitig vom Fels herunterzustoßen.

Stellt euch einmal vor, ihr seid zwei starke Steinböcke. Malt euch einen Kreis oder ein Feld auf den Boden. Dann klemmt ihr ein dickes Kissen zwischen eure Köpfe. Jetzt geht der Kampf los. Jeder versucht, den anderen durch den Druck seines Kopfes aus dem Feld zu drängen. Wer zuerst das Feld verläßt, ist der schwächere Steinbock und muß sich dem stärkeren unterordnen. Nun kann der Gewinner sich einen neuen Gegner aussuchen. Wer ist der stärkste Steinbock? Wer von euch ist dem Sternzeichen nach ein „echter Steinbock"?

ab 6
mind. 2
jederzeit
drinnen + draußen
leise
3 Min.
10 Min. +

1 dickes Kissen, 1 Kreide

Basteln

Transparentstern

135.

Ein schönes Geschenk ist ein Transparentstern fürs Fenster!

Schneidet aus dem Transparentpapier 8 Streifen jeweils 7,5 cm breit und 10 cm lang aus. Jeder Streifen wird der Länge nach zusammen- und wieder auseinandergefaltet, dann die vier Ecken bis zur Mittellinie einknicken, so daß oben und unten eine Spitze entsteht. Die zwei Seiten der oberen Spitze nochmals bis zur Mitte falten. Alle gefalteten Streifen so anordnen, daß die schmalen Spitzen die Sternspitzen bilden und die breiten Spitzen ins Zentrum des Sterns zeigen. Jeder Streifen überlappt dabei den nächsten bis zum Mittelbruch hin. Alle 8 Streifen sorgfältig aufeinanderkleben, bis sich die Runde schließt. Wenn der Stern am Ende kein Loch in der Mitte aufweist, habt ihr ganz exakt gefaltet! Bravo!

ab 7
auch allein
Winter
drinnen
leise
15 Min. +
30 Min. +

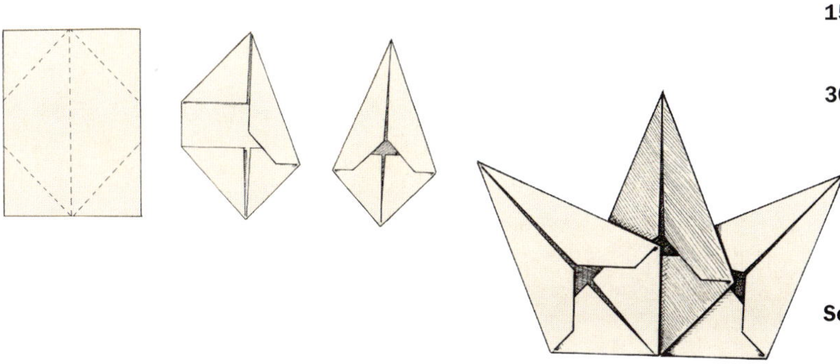

buntes Transparentpapier, Bleistift, Lineal, Schere, Klebestift

136. Zungenbrecher

Wort-spiele

ab 6

mind. 2

jederzeit

drinnen

laut

1 Min.

20 Min. +

Schnellsprechwettbewerb: Wie gewandt ist eure Zunge? Könnt ihr schwierige Sätze ganz schnell sprechen, ohne euch zu verhaspeln?

Zum Beispiel: In Ulm, um Ulm und um Ulm herum. Oder: Fischers Fritz fischt frische Fische, frische Fische fischt Fischers Fritz. Oder: Brautkleid bleibt Brautkleid, und Blaukraut bleibt Blaukraut. Oder: Esel essen Nessel nicht, Nessel essen Esel nicht. Oder: Als Anna abends aß, aß Anna abends Ananas. Sicher fallen euch noch weitere „Zungenbrecher" ein. Sprecht den Satz erst einmal langsam durch, dann steigert ihr die Geschwindigkeit. Wieviele Sekunden braucht ihr für einen fehlerlosen „Brautkleid-Satz"?

137. Streichholzquadrat

Streich-holz-spiele

ab 10

auch allein

jederzeit

drinnen

leise

5 Min.

15 Min. +

24 Streichhölzer

Zwei knifflige Quadrat-Aufgaben für Streichholzfans!

Erste Aufgabe: Legt zuerst aus 24 Streichhölzern 9 Streichholzquadrate! Jetzt müssen 7 Quadrate entfernt werden, um nur noch 2 Quadrate zu erhalten. Dabei dürfen aber nur 10 Streichhölzer weggenommen werden!
Zweite Aufgabe: Legt aus 12 Streichhölzern 4 Quadrate. Wenn ihr jetzt nur 4 Streichhölzer in ihrer Lage verändert, erhaltet ihr 3 Quadrate. Wie müssen sie dafür angeordnet werden?

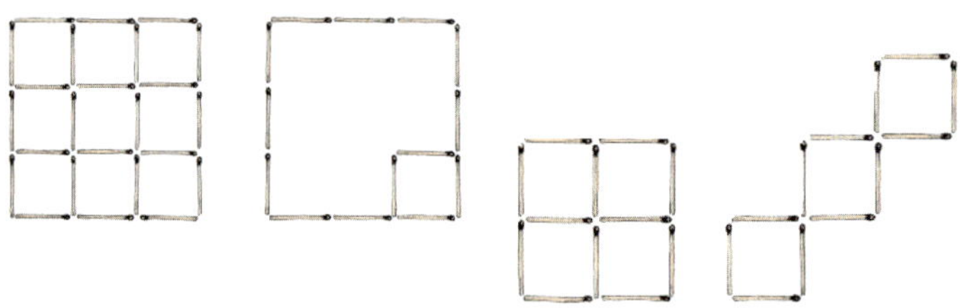

Lösung: Erste Aufgabe: Es entstehen 9 Quadrate, indem 3 Streichhölzer für jede Seite des Quadrats verwendet werden und indem das Innere des großen Quadrats durch 12 Streichhölzer aufgeteilt wird. Nun außer 2 Streichhölzern alle inneren Streichhölzer entfernen, so daß ein kleines Quadrat im rechten unteren Eck des großen Quadrats bestehenbleibt.
Zweite Aufgabe: An der linken oberen Ecke und an der rechten unteren Ecke des Quadrats dürfen jeweils 2 Streichhölzer entfernt werden.

Geschicklichkeitsspiele

Armdrücken

138.

ab 6

2

jederzeit

drinnen + draußen

leise

1 Min.

10 Min. +

Wenn ihr einmal nicht wißt, wer von euch der Anführer sein soll, so streitet euch nicht sofort, sondern macht den Armdrücktest!

Beide Spieler winkeln den rechten Arm an, stehen oder sitzen sich gegenüber und stellen ihren rechten Ellbogen vor sich auf einen Tisch. Die Hände greifen nun ineinander, und auf ein Startsignal hin versucht jeder Spieler, den Arm des Gegners auf die Tischplatte niederzudrücken. Wessen Arm die Tischplatte berührt, verliert und muß sich dem Gewinner beugen.

Spielen

Strandfußball

139.

ab 3

2

Frühling, Sommer, Herbst

draußen

laut

5 Min.

30 Min. +

Strandfußball leicht gemacht!

Ungewöhnlich ist diese Variante des Fußballs, denn es sind hier nur zwei Spieler zugelassen. Zunächst wird das Spielfeld in den Sand gezeichnet (etwa 5 m lang, 3 m breit, Torpfosten vielleicht mit Stöcken markieren, eine deutlich sichtbare Mittellinie ziehen), und jeder Spieler nimmt in seiner Hälfte Aufstellung. Dann wird der Ball vom Schiedsrichter ins Spielfeld geworfen – und los gehts. Ziel ist, wie immer, Tore zu schießen, nur dürfen die Spieler ihre Spielhälfte nicht verlassen und müssen aus dem Stand – ohne Anlauf – aufs Tor schießen.

140. Zaubernadeln

Zauber-tricks

ab 8

mind. 2

jederzeit

drinnen + draußen

leise

30 Min.+

5 Min.

2 große Sicherheitsnadeln

Spitze der Sicherheitsnadeln

Für geübte Zauberkünstler!

Die Zaubernadeln durchdringen sich wie durch ein Wunder! Obwohl die beiden Sicherheitsnadeln eindeutig miteinander verkettet sind, lassen sie sich trennen, ohne geöffnet zu werden!

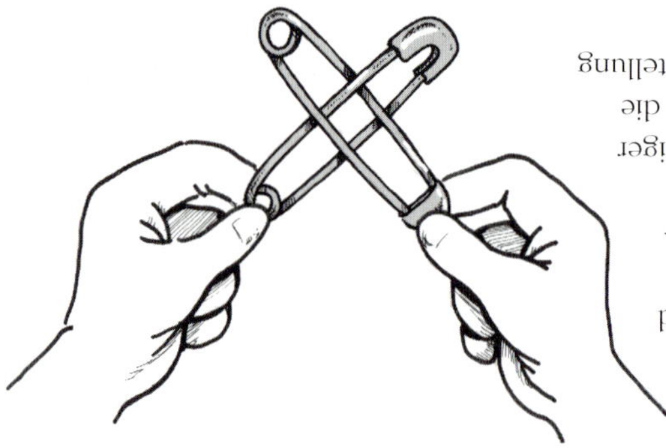

Lösung: Die beiden Sicherheitsnadeln sind so miteinander verkettet, daß ihr sie mit einer einzigen Handbewegung trennen könnt. Die offene Seite des Verschlusses muß oben sein. Wenn ihr mit einem Ruck die Nadeln auseinanderzieht, öffnet sich durch den Druck ganz kurz der Verschluß, und die geschlossene Nadel kann durchgleiten. Der Trick gelingt nur mit einiger Übung, und wenn die richtige Ausgangsstellung eingehalten wird!

141. Treibjagd

Spielen

ab 4

mind. 4

Frühling + Sommer

draußen

laut

5 Min.

30 Min. +

Spielplatz, Waldstück, Strand

Ein lustiges Fangspiel mit möglichst vielen Teilnehmern, die die Treibjagd anfeuern.

Bevor das Spiel beginnen kann, müssen die Teilnehmer einen Parcours, einen Weg, festlegen, dem „Jäger" und „Gejagte" folgen müssen: auf dem Spielplatz könnte dieser über ein Klettergerüst, eine Rutsche und eine Spielplattform führen. Liegt der Weg fest, wird eine Start- und Ziellinie in den Sand, den Boden und in 5 m Entfernung von der Startlinie außerhalb des Rundkurses ein Kreis gezogen. Dann wird ein „Jäger" unter den Mitspielern gewählt, der das Spiel eröffnet. Und schließlich muß sich jeder Spieler eine Farbe geben (vielleicht die dominierende Farbe seiner Kleidung, aber keine Doppelnennungen). Die „Gejagten" stellen sich nun an der Startlinie auf, der „Jäger" stellt sich in den Kreis. Dann ruft der Jäger eine Farbe auf, und derjenige, der sich diese Farbe gegeben hat, prescht los, der Jäger hetzt hinterher. Wird der Gejagte gefangen, muß er den Jäger spielen.

Spiel von Silvia Gschwilen, München

mit Eltern

Wort-
spiele

Teekessel

142.

Kennt ihr Wörter, die gleich lauten, aber zwei völlig verschiedene Bedeutungen haben? Diese Wörter nennt man „Teekessel".

Zwei Spieler denken sich ein zweideutiges Wort aus. Der erste Spieler sagt: „Mein Teekessel läuft schnell." Der zweite Spieler berichtet: „ Mein Teekessel schmeckt einmal schlecht und einmal gut." Weiter beschreibt der erste: „Mein Teekessel läuft auf vier Beinen." Der zweite setzt fort: „Mein Teekessel kann abgekratzt werden." Habt ihr das Wort erraten? Wenn nicht, dann muß das Wort weiterbeschrieben werden, wenn ja, dann könnt ihr nach einem neuen Teekesselwort suchen. Beschreibt es so gut wie möglich, aber doch so rätselhaft, daß es nicht sofort von den anderen Spieler erraten werden kann.

ab 7
mind. 3
jederzeit
drinnen
laut
5 Min.
30 Min. +

Umwelt
erleben

Die Sache mit dem Wasserglas

143.

Wer hätte das gedacht! Ihr könnt ein Glas voller Wasser umdrehen, ohne daß das Wasser herausläuft!

Ein Glas randvoll mit Wasser füllen. Dann ein Stück Pappe darauf legen. Die Pappe muß über den Glasrand reichen. Nun mit Schwung das Glas umdrehen. Die Pappe zuerst festhalten, dann loslassen! Läuft das Wasser raus oder nicht? Nein, die Pappe klebt fest am Glasrand und läßt kein Tröpfchen heraussickern.

Lösung: Durch den Druck, den das Wasser erzeugt, wird die Pappe fest an das Glas gesaugt.

Spiel von Severin Habisreutinger, München

ab 8
auch allein
jederzeit
drinnen + draußen
leise
3 Min.
3 Min.
1 Glas Wasser, 1 Stück Pappe

144. Glückskreisel

Wort-spiele

ab 8

3 – 10

jederzeit

drinnen

laut

10 Min.

40 Min. +

Ein Stück Pappe/Karton, Filzstifte, Holzstöckchen/Zahnstocher

Ein Roulette wie im Spielkasino, aber mit Köpfchen.

Aus Pappe oder Karton ein Sechseck zuschneiden, in der Mitte ein Loch bohren und von dort aus kräftige Striche zu den sechs Ecken der Pappe ziehen, sodaß sechs Felder entstehen. Nun die Felder mit verschiedenen Begriffen versehen, mit „Name", „Pflanze", „Tier", „Auto", „Fluß", „Kleidungsstück", und das Holzstöckchen durch das Loch schieben.

Der Spielleiter dreht den Kreisel und nennt einen Buchstaben. Wer dann, sobald der Kreisel sich auf die Seite gelegt und damit einen der Begriffe angezeigt hat, zuerst einen Begriff mit dem betreffenden Buchstaben ruft, hat einen Punkt gewonnen. Wer einen falschen Begriff ruft, bekommt einen Punkt abgezogen. 6 Punkte bilden einen Satz, 3 Sätze den Spielgewinn.

Spiel von Julia Solic, München

145. Schachteldampfer

Basteln

ab 5

auch allein

jederzeit

drinnen + draußen

leise

5 Min.

1 Std.+

leere Milchtüte, Schere, Klebstoff, Buntstifte, kleine Schachteln, Toilettenpapierrolle, Watte

Schiff ahoi in Badewanne, Planschbecken, Bach oder See.

Die Milchtüte flach hinlegen und die obere Seite herausschneiden. Der aufgeschnittene Teil dient als Schiffsrumpf. Die Schächtelchen und die Toilettenpapierrolle bunt bemalen und dann im Schiffsrumpf so anordnen, daß die Schachteln wie Aufbauten, die Papierrolle wie der Schornstein aussehen.
Alle Bauten festkleben. Zum Zeichen, daß der Dampfer Fahrt gewinnt, klebt ihr Watte in den Schlot.

mit Eltern

Spielen

Zehnerle

146.

ab 8

mind. 3

jederzeit

drinnen

laut

1 Min.

30 Min. +

ein Zehnpfennigstück

Findet durch Hören und scharfe Beobachtungsgabe heraus, in wessen Hand ein Geldstück verborgen ist!

Die Spieler sitzen um einen Tisch und müssen die Hände unter der Tischoberfläche halten. Ein Mitspieler wird ausgewählt. Er legt seine Hände auf den Tisch.

Die anderen geben unter dem Tisch ein Zehnpfennigstück von Hand zu Hand weiter. Der Ratende kann nun auf dreierlei Weise herausfinden, in welcher Hand sich das Zehnpfennigstück gerade befindet:

Ruft er „abrollen", so müssen alle Mitspieler ihre zur Faust geballten Hände unter dem Tisch hervorholen und zur flachen Hand auf dem Tisch „abrollen" oder öffnen (beim Öffnen der Faust kann es leicht passieren, daß das Geldstück auf den Tisch fällt), ruft er „abklopfen", müssen alle mit der flachen Hand auf den Tisch schlagen (bei einem Mitspieler klingt dies verdächtig nach Metall), ruft er „Giraffe", stellen die Mitspieler Zeigefinger und Mittelfinger gespreizt auf den Tisch (der Mitspieler, der das Geldstück hat, hält dieses mit den restlichen drei Fingern unauffällig versteckt). Derjenige, bei dem das Geldstück gefunden wird, darf als nächster raten.

Spiel von Franziska Kraiter, München

Spielen

Dinosaurier-Wettlauf

147.

ab 6

mind. 2

jederzeit

drinnen

leise

30 Min.

10 Min. +

Wenn vor Millionen von Jahren eine Herde Dinosaurier vorbeigaloppierte, dann bebte die Erde. Wenn ihr ein Fest feiert und dabei einen Dinosaurier-Wettlauf veranstaltet, dann bebt immerhin das Wohnzimmer!

Ihr malt einen Dinosaurierkopf und einen Dinosaurier-Popo auf Pappe und schneidet beides aus. Dann bemalt ihr eine leere Klopapierrolle mit Farbe und schneidet beide Enden der Rolle im Zickzackmuster ein. Nachdem ihr die Zacken nach innen umgebogen habt, bestreicht ihr sie mit Klebstoff und klebt Kopf und Hinterteil des Dinosauriers an die Rollenenden. Hinter dem Kopf des Sauriers bindet ihr eine Schnur um die Rolle. Das andere Ende verknotet ihr an einem Buntstift. Jeder setzt seinen Saurier auf den Boden und entfernt sich mit dem Buntstift in der Hand so weit von seinem Saurier, bis die Schnur gespannt ist. Dann setzten sich alle auf den Boden, so daß sie ihrem Saurier ins Gesicht blicken. Beim Kommando „Saurier, Galopp und Hopp!" wickeln alle ihre Schnur um den Stift. Gewinner ist derjenige, der zuerst seinen Saurier herangewickelt hat.

leere Klopapierrolle, dünner, fester Karton, Buntstifte oder Wasserfarben, Klebstoff, Schere, Schnur oder Wollfaden

148. Bockshörner

Geschicklichkeitsspiele

ab 4

mind. 2

jederzeit

drinnen + draußen

leise

1 Min.

15 Min. +

Könnt ihr mit dem Rücken die Hörner des Ziegenbocks zählen?

Ein Spieler stellt sich mit dem Rücken vor einen anderen Spieler. Der hintere ist der Ziegenbock und spricht: „Rumpe di pumpe di Nägeli Stock, wieviel Hörner streckt der Bock?“ Dabei stößt er eine beliebige Anzahl seiner Finger auf den Rücken des vor ihm stehenden Spielers. Dieser muß nun erfühlen, wieviel „Hörner“ es sind. Antwortet er mit der richtigen Zahl, so sagt der Bock: „Du hast es wohl erraten, so schmeckt dir gut der Braten.“ Hat er sich aber geirrt, so heißt es: „Du hast es nicht erraten, bekommst auch keinen Braten.“ In diesem Fall beginnt das Spiel von vorn, und der Spieler bekommt noch einmal die Gelegenheit, die Hörner des Bocks auf seinem Rücken zu spüren. Dann werden die Rollen getauscht.

mit Eltern

149. Löffelspiegel

Experimente

ab 8

auch allein

jederzeit

drinnen

leise

1 Min.

10 Min.+

glänzender, spiegelnder Eßlöffel

Löfflein, Löfflein in der Hand,
wer ist der schönste Kopf im Land?
Ist's der Kopf, der auf dem Kopfe steht?
Oder der, bei dem kein Lachen vergeht?

Zunächst blickt ihr in die nach außen gebogene Unterseite des Löffels wie in einen Spiegel. Was entdeckt ihr? Und dann dreht ihr den Löffel um und seht in die nach innen gebogene Seite. Was verändert sich? Welcher Erwachsene kann euch diese Spiegelbilder anhand von Zeichnungen erklären?

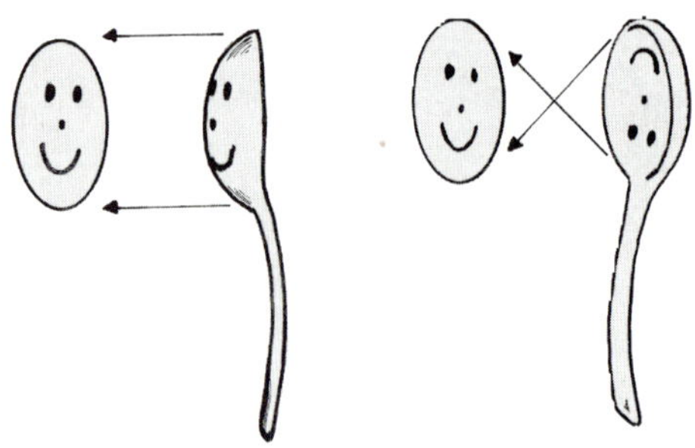

mit Eltern

Geschick-
lichkeits-
spiele

Fünfkampf-Wettessen

150.

Wer beim lustigen Fünfkampf-Wettessen mitmachen will, muß seine Urkunde mit der linken Hand am Ende selbst ausfüllen.

Fünf verschiedene „Gänge" gibt es beim Wettessen. Jeder Spieler muß 2 Schokoköpfe verdrücken, danach einen Bindfaden, an dessen Ende ein Bonbon hängt, um den Ringfinger wickeln, anschließend das Bonbon lutschen, eine Karotte mit dem Messer in runde Scheiben schneiden und jede Scheibe mit dem Zahnstocher aufpieken und verspeisen, ein Glas Saft oder Tee mit dem Strohhalm austrinken, eine Walnuß knacken und den Nußkern essen, zuletzt den eigenen Vor- und Nachnamen sowie die Adresse mit der linken Hand auf ein Stück Papier schreiben. Die Reihenfolge spielt keine Rolle. Sieger ist der schnellste und geschickteste Esser!

Süßigkeiten (z. B. Schokoköpfe), Bindfäden (mind. 50 cm lang), Bonbons, Karotten, Messer, Zahnstocher, Saft oder Tee, Gläser, Strohhalme, Walnüsse, Nußknacker: je nach Teilnehmerzahl

ab 7
mind. 2
jederzeit
drinnen
leise
5 Min.
10 Min. +

Experi-
mente

Baumeister

151.

Welcher Baumeister kann Prinzessin Leilas Wunsch erfüllen?

In ihrem Lustschlößchen gibt es drei Fenster, die 1 m hoch und 1 m breit sind. Nun will die Prinzessin die Fenster so umgebaut haben, daß sie doppelt so groß werden, aber dennoch 1 m hoch und 1 m breit bleiben. Wie müssen die Fenster umgebaut werden? Zeichnet die Fenster auf ein kariertes Papier auf, wobei jedes Kästchen 10 cm zählt. Welcher Baumeister kann diese Aufgabe am schnellsten lösen?

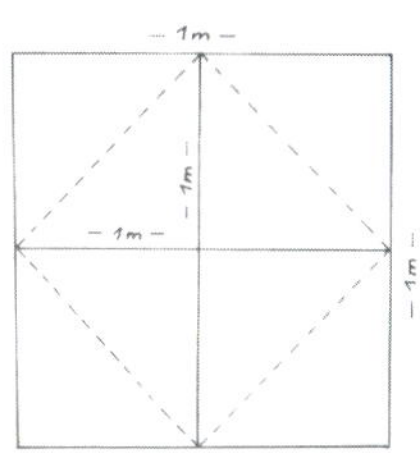

Lösung: Zeichnet ein Kreuz (10 Kästchen hoch, 10 Kästchen breit) und verbindet die Spitzen: So ist die Form der alten Fenster. Jetzt die vier schrägen Seiten jeweils zu einem Quadrat ergänzen: So müssen die neuen Fenster aussehen!

ab 10
auch allein
jederzeit
drinnen
leise
5 Min.
15 Min. +
Papier, Stifte, Lineal

152. Geschenkkörbchen

Basteln

ab 4

auch allein

jederzeit

drinnen + draußen

leise

Wir weben durch die Stehen – und so wird aus dem Plastikrest ein Körbchen für das Kinderfest.

Ihr webt die Bänder oder Streifen waagrecht durch die Gitterstäbe des Plastikkörbchens. Die Enden werden mit Klebstoff befestigt. Aus einem Band, das ihr am Korbrand verknotet, fertigt ihr einen Tragehenkel. Den Stoffrest schneidet ihr auf die Größe des Bodens zu und legt ihn in das Körbchen. Fertig ist der Geschenkkorb für Kindergeburtstage oder andere Geschenkanlässe.

mit Eltern | 5 Min. | 60 Min. + | **Plastikkörbe, alte Geschenkbänder, Stoffstreifen, Papierstreifen, Luftschlangen, ein Stück Stoff, Klebstoff, Schere**

153. Piepvöglein

Spielen

ab 4

mind. 6

jederzeit

drinnen

Erkennt ihr die Stimme des Piepvögleins?

Alle Spieler sitzen im Kreis. Einem ausgewählten Spieler werden mit einem Tuch die Augen verbunden. Nun wird er ein paar Mal herumgewirbelt, dann ertastet er sich ein Kind aus dem Kreis und setzt sich diesem auf den Schoß. Dabei fragt er: „Wie piept das Vöglein?“ Der Spieler, auf dessen Schoß der Fragende sitzt, versucht mit verstellter Stimme ein- oder zweimal zu piepen. Wird das Piepvöglein erraten, werden die Rollen getauscht.

laut | 5 Min. | 20 Min. + | **1 Tuch oder Schal** | mit Eltern

154. Bedrucktes Briefpapier

Basteln

ab 4

auch allein

jederzeit

drinnen

Druckt euch ein lustiges Briefpapier!

Zuerst mit dem Bleistift auf die untere Seite des Weinkorkens ein kleines Motiv aufmalen, ein Herz, eine Blume, ein Haus, ein Schwein oder einen Baum. Mit einem scharfen Messer den Rand um das vorgezeichnete Motiv wegschnitzen, so daß eine erhabene Druckform entsteht. Mit einem Pinsel Tempera- oder Plakafarbe auf die Druckform auftragen oder die Druckform direkt in die Plakafarbe eintauchen. Jetzt die Briefbogen und Briefumschläge kunterbunt bedrucken. Die Motive auf die Briefbogen oben und unten oder an den Seiten entlang aufdrucken. Für die Briefumschläge die gleichen Motive verwenden, so daß immer ein Briefbogen zu einem Briefumschlag paßt. So ein schön bedrucktes Briefset eignet sich gut als Geschenk!

leise

15 Min.

30 Min. +

mit Eltern

Messer

(farbige) Papierbögen, Briefumschläge, mehrere Korken von Weinflaschen, Messer, Tempera- oder Plakafarben, Pinsel

---

Experimente

155. Papierfalten

Aus einem Bogen Papier wird rasch ein kleines Buch!

Faltet mehrfach einen beliebig großen Bogen Papier jeweils immer genau in der Mitte längs aufeinander. Wieviele Faltvorgänge schafft ihr? Schneidet die Knickstellen an drei Seiten auf. Wieviele Seiten habt ihr gefaltet? Wie oft müßt ihr falten, um ein Buch von 128 Seiten herzustellen?

Lösung: Bei jedem Faltvorgang verdoppelt sich die Zahl der Papierlagen (zuerst zwei, dann vier, dann acht, dann sechzehn...).

ab 8

auch allein

jederzeit

drinnen

1 Bogen Papier DIN A 3, 1 Bogen Papier DIN A 5, Schere

10 Min.+

keine

leise

Basteln

156. Bunte Papierfächer

Wenn der Schweiß von der Stirne rinnt, fächeln wir uns frischen Wind.

Zunächst bemalt ihr das Papier mit einem beliebigen Muster. Dann faltet ihr die breite, waagrechte Seite des Papiers in gleiche Streifen von etwa 1,5 cm Breite vor und zurück. Den so entstandenen Streifen in der Mitte aufeinanderfalten und die beiden mittleren Streifen zusammenkleben. Die Faltkante mit Kreppband zu einem Griff umwickeln. Nun könnt ihr euch gegenseitig oder selbst Kühlung zufächeln.

ab 5

auch allein

jederzeit

drinnen

leise

Rechtwinkliges weißes oder getöntes Papier, Buntstifte, Klebstoff, Kreppband

1 Std. +

2 Min.

157. Giftbonbon

Spielen

ab 4

mind. 4

jederzeit

drinnen

leise

5 Min. +

30 Min. +

Jeder kann solange Bonbons essen, bis er das Giftbonbon erwischt!

Auf einem Tuch werden verschiedene Süßigkeiten und Bonbons ausgebreitet. Alle Spieler sitzen im Kreis um das Tuch herum. Ein Spieler wird vor die Tür geschickt. Die anderen Spieler bestimmen ein Bonbon zum Giftbonbon. Dann darf der wartende Spieler wieder hereinkommen und sich solange Bonbons nehmen, bis er das Giftbonbon berührt. Dann ruft die Spielerrunde: „Vorsicht, Gift!", und der Spieler muß sofort aufhören, Bonbons einzusammeln. Jetzt darf der nächste Spieler vor die Tür. Oder hat der vorherige Spieler schon alle Bonbons abgeräumt?

1 Tuch, verschiedene Süßigkeiten oder Bonbons

mit Eltern

---

158. Indianer-Holzbeil

Basteln

ab 7

auch allein

Sommer

draußen

leise

keine

1 Std. +

Ein Indianerbeil ist aus Holz und selbstgemacht! Jeder große Krieger vom Stamm der Apachen oder Sioux hat sein Beil auch selbst angefertigt.

Zunächst sucht ihr als erfahrene Indianerkenner einen Zweig, am besten einen Haselnußstock, der gut in der Hand liegt, und stutzt ihn mit einem Messer auf die richtige Länge zurecht (etwa 30 cm). Verziert dann etwa zwei Drittel des Stocks mit kunstvollen Schnitzereien – je mehr Schnitzereien ein Indianerbeil hat, desto wertvoller ist es. Danach sucht euch ein Stück Holz, das die Form eines Beiles hat. Wenn sich keines findet, könnt ihr es euch auch zurechtschnitzen oder aus starkem Pappkarton ausschneiden. Bindet dieses Beil mit einer starken Schnur an das obere Drittel des Stocks, das ihr nicht mit Schnitzereien verziert habt. Wichtig ist vor allem, daß die Schnur ganz fest gewickelt wird, damit das Beil nicht locker sitzt.

Holzstock, Holzstück oder fester Karton, Messer, Schnur

Messer

Experi-
mente

Pfennigknobelei

159.

ab 7

auch allein

jederzeit

drinnen

leise

3 Min.

5 Min. +

9 Pfennigstücke

Auch mit Pfennigen läßt sich etwas anfangen.

Auf dem Tisch liegen kreuzförmig 9 Pfennige. Verändert den obersten und den untersten Pfennig so, daß dennoch in jeder Reihe noch 5 Pfennige liegen. Kann diese Rechnung aufgehen?

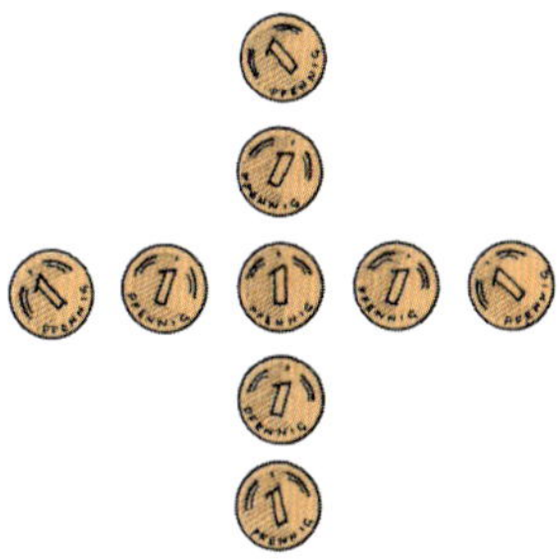

Lösung: Einfach den obersten und untersten Pfennig auf die nächste Münze legen, so daß jeweils 2 Pfennige doppelt liegen. Nur die mittlere Münze liegt solo.

Basteln

Geburtstagskerze

160.

ab 7

auch allein

jederzeit

drinnen

leise

30 Min.

1 Std. +

Sammelt alte Wachsreste! Wozu diese noch gut sind? Macht einfach eurer Freundin oder eurem Freund eine Geburtstagskerze daraus!

Das Dochtende wird mit Hilfe von etwas Knetwachs in der Mitte des Bodens der kleinen Konservendose festgeklebt. Damit der Docht steht, durchstecht ihr ihn in Höhe des Dosenrandes mit Blumendraht, knickt den Draht um und befestigt ihn am Rand mit Tesafilm. Dann die Wachsreste in der größeren Dose bei niedriger Temperatur flüssig schmelzen, nicht zum Rauchen bringen. Das flüssige Wachs in die vorbereitete kleine Dose gießen und erstarren lassen. Zuletzt die Dose kurz in kochend heißes Wasser tauchen und die Kerze am Docht herausziehen. Die Kerze mit dem Geburtstagsdatum oder mit Ornamenten aus Knetbienenwachs verzieren.

mit Eltern

heiße Ofenplatte, kochend heißes Wasser

Wachsreste (100 bis 200 g), Kerzendocht, eine kleinere und eine größere Konservendose (oder alte Töpfe), Blumendraht, Tesafilm, Knetbienenwachs

161. Zublinzeln

Spielen

ab 6

mind. 11

jederzeit

drinnen

leise

3 Min.

30 Min. +

Vorsicht: schneller Partnerwechsel!

Fünf Spieler bilden einen Innenkreis, fünf einen Außenkreis, so daß hinter jedem ein Partner steht. Die Spieler im Außenkreis müssen ihre Arme auf den Rücken legen. Der elfte Spieler ordnet sich im Innenkreis ein und versucht nun, durch Zublinzeln einen Spieler in seiner Runde zu sich zu locken. Hat dieser das Zwinkern bemerkt, rennt er blitzschnell zum zwinkernden Partner und stellt sich hinter diesen. Hat sein Hintermann das Blinzeln auch bemerkt, so versucht er, den Flüchtling zu halten. Gelingt es ihm, so muß der Alleinstehende einen anderen anlocken. Konnte der Partner entfliehen, so muß sich der alleingelassene einen neuen anzwinkern. Nach einer Weile die Kreise wechseln.

162. Kordel drehen

Basteln

ab 5

auch allein

jederzeit

drinnen + draußen

leise

5 Min.

5 Min. +

Wollt ihr euch mal schnell eine bunte Kordel drehen?

Zwei lange bunte Wollfäden an beiden Enden zusammenbinden und durch die Enden einen Bleistift stecken. Den zusammengeknüpften Wollfaden an der einen Seite aufhängen (an der Türklinke oder am Türschlüssel) oder das Ende einem Spielpartner in die Hand geben. Das andere Ende mit der linken Hand festhalten und mit der rechten Hand den Bleistift so lange vorwärts drehen, bis der Wollfaden sich mitdreht. Wenn auf der anderen Seite der Spielpartner steht und den Wollfaden mithilfe seines Bleistifts in die entgegengesetzte Richtung dreht, geht es schneller. Ist der Wollfaden genügend aufgedreht, so nimmt einer beide Enden in die Hand und führt sie zusammen. Dadurch dreht sich der Faden ineinander und weiter zu einer bunten Kordel. Die beiden Enden miteinander verknüpfen, fertig ist die Kordel!

2 verschieden farbige, lange Wollfäden, 2 Bleistifte

mit Eltern

Spielen

Dosentelefon

163.

Ein Walkie Talkie, das nicht viel kostet, keine Batterien braucht und toll funktioniert.

Die „Deckel" der Dosen mit dem Dosenöffner ganz herausschneiden. Mit dem Hammer die Schnittkanten flachklopfen, damit man sich nicht daran verletzt. Die Dose mit Papier oder Folie bekleben, mit der Öffnung nach unten auf eine stabile, möglichst rutschfeste Unterlage stellen und den Nagel mit dem Hammer durch die ungeöffnete Seite treiben. An einem Ende des Bindfadens mehrere Knoten machen und ihn durch das Loch der einen Dose ziehen. Den Bindfaden sodann durch das Loch der anderen Dose führen und ebenfalls das Ende verknoten.

Beim „Telefonieren" muß in die Dosenöffnung hineingesprochen werden und die Schnur stramm angezogen sein. Das funktioniert auch durchs Schlüsselloch einer geschlossenen Tür – wie man das macht, müßt ihr selber herausfinden.

ab 7

2

jederzeit

drinnen

leise

15 Min.

30 Min. +

Dosenschnitt-kanten, Hammer

zwei leere Blechdosen (am besten 250 ml Inhalt), Bindfaden (mind. 5 m), 1 Nagel, Hammer, Papier und Klebstoff oder Klebefolie

Spielen

Füßetreten

164.

Zeigt her eure Füße! Lustiges Spiel für die Schulpause!

Zwei Spieler fassen sich an den Händen. Nun versuchen sie sich gegenseitig auf die Füße zu treten. Wem es zuerst gelingt, seinem Gegenüber 10 mal auf die Füße zu treten, ist der Sieger. Nun kommt das nächste Paar an die Reihe. Zuletzt treten sich die beiden geschicktesten Füßetreter auf die Füße. Wer ist am Ende der Sieger? Hättet ihr beinahe das Pauseklingeln überhört?

ab 9

mind. 2

jederzeit

drinnen + draußen

leise

keine

10 Min.

165. Gleichung

Streichholzspiele

ab 9

auch allein

jederzeit

drinnen

leise

5 Min.

10 Min. +

10 Streichhölzer

Legt mit 10 Streichhölzern eine Gleichung in römischen Zahlen!

In eine Reihe legt ihr 2 Streichhölzer als X, dann 1 Streichholz senkrecht daneben, 2 Streichhölzer als Pluszeichen und wieder 1 Streichholz senkrecht daneben. Nun ein Istgleich-Zeichen aus 2 Streichhölzern, anschließend wieder mit 2 Streichhölzern ein X. Geht die Gleichung auf? Was muß getan werden, damit sie aufgeht?

Es gibt drei Möglichkeiten: in zwei Fällen muß ein einzelnes Streichholz verlegt werden, in einem Fall nicht. Dafür muß etwas anderes getan werden. Aber was?

XI + I = X

X + I = XI

XI − I = X

Lösung: Entweder das senkrechte Streichholz hinter das X legen, das Pluszeichen zu einem Minuszeichen machen oder die Gleichung von rechts nach links lesen.

166 Überraschungskrapfen

Rezepte

ab 8

auch allein

Winter

drinnen

leise

1 Std.

2 Std.

Für die Silvester- oder für die Faschingsparty die besten Überraschungskrapfen ! Sind wirklich alle Krapfen mit Marmelade gefüllt?

Mehl in eine Teigschüssel geben, eine kleine Mulde eindrücken. Hefe mit einem Teil der warmen Milch und 1 Teelöffel Zucker verrühren und in die Mulde gießen. 15 Minuten gehen lassen. Zucker, Eier, Rest der Milch und die zerlassene Butter dazugeben, den Teig schlagen und 30 Minuten gehen lassen. Aus dem Teig etwa 3 cm hohe Krapfen formen und diese nochmals 30 Minuten ruhen lassen. Backfett erhitzen, Krapfen in das heiße Fett geben. Etwa 5 Minuten backen lassen, dann die Krapfen vorsichtig wenden und auf der anderen Seite ebenfalls 5 Minuten backen. Die Krapfen herausnehmen und auf Küchenkrepp abtropfen lassen. Mit Hilfe einer Krapfenspritze jeden Krapfen mit Marmelade und einen mit Senf füllen. Zuletzt alle mit Puderzucker bestäuben und frisch servieren. Wer den mit Senf gefüllten erwischt, ist der Partykönig. Er bekommt entweder ein Geschenk, muß ein Lied vorsingen oder auf einem Bein durch die ganze Wohnung hüpfen.

550 g Weizenmehl, 30 g Hefe, 1/4 l lauwarme Milch, 30 g Zucker, 30 g Butter, 2 Eier, Schmalz zum Ausbacken, Marmelade zum Füllen, Puderzucker zum Bestäuben, 1 bis 2 EL Senf

mit Eltern

heißer Herd

Geschicklichkeitsspiele

Schweineschwänzchen

167.

ab 5

mind. 2

jederzeit

drinnen

leise

10 Min.

15 Min. +

Das Schwein hat sein Ringelschwänzchen verloren! Schnell, gebt es ihm zurück!

Auf einen großen Bogen Papier wird ein Schwein ohne Schwanz gezeichnet. Das Papier an der Wand festmachen. Aus dem Draht einen Ringelschwanz drehen. Mit verbundenen Augen versucht nun ein Spieler nach dem anderen, dem Schwein seinen Ringelschwanz zurückzugeben, indem er ihn mit Tesafilm am Schwein festklebt. Wem gelingt es am besten?

großer Bogen Papier, Draht, Tesafilm, Stift, Schal

Basteln

Vorhang aus Kastanienketten

168.

ab 7

auch allein

Herbst

drinnen

leise

2 Std. +

2 Std. +

Habt ihr viele Kastanien gesammelt? Dann macht eine Riesen-Kastanienkette draus!

Je mehr Spieler, desto schneller ist der Vorhang fertig, für den ihr 8 bis 12 Kastanienketten von etwa 1,80 m Länge benötigt. Zuvor müssen die Kastanien natürlich Löcher bekommen. Am besten jede Kastanie in einem Schraubstock festklemmen, damit sie nicht wegrutschen kann, und dann das Loch mit dem Handbohrer bohren. Anschließend die Kastanien zu langen Ketten auffädeln und schließlich eine Kette dicht neben der anderen an den Stock binden. Der Stock wird zwischen den Türsturz geklemmt oder über die Tür genagelt.

Nun, wie klingt es, wenn ihr durch diesen Vorhang geht?

mit Eltern

Handbohrer

viele Kastanien, Handbohrer, kleiner Schraubstock, lange Schnur oder festes Garn, 1 Stock in Türbreite, mehrere Nägel, Hammer

169. Blumenpresse

Basteln

ab 8

auch allein

Frühling

drinnen

laut

30 Min.

2 Std.

2 Sperrholzplatten (18 x 22 x 0,6 cm), 4 Wellpappeplatten (18 x 22 cm), 8 Blätter saugfähiges Papier (18 x 22 cm), 4 Schloßschrauben (0,5/4 cm), 4 Flügelmuttern, Wachsmalkreiden oder Plakafarben

Wollt ihr Blumenkenner werden? Dann bastelt euch diese Blumenpresse! Damit könnt ihr die seltensten Blumen haltbar machen.

Zuerst die Eckpunkte der Sperrholzplatten mit einem Bleistiftstrich verbinden. Auf dieser Linie jeweils 2,5 cm von jeder Ecke entfernt ein Loch bohren (Durchmesser 0,5 cm). Die vier Schloßschrauben durch die erste Sperrholzplatte stecken und festklopfen. Die Wellpappen und Papiere an den Ecken abschrägen und abwechselnd auf die Sperrholzplatte legen, immer eine Lage Pappe, zwei Lagen Papier. Dann die zweite Sperrholzplatte mit den Flügelmuttern darauf schrauben. Um die Blumenpresse zu verschönern, die oberste Sperrholzplatte mit einem Blumenmuster bemalen.

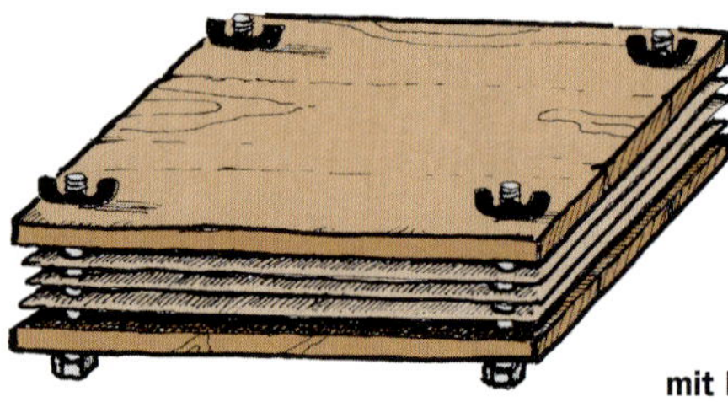

mit Eltern

Bohrer

170. Wettziehen

Umwelt erleben

ab 5

mind. 2

Sommer

draußen

leise

3 Min.

5 Min. +

lange Grashalme

Wettziehen mit Grashalmen. Wer hat den stärksten Grashalm?

Sucht euch lange, biegsame Grashalme! Der erste Spieler formt eine Schlinge aus seinem Grashalm und hält ihn mit Daumen und Zeigefinger fest. Der zweite Spieler zieht seinen Halm durch die Grashalmschlinge des ersten Spielers und hält seinerseits seine Schlinge zwischen Zeigefinger und Daumen fest. Das Wettziehen kann beginnen. Beide Spieler ziehen vorsichtig ihre Schlinge an. Reißt bei einem der Halm oder rutscht er ihm aus den Fingern, so scheidet er aus. Der Sieger kann dann einen neuen Spieler zum Wettziehen auffordern.

Basteln

Luftmuster schneiden

171.

ab 4

auch allein

jederzeit

drinnen

leise

1 Min.

15 Min. +

1 quadratisches Papier, Schere

Eins, zwei, drei, schnipp-schnapp und vier,
wir zaubern Muster ins Papier.

Das Papier genau in der Mitte zusammenfalten, Falzkante nachstreichen. Diese Hälfte nochmals halbieren. Das verbliebene Viertel diagonal falten, so daß es nun wie ein Dreieck aussieht. Mit der Schere Winkel, Halbkreise oder Zackenmuster in die Ränder des Dreiecks schneiden. Schließlich die Spitzen abschneiden. Und dann auffalten!

Die reizvollen, ebenmäßigen Muster, die ihr geschnitten habt, wirken am Fenster besonders schön.

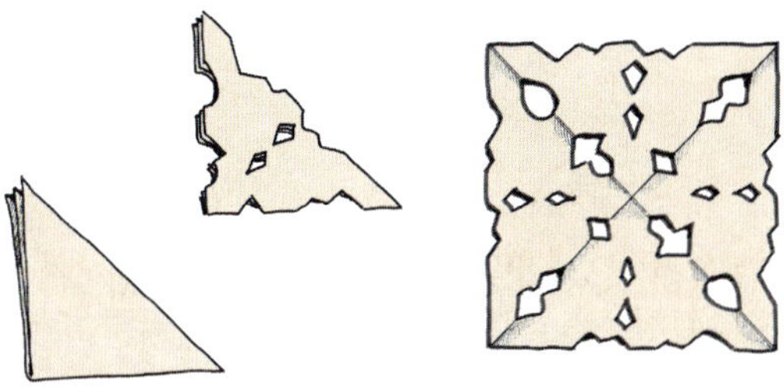

Rechenspiele

Zinsspiel

172.

ab 8

mind. 3

jederzeit

drinnen

leise

3 Min.

20 Min. +

3 Würfel, Papier, Stifte

Wer Glück beim Würfeln hat, bekommt hohe Zinsen.

Jeder Spieler notiert sich die Zahlen 3 bis 8 und schreibt sie untereinander auf. Nun wird reihum mit drei Würfeln gewürfelt. Bei der ersten Würfelrunde wird die Summe der Augenzahlen der drei Würfel hinter der 3 notiert. Bei der zweiten Würfelrunde das Ergebnis hinter der 4, und so geht es weiter bis nach der sechsten Runde die gewürfelten Augenzahlen mit der Zahl, hinter der sie stehen, malgenommen werden. Dann alle Ergebnisse zusammenzählen. Wer hat die meisten Zinsen eingeheimst?

173. Kleiderbügelgeige

Musik machen

ab 8

auch allein

jederzeit

drinnen

leise

10 Min. +

15 Min. +

1 Kleiderbügel aus Holz oder Draht, Nylon- oder Drachenschnur, Schere, kleine Schachtel oder Dose, Holzklotz, Feile

Eurem Kling-Klang-Orchester fehlt bestimmt noch eine Kleiderbügelgeige!

Nehmt einen Holz- oder Drahtkleiderbügel und spannt nacheinander zwei bis vier Nylonschnüre von einem Ende zum anderen. Damit die Schnüre halten, mit der Feile in das Holz eine schmale Einkerbung ritzen. Beim Drahtkleiderbügel die Fäden mit dünnem Draht befestigen. Dann eine kleine Schachtel oder Dose als Klangkörper in die Rundung des Kleiderbügels stellen. In einen Holzklotz kleine Einkerbungen für die Saiten einfeilen. Den Holzklotz auf den Klangkörper setzen und die Saiten in die Einkerbungen spannen. Nun zupft einmal an den einzelnen Saiten. Oder streicht mit einem Holzstöckchen über die einzelnen Saiten! Wie klingt eure Kleiderbügelgeige? Wißt ihr, wie die unterschiedlichen Töne zustandekommen?

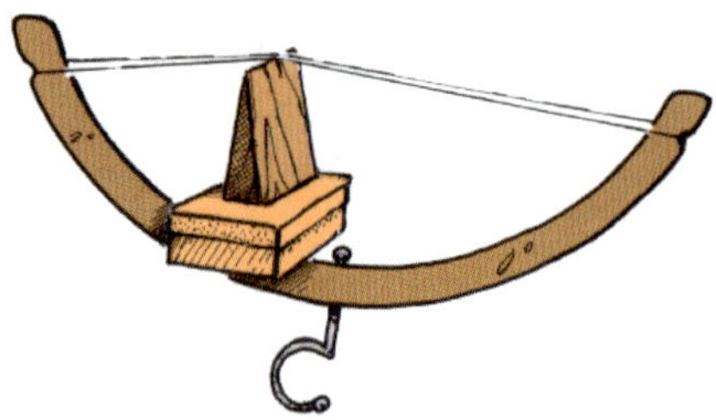

174. Klau-hau-Spiel

Geschicklichkeitsspiele

ab 5

mind. 4

jederzeit

drinnen + draußen

laut

5 Min.

30 Min. +

Willst du klauen,
werd ich dich hauen!

Zuerst zieht ihr einen so großen Kreis, daß sich eine Person bequem hineinsetzen kann. Ihr ritzt den Umfang in die Erde oder malt ihn mit Kreide auf, in der Wohnung markiert ihr ihn mit einem Klebeband. Dann breitet der Schatzbesitzer, der in der Mitte des Kreises hockt, seine Schätze um sich herum aus. Die Mitspieler außerhalb des Kreises versuchen nun, die Schätze aus dem Kreis zu klauen. Der Schatzbesitzer darf innerhalb (nicht außerhalb) seines Kreises die Diebe mit der bloßen Hand abschlagen. Wer als Dieb erwischt wird, scheidet aus. Der geschickteste Dieb wird dann selbst Schatzbesitzer.

Beliebige Kleinteile wie Tennisbälle, Murmeln, Steine evtl. Klebeband oder Kreide

Basteln

Pfiffiger Krimskramsbeutel

175.

Was hat sich alles in eurer Hosentasche angesammelt? Füllt eure Schätze in den pfiffigen Krimskramsbeutel!

Schneidet aus einem Stück Stoff einen möglichst großen Kreis aus. Dann fädelt ihr eine dünne Schnur ein und zieht diese in etwa zwei Finger breiten Abständen abwechselnd von oben und von unten in den Rand des Stoffkreises ein, bis ihr wieder am Ausgangspunkt seid. In die Schnurenden macht ihr einen großen Knoten und zieht den Stoffkreis zusammen. Na, hat sich der Stoffkreis in einen praktischen Krimskramsbeutel verwandelt?

ab 6
auch allein
jederzeit
drinnen
leise
1 Min.
30 Min. +

mit Eltern

Nähnadel

Stoff (ca. 30 x 30 cm), große Nähnadel, Stickgarn oder dünne Schnur, Schere

---

Streichholzspiele

Das Dreieck

176.

Ein Knobelspiel mit sechs Streichhölzern. Nur Geduld, es ist leichter, als es scheint!

Legt aus drei Streichhölzern ein Dreieck. Fügt ihr noch drei Streichhölzer hinzu, so entstehen entweder vier oder sechs gleichseitige Dreiecke. Wie müssen die weiteren drei Streichhölzer gelegt werden?

Lösung: Entweder ihr legt ein zweites Dreieck so auf das erste, daß ein Stern mit sechs Spitzen entsteht oder ihr legt ein zweites Dreieck so auf das erste, daß seine Spitze jeweils auf die Mitte der Schenkel des ersten Dreiecks trifft.

ab 10
auch allein
jederzeit
drinnen
leise
3 Min.
5 Min. +
6 Streichhölzer

177. Kartoffelkleber

Umwelt erleben

ab 5

auch allein

jederzeit

drinnen

leise

Aus der Kartoffel, dem Wunderwerke der Natur,
gewinnen wir Klebestärke pur.

Die Kartoffeln schälen und reiben. Den Brei im Tuch fest auspressen und den austretenden Saft in einer Glasschüssel auffangen (die ausgepreßten Kartoffeln könnt ihr danach für Reibekuchen verwenden). Den Saft etwa 1 Stunde stehen lassen. Während dieser Zeit setzt sich die weiße Kartoffelstärke ab. Kartoffelflüssigkeit (ohne Stärke) abschütten. Die Stärke mit der doppelten Menge Wasser verrühren und im Topf bei 50–60 Grad langsam zu Kleister eindicken.

5 Min. — mit Eltern

2 Std.+ — Herd, Messer, Reibe

Kartoffeln, Reibe, Obst- oder Speisemesser, kleiner Kochtopf, Glasschüssel, 1 sauberes Tuch, Wasser

---

178. Flaschenslalom

Spielen

ab 6

mind. 4

jederzeit

drinnen

leise

10 Min.

15 Min. +

Vorsicht! Beim Flaschenslalom darf keine Flasche umfallen!

Sieben Flaschen werden hintereinander im Abstand von etwa 40 – 50 cm aufgestellt. Alle Spieler dürfen nun nach Slalomart zur Probe einmal vorsichtig um die sieben Flaschen herumgehen, um nachher mit verbundenen Augen den Lauf zu bestehen. Dann gehen alle Spieler vor die Tür. Inzwischen werden alle Flaschen bis auf die erste weggeräumt. Dem ersten Spieler werden vom Spielleiter die Augen verbunden, und er wird vor die erste Flasche geführt, die er ertasten darf. Sobald er zu laufen beginnt, wird auch diese Flasche entfernt. Er bemüht sich nun nach Kräften, die sieben Flaschen zu umrunden, ohne eine umzustoßen. Sieht das nicht lustig aus? Nach gelungenem Lauf darf er das Tuch herunternehmen. Nanu, wo sind denn die Flaschen geblieben? Nacheinander vollführen alle Spieler diesen Flaschenslalom! Dabei wird das Publikum immer zahlreicher und spendet jedem neuen Spieler begeistert Beifall! Habt ihr euch alle auf diesselbe Weise täuschen lassen?

7 Flaschen, 1 Tuch — mit Eltern

Wort-spiele

Gefüllte Kalbsbrust

179.

ab 8

auch allein

jederzeit

drinnen

leise

5 Min.

15 Min.+

„Gefüllte Kalbsbrust" ist eines der bekanntesten Wortspiele.

Sucht euch eine „Kalbsbrust", d.h. ein Wort mit mindestens 6 Buchstaben, aus. Nun schreibt jeder Spieler das ausgewählte Wort einmal links auf sein Papier und zwar von oben nach unten und einmal rechts von unten nach oben. In der obersten Zeile stehen sich Anfangs- und Endbuchstabe des Wortes gegenüber. Alle Spieler müssen ihre „Kalbsbrust" füllen, indem sie für jede Zeile ein Wort finden, das mit dem vorgegebenen Buchstaben beginnt und endet. Denkt euch möglichst originelle Wörter aus, da nur die Wörter bei der Endabrechnung einen Punkt ergeben, die von keinem der anderen Spieler vorgelesen werden. Sieger ist, wer die meisten Punkte durch seine Wortschöpfungen erreicht hat.

Papier, Stifte

Basteln

Ziergirlanden

180.

ab 7

auch allein

jederzeit

drinnen

leise

keine

30 Min. +

Zu Weihnachten, zum Geburtstag, zum Fasching oder zu sonstigen Festen schmückt ihr euer Zimmer mit Ziergirlanden, damit es ganz besonders schön aussieht.

Zunächst nehmt ihr ein rechteckiges Stück Papier, das etwas kleiner als eure Hand sein sollte, und faltet es in der Mitte der Längsseite. Auf eine Seite zeichnet ihr eine Art Griff auf und schneidet die Form aus dem gefalteten Papier aus. Wichtig ist, daß ihr am offenen Ende ein ovales Loch einschneidet. Schon habt ihr das erste Glied eurer Schmuckgirlande. Die nächsten Glieder werden dann jeweils aufgefaltet und durch die Öffnungen gezogen. Fahrt auf diese Weise fort, bis die Kette lang genug ist. Das letzte Glied klebt ihr zu, fertig ist eure Fest-Dekoration!

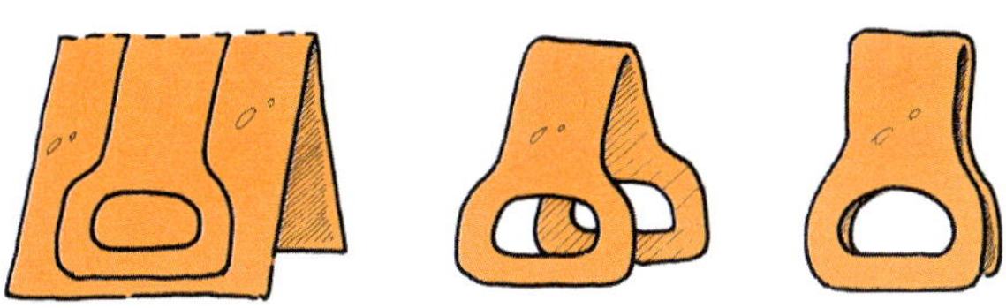

Bunt- oder Geschenkpapier, Bleistift, Schere, Klebstoff

181. Würfelgeheimnis

Rechen-spiele

ab 8

mind. 2

jederzeit

drinnen

leise

1 Min.

15 Min.

Es wurde gewürfelt, doch ihr habt die Augenzahl der beiden Würfel beim Wurf nicht mitbekommen.

Der Spieler, der gewürfelt hat, soll im Kopf die Punkte des 1. Würfels zuerst verdoppeln, dann 5 dazuzählen. Das Ganze mit 5 malnehmen und die Augen des 2. Würfels dazurechnen. Dann das Ergebnis nennen. Sofort könnt ihr die Augenzahl von jedem der beiden Würfel nennen!

Lösung: Einfach vom genannten Ergebnis 25 abziehen. An der neuen Zahl erkennt ihr die Augenzahl des 1. Würfels an den Zehnern, die des 2. Würfels an den Einern.

zwei Würfel

182. Sambarasseln

Musik machen

ab 6

auch allein

jederzeit

drinnen

laut

30 Min.

3 Tage +

Mit Sambarasseln lassen sich tolle Tanzrhythmen schütteln!

Den Arbeitstisch mit alten Zeitungen abdecken. Nun zwei alte Glühbirnen auf je eine Papierrolle stecken. Die Papierrollen mit Zeitungspapier ausstopfen. Den Tapetenkleister anrühren und die Glühbirnen und den Übergang zur Papierrolle rundum einkleistern. Dann kleine Zeitungsschnipsel reißen und sie auf die eingekleisterten Glühbirnen kleben. Diesen Vorgang ungefähr zehnmal wiederholen, bis die Glühbirnen mit vielen Zeitungsschichten überzogen sind. Dazwischen immer wieder Kleister auftragen. Die Sambarasseln 3 Tage lang trocknen lassen, dann mit Plakafarben bunt bemalen. Zuletzt mit Sprühlack behandeln. Ist der Lack getrocknet, werden die Rasseln einmal kurz auf eine harte Kante aufgeschlagen. Dadurch zerbricht innen das Glas, das dann das Rasselgeräusch verursacht. Könnt ihr eure Rasseln schon im Sambatakt schütteln?

2 alte Glühbirnen, Zeitungspapier, 2 leere Klopapierrollen, Tapetenkleister, Plakafarben, Pinsel, Sprühlack

mit Eltern

Geschick-lichkeits-spiele

Jahrmarktwurfbude

183.

Das beliebte Jahrmarktsspiel für die nächste Party.

Das Papier oder die Folie mit verschiedenen Motiven bemalen, ausschneiden und auf die Dosen kleben. Diese pyramidenförmig aufeinanderstellen – auf einem Umzugskarton zum Beispiel – und in mehreren Metern Entfernung eine Markierung am Boden anbringen, von der aus geworfen werden muß. Je zwei Spieler treten gegeneinander an, jeder hat 3 Würfe, wer die meisten Dosen von der Unterlage wirft, hat gewonnen. Auf eurer Party könnt ihr auch ein Turnier nach dem k.o.-System veranstalten und für den Sieger einen Preis ausschreiben.

ab 6

mind. 2

jederzeit

drinnen + draußen

laut

30 Min.

Dosenschnittkanten

45 Min. +

6 leere Blechdosen, Schere, Papier und Klebstoff oder Folie, dicke Stifte, Tennisball

---

Rezepte

Waffelherzen

184.

Zum Geburtstagsfrühstück gibt es leckere Waffelherzen!

Mehl mit Backpulver mischen. Butter bei niedriger Hitze zerlassen. Flüssige Butter, Joghurt, Eier, Zucker und Gewürze unterrühren. Der Teig soll von dickflüssiger Beschaffenheit sein. Das Waffeleisen erhitzen, dünn mit Öl einpinseln, Teig bis zum Rand einfüllen, Deckel schließen und so nacheinander goldgelbe Waffeln herausbacken. Die Waffelherzen schmecken heiß am besten. Marmelade, Apfelkompott oder auch Sahne passen sehr gut dazu!

ab 6

auch allein

jederzeit

drinnen

leise

heißes Waffeleisen

15 Min.

mit Eltern

30 Min. +

5 Waffeln: 175 g Weizenvollkornmehl, 1 TL Backpulver, 100 g flüssige Butter, 1 Joghurt, 2 Eier, 2 EL Zucker, 1/4 TL Zimt, 1 Prise Salz, abgeriebene Zitronenschale, evtl. Päckchen Vanillinzucker, etwas Öl

185. Murmelbrücke

Spielen

ab 6

mind. 2

Sommer

draußen

laut

15 Min.

20 Min. +

Für jeden Spieler 5 Murmeln, 1 Schuhkarton, Schere, Buntstifte

Für geübte Murmelspieler! Wem gelingt es, seine Murmel in das kleinste Tor der Murmelbrücke zu schießen?

In die Wand eines Schuhkartons schneidet ihr fünf unterschiedlich große Tore ein. Den Karton bunt bemalen oder bekleben, über jedes Tor die Punktzahl schreiben, die zu erzielen ist. Von einer etwa 2 m entfernten Linie aus müssen die Spieler nun nacheinander versuchen, jeweils mit einer Murmel in ein Tor zu treffen. Wem gelingt es, jede Murmel in ein Tor zu schießen? Wenn eine Murmel auf der Strecke bleibt, bekommt der Spieler 10 Punkte abgezogen. Wer schafft es gar, alle seine Murmeln in die kleinste Öffnung rollen zu lassen?

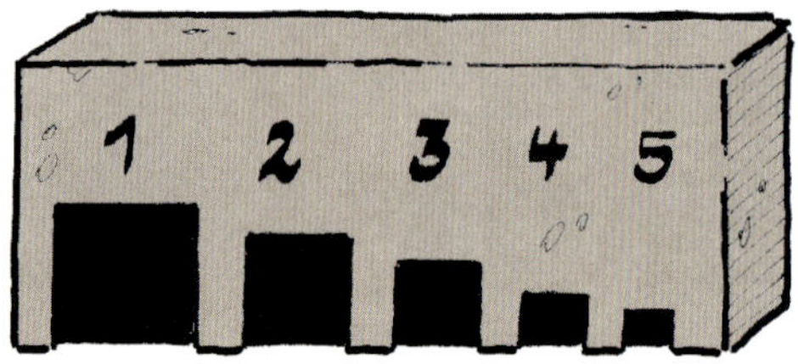

---

186. Muttertagsstrauß

Basteln

ab 8

auch allein

Frühling

drinnen

leise

15 Min.

45 Min. +

verschiedenfarbiges Kreppapier, Seidenpapier, Blumendraht, trockene Gräser und Blätter, Klebstoff, Schere

Ein Muttertagsstrauß, der nicht verwelkt! Kennt ihr die Lieblingsblumen eurer Mami? Wenn nicht, so bastelt einfach die schönsten Fantasieblumen!

Zuerst für die Blumenknospe eine geknüllte Kreppapierkugel mit einem rechteckigen Kreppapier einschlagen. Die Enden mit Blumendraht umwickeln und mit grünem Kreppapierstreifen umwinden und diesen unten festkleben. Um die Knospe herum Blütenblätter kräuseln. Diese Blütenblätter können gefaltet, danach gerade oder in Bogen eingeschnitten werden. Die Blütenblätter um die Knospe anordnen und mit Draht umwickeln, zuletzt in Blattform eingeschnittenes, grünes Kreppapier als Blumenblätter (oder getrocknete Gräser oder Blätter) um die Blüte herumwickeln. Fünf Fantasieblumen auf diese Art herstellen und zu einem Strauß zusammenbinden.

Geschick-
lichkeits-
spiele

Löffelduell

187.

Kartoffel, Kartöffel, ich werfe dich vom Löffel!
Wer nach meiner Kartoffel sticht, dem schlag ich auf den Löffel
und er trifft sie nicht!

ab 6

mind. 4

jederzeit

drinnen + draußen

laut

1 Min.

30 Min. +

Je zwei Mitspieler stehen sich durch eine Linie getrennt gegenüber. Diese Linie darf nicht übertreten werden. Die beiden Mitspieler halten in jeder Hand einen Eßlöffel. In einem Löffel liegt die Kartoffel. Mit dem leeren Löffel versuchen die Spieler, sich gegenseitig die Kartoffel runterzuschlagen. Sie dürfen zum Schutz die Kartoffel hinter dem Rücken halten, aber nicht mit den Fingern oder am Körper festklemmen. Gelingt es einem, die Kartoffel des anderen vom Löffel zu hauen, bekommt er einen Punkt. Wer die meisten Punkte hat, gewinnt.

4 Eßlöffel, 2 mittelgroße, ovale Kartoffeln

Experi-
mente

Faltbrücke

188.

Wollt ihr euch als Ingenieure versuchen und eine Brücke konstruieren?

ab 9

auch allein

jederzeit

drinnen

leise

15 Min. +

30 Min. +

Einen Karton (DIN A 4) zweimal der Länge nach falten. Entlang der Faltkanten die Pappe in vier Streifen schneiden. Die Streifen aneinanderkleben, wobei sie sich immer etwa 2 cm überlappen. Mit Lineal und Bleistift auf dem langen Streifen immer nach 4 cm einen Strich ziehen, so daß sich viele Felder hintereinander ergeben. Nun den ganzen Streifen von vorne nach hinten beschriften: ein Feld freilassen, dann „oben" hineinschreiben, ein Feld freilassen, ins nächste Feld „unten" schreiben, wieder ein Feld freilassen, wieder „oben" schreiben. Bis ans Ende des Streifens in dieser Weise fortfahren. Nun den Streifen so falten, daß sich Dreiecke ergeben. Die mit „oben" bezeichneten Felder werden mit der Faltkante in Richtung des Faltendes gefaltet, die mit „unten" bezeichneten Felder werden vom Faltende weg gefaltet. Zuletzt werden sowohl die „oberen" als auch die „unteren" Felder stets mit einem Streifen Tesafilm miteinander verklebt. Die fertig gefaltete Brücke fest auf die Holzklötzchen kleben. Hält sie einem Matchboxauto stand? Oder können sogar mehrere Autos gleichzeitig die Brücke befahren?

Dünne Pappe DIN A 4 (Bristol-Karton), Schere, Lineal, Bleistift, Klebstoff, Tesafilm, 2 Holzklötzchen, Matchboxautos

189. Seilspringen

Geschicklichkeitsspiele

ab 7

auch allein

Sommer

draußen

leise

1 Min.

30 Min. +

Allerlei Kunststücke mit dem Seil!

Nehmt ein Springseil oder eine lange dicke Schnur. Die Enden so lange um die Hand wickeln, bis das Seil auf den Boden reicht. Dann kann es losgehen: Von hinten das Seil über den Kopf schwingen und mit beiden Beinen über das Seil springen. Abwechselnd mit dem einen, dann mit dem anderen Bein über das Seil springen oder hüpfen. Beim Springen vorwärts oder rückwärts laufen. Mit gekreuzten Armen das Seil schwingen und darüber hüpfen. Das Seil so schnell schwingen, daß es zweimal unter den Beinen hindurchgezogen wird. Ein Spieler hüpft gleichmäßig mit beiden Beinen über das Seil, ein zweiter Spieler springt dazu, beide hüpfen im gleichen Takt. Zwei Spieler schwingen das Seil, ein dritter springt in das schwingende Seil hinein. Macht er einen Fehler, muß er selbst schwingen. Zwei Spieler schwingen das Seil, ein dritter Spieler muß durch das schwingende Seil hindurchlaufen, ohne es zu berühren.

1 Springseil oder lange dicke Schnur

---

190. Regenwürmer beobachten

Umwelt erleben

ab 5

auch allein

Frühjahr + Herbst

drinnen + draußen

leise

1 Min.

24 Std. +

Bauern und Gärtner müssen die Regenwürmer loben, denn diese mischen die Erde von unten nach oben.

Regenwürmer ausgraben und in einem Eimerchen sammeln. In ein Weckglas Komposterde füllen und die Regenwürmer hineingeben. Abwechselnd in Schichten von 3–5 cm die unterschiedlichen Sand- und Bodenarten auffüllen. Oben drauf täglich neu Gras und Obst- und Gemüseschalen als Futter legen. Da die Würmer Dunkelheit lieben, umwickelt ihr das Glas lichtdicht mit Alufolie. Täglich könnt ihr die Folie öffnen und durch das Glas beobachten, wie die Regenwürmer Gänge bauen, um zum Futter zu kriechen. So könnt ihr Tag für Tag mehr feststellen, wie sich die Schichten vermengen und schließlich gute Erde von einer Farbe entsteht.

großes Einweckglas (ohne Deckel), Spaten oder kleine Schaufel, Eimerchen, eingesammelte Regenwürmer, Komposterde und mindestens eine weitere Erdart (z.B. Lehm) von anderer Farbe, Sand (möglicherweise auch verschiedene Farben), Gras und Obst- oder Gemüseschalen, Alufolie

Spielen

Reise nach Jerusalem

191.

Wem gelingt die Reise nach Jerusalem?

Zuerst werden alle Stühle Lehne an Lehne in zwei Reihen aufgestellt, wobei es einen Stuhl weniger gibt als Reisende. Einer der Spieler wird zum Reiseleiter bestimmt, der entweder singt, Radio oder Kassettenrekorder bedient. Sowie die Musik beginnt, wandern alle anderen Spieler um die Stühle herum. Hört die Musik auf, versucht jeder Spieler sofort, einen Stuhl zu ergattern. Wer keinen erwischt, muß die Reise beenden. Bevor die nächste Reiserunde beginnt, wird ein Stuhl entfernt. Reisende und Stühle werden von Runde zu Runde weniger. Wer als letzter übrigbleibt, hat die Reise nach Jerusalem geschafft und darf bei der nächsten Reise den Reiseleiter spielen!

ab 5
mind. 6
jederzeit
drinnen
laut
10 Min.
30 Min. +

zwei Stühle weniger als Teilnehmerzahl

Basteln

Ein Sparschwein

192.

Ein altes Sprichwort sagt: „Am besten spart der, der sich auch sein Sparschwein selber macht", und an diesem Spruch ist etwas dran!

Ihr malt auf dünnem, festem Karton den Kopf und das Hinterteil eines Tieres – zum Beispiel ein Schwein, eine freche Ratte oder einen fetten Löwen. Dann schneidet ihr beide Teile aus und ritzt mit einem Messer oder einer Schere einen Schlitz zum Geldeinwerfen in eine Klopapierrolle. Nachdem ihr die Rolle bunt bemalt habt, schneidet ihr beide Enden in einem Zickzack-Muster ein und biegt die Zacken nach innen. Jetzt müßt ihr nur noch die Zacken mit Klebstoff bestreichen und an ihnen Kopf und Hinterteil des Tieres ankleben (paßt aber auf, daß der Schlitz zum Geldeinwerfen oben ist!). Dann klebt ihr noch vier kleine Kügelchen aus Knete an die Unterseite, und schon steht das Sparschwein auf seinen Füßen.

Wenn ihr jemanden in der Familie habt, der euch regelmäßig zu Weihnachten oder zum Geburtstag Geld schenkt, dann könnt ihr auch seinen Kopf aus einem Foto ausschneiden, an dem Kopf noch ein paar nette Schweins- oder Hasenohren befestigen und ihn anstelle eines Tiergesichtes auf die Klopapierrolle kleben.

ab 6
auch allein
jederzeit
drinnen
leise
keine
30 Min. +
leere Klopapierrolle, dünner, fester Karton, Buntstifte, Klebstoff, Knete

193. Pfennigfußball

Geschick-
lichkeits-
spiele

ab 6

2

jederzeit

drinnen

leise

3 Min.

30 Min. +

Wenn ihr Lust auf Fußball habt, aber kein Ball und kein Fußballfeld in Sicht ist, dann spielt ihr eben mit Pfennigen.

Markiert auf einem Tisch (Schulbank) zwei Tore mit den Zehnpfennigstücken - im Abstand von etwa 1 m! Die drei Pfennigstücke werden in Form eines Dreieckes vor einem der Tore hingelegt. Jetzt heißt es, mit dem Lineal einen der Pfennige in das gegenüberliegende Tor zu treffen. Der hinterste der drei Pfennige muß stets durch die zwei anderen gezielt werden. Der erste Spieler beginnt, so die Pfennige vorwärtszuschubsen, bis er ins gegenüberliegende Tor trifft. Verfehlt er das Tor, ist der zweite Spieler an der Reihe. Wer nach einer festgesetzten Zeit die meisten Tore erzielt hat, ist Sieger.

4 Zehnpfennigstücke, 3 Einpfennigstücke, 1 Lineal

194. Verzauberte Tinte

Zauber-
tricks

ab 8

mind. 3

jederzeit

drinnen +
draußen

leise

30 Min. +

10 Min.

Zaubertinte verwandelt sich in Wasser! Dies ist für clevere Zauberer nicht schwer zu bewerkstelligen, erfordert aber eine gründliche Vorbereitung und ein wenig Konzentration!

Aus blauem Stoff einen für das Glas Wasser passenden kleinen Zylinder nähen, oben einen Nylonfaden durchfädeln und am Ende eine kleine Perle befestigen, die ihr so über den Glasrand hängen müßt, daß man sie von vorne nicht sieht. Das Glas mit Wasser füllen, Stoff gut gegen die Wand des Glases drücken, damit der Inhalt wie Tinte aussieht. Kartonstreifen auf einer Seite mit blauer wasserfester Farbe in Höhe der Tinte anmalen. Auch in die Papierserviette ein wenig blaue Farbe klecksen. Auf dem Tablett ist zu sehen: 1 Glas voller Tinte, daneben weißer Kartonstreifen, weiße Papierserviette. Nun den Kartonstreifen im Glas umrühren, ihn herausziehen, die farbige Seite dem Publikum zugekehrt. Kartonstreifen mit der Papierserviette abwischen, dabei die Farbkleckse sehen lassen. Zuletzt das undurchsichtige Tuch über das Glas breiten, Zauberspruch murmeln und Tuch samt blauem Stoff an der Perle hochziehen. Die Tinte wurde tatsächlich zu Wasser!

Glas Wasser, blaue Tinte, blauer Stoff, kleine Perle, blauer Faden, dünner Nylonfaden, wasserfeste blaue Farbe, weißer Kartonstreifen (2 x 15 cm), undurchsichtiges Tuch (40 x 40 cm), weiße Papierserviette

Basteln

Schatten malen

195.

ab 7

mind. 2

jederzeit

drinnen

leise

10 Min.

20 Min. +

Ihr braucht nicht auf den Jahrmarkt zu gehen, um ein echtes Schattenbild zu erhalten, ihr könnt euch selbst eines anfertigen.

Derjenige, von dem das Bild gemacht werden soll, setzt sich auf einen Stuhl mit dem Profil parallel zur Wand oder zur Tür. In der Kopfhöhe des Sitzenden die schwarze Pappe (das schwarze Papier) mit Klebeband an der Wand befestigen. Dann die Schreibtischlampe so gegen die Wand richten, daß der Kopf des Sitzenden auf der schwarzen Pappe einen scharfen Schatten wirft. Mit weißer Kreide den Schattenumriß nachzeichnen, die Pappe von der Wand nehmen und den Umriß ausschneiden. Auf weiße Pappe aufkleben - und fertig ist das Geschenkporträt.

mit Eltern

schwarze und weiße Pappe (Papier), Klebeband, weiße Kreide, Schreibtischlampe, Klebstoff

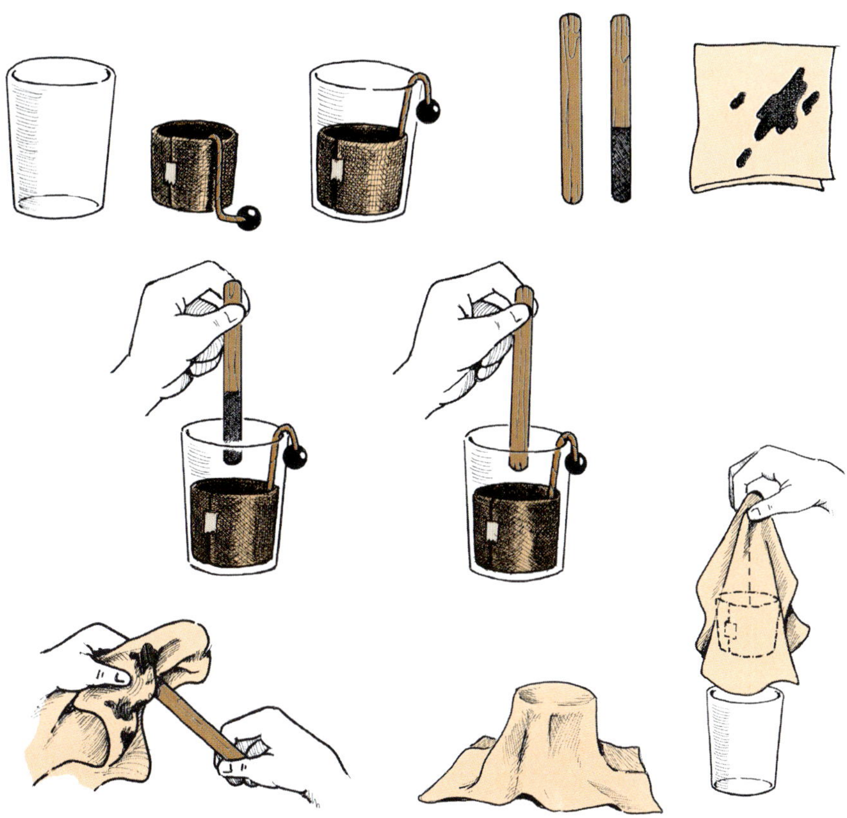

196. Schnitzeljagd

Spielen

ab 7

mind. 3

Sommer

drinnen + draußen

leise

20 Min. +

30 Min. +

Schnitzeljagd kann überall gespielt werden: Im Haus, im Freien, auf dem Land, in der Stadt!

Ein Spieler muß die Jagd gut vorbereiten und mehrere Zettel verstecken, die für die Suchmannschaft wegweisende Nachrichten enthalten. Den Weg zu den einzelnen Zettelverstecken markiert er möglichst unauffällig mit kleinen Papierschnitzeln, Ästchen in Pfeilform, die die Richtung angeben, oder mit Steinen. Die anderen Spieler müssen die Umgebung genau anschauen, um den Weg zu den versteckten Zetteln zu finden. Haben sie einen Zettel ausfindig gemacht, so erhalten sie einen Hinweis, wie es weitergeht, vielleicht, daß sie einen bestimmten Baum aufsuchen sollen. Den Weg dorthin wiederum werden sie mithilfe weiterer Markierungen finden. Am beschriebenen Baum hängt wieder ein Zettel mit der nächsten Anweisung. Zu guter Letzt wird die Suchmannschaft – nach langer, mühsamer Suche – auf einen kostbaren Schatz stoßen!

Blätter, Äste, Steine, Zettel

mit Eltern

197. Puppenbrötchen

Rezepte

ab 6

auch allein

jederzeit

drinnen

leise

15 Min. +

30 Min.

Heute feiern die Puppen Geburtstag! Zur Feier des Tages backt die Puppenmutter oder der Puppenvater leckere Brötchen!

In einer kleinen Schüssel die Hefe mit Zucker (Honig) und Salz in angewärmtem Wasser auflösen und etwas gehen lassen. Das Mehl und die restlichen Zutaten in eine große Teigschüssel geben, dann die aufgelöste Hefe daruntermischen und den Teig kräftig durchkneten. Nun kleine Puppenbrötchen, Brezeln oder Hörnchen formen und auf ein mit Backpapier belegtes Blech setzen. Bei ca. 200 Grad die Puppenbrötchen 20 bis 30 Min. lang backen. Ist der Puppentisch schon gedeckt fürs Festessen? Sind auch alle Puppengäste schon eingetroffen?

700 g Mehl, 100 g geriebene oder gehackte Nüsse, 100 g Rosinen oder 100 g Schokostückchen, 3/8 l Wasser, 1 Würfel Hefe, 3 EL Honig oder Zucker, 1 Prise Salz

mit Eltern

heißer Backofen

Umwelt erleben

Feuer und Flamme

198.

Stellt euch vor, ihr seid unterwegs und wollt ein Grillfeuer machen, habt aber die Streichhölzer verloren oder vergesssen.

Bei Sonnenschein nehmt ihr eine Glasscherbe oder eine Lupe, haltet sie so über ein Häufchen trockenes Moos oder Gras, daß der Sonnenstrahl durch die Scheibe auf das Moos fällt. Nach kurzer Zeit ein wenig in das Moos pusten, und schon wird es Feuer fangen. Kleine trockene Ästchen nachlegen. Die Feuerstelle mit Steinen abgrenzen, damit das Feuer nicht auf die Umgebung übergreift.

Wenn ihr keine Glasscherbe habt, aber ein wenig Geduld, dann könnt ihr auf einem trockenen Stück Holz Feuer bohren. Dazu mit dem Messer eine Einkerbung in das Holz schnitzen. In die Vertiefung trockenes Moos oder Zunder legen. Mit den Händen einen Holzstab so lange in der Vertiefung drehen, bis das Moos zu glimmen beginnt. Wiederum kleine Ästchen und Baumrinde nachlegen. Mit Zunder kann auch an feuchten Tagen auf diese Art ein Feuer in Gang gebracht werden. Wißt ihr überhaupt, was Zunder ist?

ab 8

auch allein

Sommer

draußen

leise

15 Min. +

15 Min. +

offenes Feuer

Glasscherbe oder Lupe, trockenes Stück Holz, 1 Messer, Zunder, trockenes Moos oder Gras

Basteln

Armbändchen

199.

Jeder, der zu eurer Bande gehört, trägt ein selbstgeknüpftes Armbändchen.

In eine ca. 150 cm lange (bunte) Schnur eine Schlaufe in die Mitte knüpfen. Den rechten Zeigefinger in die Schlaufe stecken und mit Mittelfinger und Daumen den Knoten so festhalten, daß der bewegliche Faden rechts, der unbewegliche links herunterhängt. Den linken Zeigefinger zum rechten Zeigefinger hinzu durch die Schlaufe stecken und wie mit einer Häkelnadel den rechten Faden durch die Schlaufe nach vorne ziehen und die so neu entstandene Schlaufe mit dem linken Zeigefinger übernehmen, den Knoten nun mit dem linken Mittelfinger und Daumen fassen und mit rechts die bewegliche Schnur fest anziehen. Dann den ganzen Vorgang in umgekehrter Richtung wiederholen. Solange knüpfen, bis das Band um euer Handgelenk paßt. Dann die Enden mit Hilfe einer dicken Nadel durch den Anfangsknoten ziehen und verknoten. Wer es schafft, das Armbändchen zu knüpfen, ist clever und hat die Aufnahme in eure Bande verdient!

ab 10

auch allein

jederzeit

drinnen

leise

10 Min.

30 Min. +

längere Schnur, Stickgarn oder Wollfaden (ca. 150 cm lang)

200. Ballprobe

ab 7

auch allein

Sommer

draußen

laut

keine

30 Min. +

1 Ball

Wenn ihr zehn Ballübungen fehlerlos und schnell durchspielen könnt, habt ihr die „Ballprobe“ bestanden!

Den Ball mit beiden Händen an die Wand werfen, wieder auffangen. Den Ball nur mit der rechten Hand werfen, mit der rechten Hand wieder fangen. Dasselbe mit der linken Hand. Den Ball mit beiden Händen werfen, in die Hände klatschen, wieder fangen. Den Ball mit den Händen auf dem Rücken halten und von dort an die Wand werfen, wieder fangen. Den Ball mit der Faust zweimal gegen die Wand stoßen. Den Ball gegen die Wand werfen, sich einmal um die eigene Achse drehen, wieder fangen. Den Ball unter dem rechten Knie durchwerfen, mit der linken Hand fangen. Den Ball unter dem linken Knie durchwerfen, mit der rechten Hand fangen. Den Ball auf den Boden prellen, daß er anschließend die Wand berührt, dann wieder auffangen.

201. Eselsball

ab 6

4

Sommer

draußen

laut

5 Min.

20 Min. +

1 Ball

Wer wird zuerst der Esel?

Geht in den Garten oder in den Park und stellt euch im Quadrat auf! Jetzt spielt ihr euch den Ball nacheinander zu. Wer den Ball nicht fängt oder schlecht zuspielt, muß laut „E“ sagen. Beim zweiten Fehler, den einer von euch vieren macht, wird „S“, beim dritten „E“, beim vierten Fehler „L“ gesagt. Wer einen Fehler macht, wenn der Buchstabe „L“ an der Reihe ist, wer also zuerst das ganze Wort buchstabiert, ist der Esel und hat verloren. Wer ist wohl der nächste Esel?

Streich-holz-spiele

Das Schnapsglas

202.

- ab 10
- auch allein
- jederzeit
- drinnen
- leise
- 3 Min.
- 5 Min. +
- 4 Streichhölzer, 1 Knopf

Aus nur 4 Streichhölzern entsteht ein kleines Schnapsglas!

1 Streichholz quer, 2 Streichhölzer jeweils senkrecht links und rechts nach oben, 1 Streichholz als Stiel in die Mitte des querliegenden Streichholzes nach unten legen. Der Knopf kommt in das Schnapsglas. Versucht, den Knopf aus dem Schnapsglas zu holen, ohne ihn zu berühren. 2 Streichhölzer dürfen in ihrer Lage verändert werden. Welche?

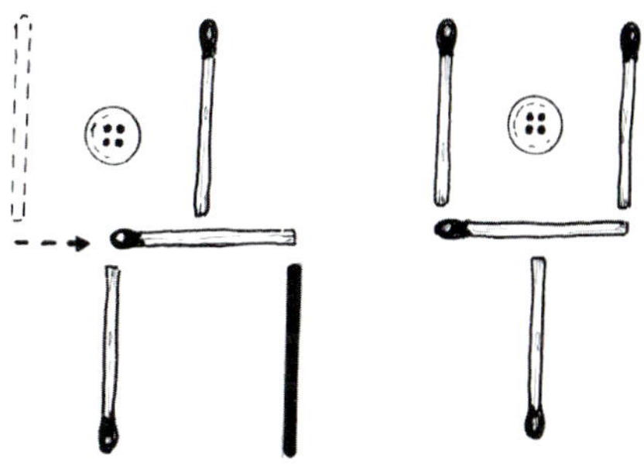

Lösung: Das querliegende Streichholz wird um eine halbe Länge nach rechts verschoben, das linke Streichholz rechts an das querliegende Streichholz senkrecht nach unten angelegt. Schon befindet sich der Knopf außerhalb, und das Glas steht auf dem Kopf.

Spielen

Steintanz

203.

- ab 6
- mind. 2
- Sommer
- draußen
- leise
- 1 Min.
- 30 Min. +
- 1 Stein, Straßenkreide

Könnt ihr den „Steintanz" tanzen?

Malt eine große Schnecke auf den Boden, teilt sie in 12 Felder ein. Ein Steinchen wird vor das erste Feld gelegt. Der erste Spieler versucht nun, auf einem Bein hüpfend das Steinchen vor sich her von Feld zu Feld zu stoßen. Bleibt dabei beispielsweise das Steinchen auf einer Linie liegen oder springt darüber hinaus oder der Spieler setzt das zweite Bein auf, kommt der nächste Spieler an die Reihe. Jeder darf immer in dem Feld weiterhüpfen, auf dem er einen Fehler gemacht hat. Wer fehlerlos die ganze Schnecke vor und zurück „tanzen" kann, ist Sieger.

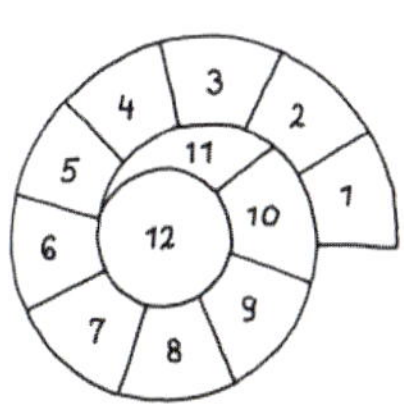

204. Doppelblüte

Umwelt erleben

ab 8

auch allein

jederzeit

drinnen

leise

30 Min.

3 Std. +

Eine im wahren Sinne des Wortes geteilte Ansicht.

Zunächst füllt ihr die beiden Senfgläser mit unterschiedlich gefärbtem Wasser. Dann wird der Stil einer weißen Schnittblume, z.B. einer Margerite, von unten gespalten und je eine Hälfte in eines der Gläser gestellt. Zur Stabilisierung könnt ihr mit Klebeband an einem der Gläser ein Stöckchen befestigen, an dem die Blume mit einem Wollfaden angebunden werden kann. Beobachtet nun, wie in den feinen Adern der Pflanze das farbige Wasser aufsteigt und sich nach einigen Stunden die Blüte je zur Hälfte rot und blau färbt!

mit Eltern

1 Blume mit weißer Blüte, zwei Senfgläser, 1 Stöckchen, Klebeband, rote und blaue Wasserfarben, Wasser

---

205. Autonummer

Rechen-spiele

ab 8

mind. 2

jederzeit

drinnen

leise

3 Min.

15 Min. +

1 Würfel, Papier, Stifte

Welche Autonummer hat euer Traumauto?

Zuerst schreibt ihr das Kennzeichen für eure Stadt, dann die Anfangsbuchstaben von eurem Vornamen und Namen auf. Und jetzt wird um die höchste Autonummer gewürfelt. Der Würfel geht insgesamt viermal reihum. Beim ersten Wurf muß jeder Spieler entscheiden, ob er die gewürfelte Augenzahl als Einer, Zehner, Hunderter oder Tausender einsetzen will. Wird beispielsweise beim ersten Wurf eine „eins" gewürfelt, so wird sie am besten als Einer gesetzt, während eine „sechs" am besten als Tausender verwendet wird. Wer sein Würfelglück gut eingeschätzt hat, hat die höchste Autonummer erreicht und ist Sieger des Rennens.

Geschicklichkeitsspiele

Murmelpott

206.

ab 6

mind. 2

Sommer

draußen

leise

10 Min.

20 Min. +

Für den „Murmelpott" muß ein Spielfeld vorbereitet werden.

An jeder Ecke eines Quadrats wird ein faustgroßes Loch in den Boden gegraben. In die Mitte des Spielfelds wird der „Murmelpott" gegraben und davor ein kleines Loch. Von einer 2 m entfernten Startlinie aus peilen nun die Spieler der Reihe nach den „Murmelpott" an. Wer seine Murmel in das kleine Loch oder in ein Eckloch trifft, muß 2 Strafmurmeln in den „Murmelpott" abgeben. Wer seine Murmel in den „Pott" trifft, gewinnt den gesamten Inhalt!

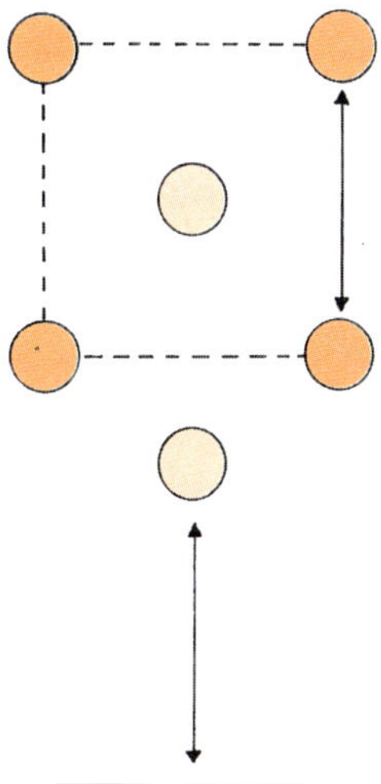

mit Eltern

1 Säckchen mit Murmeln

Spielen

Gesichtsausdruck deuten

207.

ab 5

mind. 2

jederzeit

drinnen + draußen

laut

Was bedeuten Lächeln und Grimassen?
Das wollen wir nun raten lassen!

Schnur oder Seil in etwa 1 m Höhe spannen. Decke oder Laken darüberhängen und mit Wäscheklammern befestigen.

Zwei Parteien von Kindern setzen sich hinter dem Tuch versteckt gegenüber. Sie verabreden abwechselnd unter sich je ein Gefühl, das sie mit ihrem Gesicht ausdrücken wollen. Trauer, Freude, Wut, Ekel … mit diesem Ausdruck zeigen sie sich der anderen Partei, die nun das Gefühl erraten soll.

Schnur oder Seil, Decke oder Laken, Wäscheklammern

30 Min. +

5 Min.

208. Gartenschlauchhorn

Musik machen

ab 5

auch allein

Sommer

drinnen + draußen

laut

10 Min.

30 Min. +

Welches Lied läßt sich auf dem Gartenschlauchhorn blasen?

Nehmt ein Stück Gartenschlauch und formt es wie ein Horn. Dabei wird der Schlauch unten an der Schlaufe mit einem Klebestreifen umwickelt. Ins Ende des Schlauchs wird ein Haushalts-Trichter gesteckt und ebenfalls mit einem Klebestreifen befestigt. Das Mundstück gegebenenfalls mit einem Messer etwas abschrägen. Nun kräftig in das Horn blasen! Ihr könnt auch laut hineinsingen und dabei beobachten, wie sich eure Stimme verändert. Wenn ihr mehrstimmig im Blasorchester spielen wollt, müßt ihr einfach für alle Spieler ein Gartenschlauchhorn basteln. Oder ihr laßt die anderen Spieler dazu trommeln oder rasseln. Dann zieht ihr als Musikanten durch die Lande!

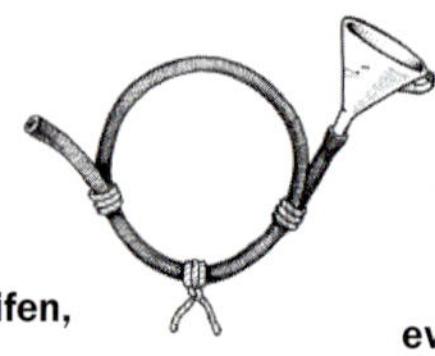

mit Eltern

Stück Gartenschlauch (ca. 1 m lang), Klebestreifen, Trichter, evtl. Messer

evtl. Messer

209. Spukende Mumie

Spielen

ab 7

mind. 2

jederzeit

drinnen + draußen

laut

10 Min.

30 Min. +

Wer hat Angst vor der spukenden Mumie?

Ein Spieler wird vor die Tür geschickt, damit er sich in Ruhe auf eine große Prüfung einstellen kann. Inzwischen legt sich ein anderer Spieler mit dem Rücken auf den Boden, legt die Knie auf den Bauch und streckt die Füße hoch. Dann wird eine große Decke über ihn gebreitet und ein Hut auf seine Füße gesetzt. Die Füße bilden also den Kopf der Figur. Der wartende Spieler wird hereingerufen und kniet sich direkt vor den Kopf mit Hut. Vorsichtig beginnt er die Mumie nach ihrem Sein und Wesen zu befragen. Alle Fragen sind erlaubt! Aber die Mumie antwortet nur, indem sie mit dem Hut ein Ja oder ein Nein andeutet. Manchmal antwortet sie auch überhaupt nicht. Irgendwann jedoch gerät die Mumie unerwartet in Zorn und mit einem Riesenschlag verschlingt sie den Fragenden: Der Spieler unter der Decke wirft seine Beine über den vor ihm knienden Spieler. Womit habt ihr die Mumie so verärgert?

1 Wolldecke oder 1 großes Tuch, 1 Hut

Basteln

Indianer-Schmuckkette

210.

Für das Büffelfest im Indianer-Klan legen Winnetou und Ntschotschi Ketten an.

Faden, Schnur oder Garn sind etwa 70 cm lang, jedenfalls lang genug, um sie als Kette um den Hals zu legen. Zunächst ein Hörnchen oder Sternchen an einem Ende des Fadens verknoten, so daß die nachgefädelten Schmuckteile aufgefangen werden. Dann nach Lust, Laune und Geschmack die Schmuckteile aneinanderfügen. Zum Schluß das letzte Fadenstück mit dem anderen Ende verknoten.

ab 4

auch allein

jederzeit

drinnen

leise

5 Min.

30 Min. +

Garn, kräftiger Wollfaden oder dünne Schnur, Makkaroniröhren, Nudelhörnchen, Nudelsternchen und andere Nudelformen

Spielen

Kaiserspiel

211.

Der Kaiser regiert und bestimmt!

Jeder Spieler bekommt jeweils 2 Knöpfe oder Streichhölzer und würfelt reihum. Wer zuerst eine „sechs“ würfelt, ist der Kaiser. Er bestimmt, was jeder Untertan zu würfeln hat. Gehorcht der Untertan dem Befehl seiner Majestät und würfelt die vorgeschriebene Augenzahl, so bekommt er vom Kaiser die entsprechende Augenzahl in Knöpfen oder Streichhölzern ausbezahlt. Kommt er dem Befehl nicht nach, so muß er einen Knopf oder ein Streichholz in die Kasse des Kaisers einbezahlen. Würfelt er gar selbst eine „sechs“, so wird er Kaiser und bestimmt fortan, was die anderen Untergebenen zu würfeln haben. Wer ist der erfolgreichste Kaiser, wer der erfolgreichste Untertan?

ab 7

mind. 3

jederzeit

drinnen

leise

3 Min.

20 Min. +

1 Würfel, Knöpfe (ca. 10–15 Stück) oder Streichhölzer

212. Winkelschrift

Wort-spiele

- ab 8
- mind. 2
- jederzeit
- drinnen
- leise
- 30 Min.
- 1 Std. +
- Papier, Stifte

Kennt ihr schon die Winkelschrift? Die Buchstaben sehen beinahe aus wie ägyptische Hieroglyphen. Ihr könnt sie ganz einfach herstellen und lesen.

Mit zwei Strichen waagrecht und zwei Streichen senkrecht zeichnet ihr ein Kästchenmuster und mit zwei diagonalen Strichen ein Kreuz. Dann tragt ihr von links nach rechts das Alphabet in gewohnter Reihenfolge ein, indem ihr immer zwei Buchstaben in ein Kästchen schreibt und hinter dem 2. Buchstaben einen Punkt macht. Übernehmt nun nur die Linien und die Punkte für das Alphabet: So steht das A in einem Winkel ohne Punkt, das B in einem mit Punkt, das C in einem dreiseitigen Raum ohne Punkt, das D in einem mit Punkt. Das Aussehen der Buchstaben ergibt sich also aus ihrer Stellung innerhalb der Kästchengitter. Beim Aufschreiben des gesamten Winkelaphabets erkennt ihr, daß alle Buchstaben ohne Punkt in Winkeln ohne Punkt stehen, alle Buchstaben mit Punkt in Winkeln mit Punkt! Schreibt euch das neue Winkelalphabet heraus. Nun, was wolltet ihr eurer Freundin oder eurem Freund immer schon schreiben, ohne daß es von anderen gelesen werden kann?

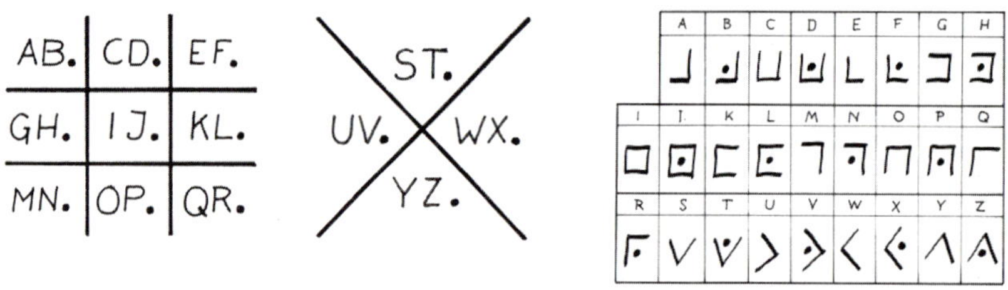

213. Flaschenwippe

Geschick-lichkeits-spiele

- ab 10
- auch allein
- jederzeit
- drinnen + draußen
- leise

Wer hat den besten Gleichgewichtssinn?

Legt auf einen möglichst glatten Boden eine Flasche und darüber ein etwa 50 cm langes Brett! Jetzt stellt sich der erste Spieler mit beiden Füßen auf das Brett und versucht, es möglichst lange in der Waagrechten zu halten, ohne daß eine Seite des Brettes den Boden berührt. Zählt, wie lange ihm dies gelingt! Oder meßt die Zeit mit der Stoppuhr! Oder legt vorher eine Rekordzeit fest! Wem gelingt es, den Rekord zu brechen?

- 3 Min.
- 3 Min. +
- 1 leere Flasche, 1 Brett (ca. 40 – 50 cm lang), Stoppuhr

Zaubertricks

Verhexte Klötze

214.

Das Publikum staunt! Woher weiß der Zauberer sofort, welches der Klötzchen gedreht wurde? Er hatte doch das Zimmer verlassen!

Das Publikum bekommt vier gleiche Klötzchen zum Untersuchen in die Hand. Dann werden die Klötzchen nebeneinander auf den Tisch gelegt. Sobald der Zauberer das Zimmer verlassen hat, dreht einer aus dem Publikum ein oder mehrere Klötzchen. Der Zauberer kehrt zurück, gleitet mit der Hand im Abstand von 10 cm über die Klötzchen und deutet sofort auf die gedrehten Klötzchen.

Lösung: Vier gleiche Bau- oder Holzklötzchen zuerst mit weißem Papier und dann mit buntem Papier so bekleben, daß das weiße Papier als Rand unter dem bunten Papier hervorschaut. Dabei muß an einer Schmalseite der weiße Rand um weniges breiter ausfallen als der gegenüberliegende Rand. Achtet beim ersten Auslegen darauf, daß die Klötzchen mit dem breiten weißen Rand nebeneinander liegen! Am Rand läßt sich nämlich erkennen, welches der Klötzchen gedreht wurde.

ab 7
mind. 3
jederzeit
drinnen
leise
30 Min.
10 Min.

4 gleiche Holzklötzchen (oder Zündholzschachteln), buntes Papier, weißes Papier, Schere, Klebstoff

Basteln

Walnußflotte

215.

Keine Regatta macht mehr Spaß als die mit Walnußschiffchen – sie eignet sich auch gut zum Badevergnügen.

Walnüsse vorsichtig mit Hilfe eines Messers (Schraubenziehers oder anderen spitzen Gegenstandes) halbieren, Nußkern entfernen (guten Appetit!). Aus dem Papier oder Stoff Dreiecke mit jeweils ca. 6 cm Kantenlänge ausschneiden und bemalen, am besten mit einer Nummer versehen. Die Dreiecke in der Mitte zweimal durchbohren, damit der „Mast“ aus Streichholz (Zahnstocher, Cocktailspieß) fest sitzt. Kerze anzünden und Walnußhälfte mit Wachs vollträufeln, „Mast“ in das noch heiße Wachs stecken und solange festhalten, bis das Wachs abgekühlt ist. Plastikschüssel mit Wasser füllen, Bindfaden mit Tesafilm als Ziellinie anbringen: Wer pustet sein Schiff am schnellsten über die Ziellinie?

ab 4
auch allein
Herbst + Winter
drinnen
leise
30 Min.
30 Min. +

mit Eltern

brennende Kerze, heißes Wachs, Messer

Kerze, Papier oder Stoffreste, Schere, Messer (Schraubenzieher) abgebrannte Streichhölzer (oder Zahnstocher, Cocktailspießchen), Buntstifte, Plastikschüssel, Bindfaden, Tesafilm

216. Kronkorkenschelle

Musik machen

ab 6

auch allein

jederzeit

drinnen

laut

10 Min.

30 Min. +

Ein weiteres Taktinstrument für euer Orchester ist die Kronkorkenschelle.

Sammelt 10 Kronkorken. Mit Nagel und Hammer in die Mitte jedes Korkens ein Loch klopfen. Für diese Aktion ein wertloses Holzbrett als Unterlage nehmen! Nun im Wechsel je 2 Kronkorken und 1 Perle auf den Blumendraht aufziehen. Den Draht zu einem Kreis biegen, die beiden Enden miteinander verdrehen und in das Bambusstäbchen stecken. Ein Holunderzweig erfüllt den gleichen Zweck, wenn das Holzinnere so weich ist, daß der Draht hineingesteckt werden kann. Zuletzt bunte Bänder an die Schelle knüpfen. Eignet sich gut als Faschingsinstrument.

10 Kronkorken, 5 Holzperlen, 1 Bambusstäbchen, Blumendraht (ca . 25 cm lang), bunte Bänder, Schere, Nagel, Hammer

Hammer

---

217. Ballstaffel

Geschicklichkeitsspiele

ab 6

mind. 8

jederzeit

drinnen + draußen

laut

5 Min.

20 Min. +

Schwierige Ballstaffel mit zwei Mannschaften und 2 Bällen!

Zwei Mannschaften sitzen sich auf Stühlen gegenüber. Jedem Mannschaftskapitän wird ein Ball zwischen die Füße geklemmt. Auf ein Startsignal hin reicht er den Ball mit den Füßen an den nächsten Spieler weiter. Dieser muß den Ball mit seinen Füßen aufnehmen und seinerseits weiterreichen. Fällt der Ball zu Boden, muß von vorn begonnen werden! Welche Mannschaft hat die geschicktesten Füße und somit den Ball am schnellsten durchgereicht?

Stühle je nach Teilnehmerzahl, 2 Bälle

Spielen

Ich seh' etwas, was du nicht siehst

218.

Das altbekannte Frage- und Antwortspiel findet immer wieder begeisterte Anhänger.

Ein Mitspieler sucht sich einen Gegenstand aus, den die anderen erraten müssen. Mit den Worten „Ich seh' etwas, was du nicht siehst und das ist grün!" eröffnet er das Spiel, woraufhin die anderen mit Fragen versuchen, ihm nähere Beschreibungen zu entlocken und so herausfinden müssen, was er denn nun sieht. Wer als erster erraten hat, worum es sich handelt, ist als nächster dran.

ab 4
mind. 2
jederzeit
drinnen + draußen
laut
2 Min.
30 Min. +

Rechen-spiele

Zehnerquadrat

219.

Wer in Mathe ist ein As,
dem macht das Zehnerquadrat Spaß!

Zeichnet ein Quadrat auf und unterteilt es von oben nach unten und von rechts nach links in jeweils vier Kästchen. Insgesamt bekommt ihr auf diese Weise sechzehn Kästchen. Nun schreibt ihr von links nach rechts in die obersten vier Kästchen die Zahlen eins bis vier. Zählt ihr diese vier Zahlen zusammen, so erhaltet ihr als Summe die Zahl zehn. Nun müssen die weiteren Kästchen ebenfalls mit den Zahlen eins bis vier so ausgefüllt werden, daß sie in jeder Reihe (waagrecht, senkrecht oder diagonal) zusammen die Summe zehn ergeben. Geht das überhaupt?

ab 10
auch allein
jederzeit
drinnen
leise
5 Min.
20 Min. +
Papier, Stift

220. Strohhalmfliege

Basteln

ab 5

auch allein

jederzeit

drinnen

leise

3 Min.

10 Min.

Wenn ihr bei einem Mannschaftsspiel wissen wollt, wer zu eurer Mannschaft und wer zum Gegner gehört, so bastelt euch schnell eine Anstecknadel aus bunten Trinkhalmen. Dann trägt der Gegner Anstecknadeln aus roten Trinkhalmen, und eure Mannschaft welche aus blauen.

Den Trinkhalm mit Gelenk ca. 6 cm vom Gelenk entfernt abschneiden. Den Halm von beiden Seiten aus bis zum Gelenk aufschneiden. Eine kleine Sicherheitsnadel durch das Gelenk ziehen. Dann die aufgeschnittenen Seiten zur Hälfte einknicken und in das Gelenk schieben. Fertig ist die Strohhalmfliege. Darauf kann natürlich auch ein kleines Namensschild geklebt werden, falls ihr euch namentlich noch nicht kennen solltet.

Trinkhalme mit Gelenk, kleine Sicherheitsnadeln, Schere, Papier, Stift, Klebstoff

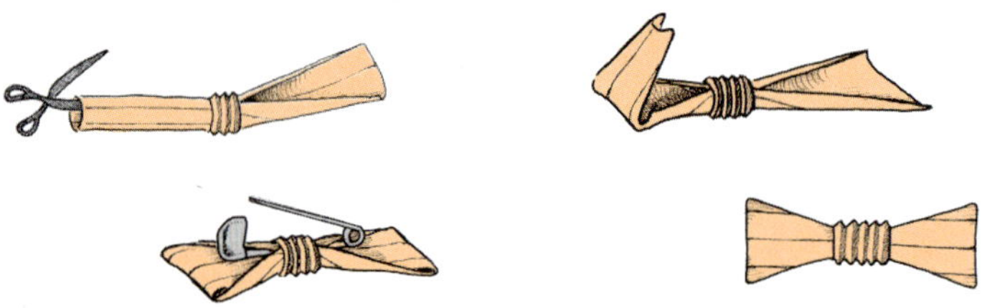

221. Tastsinn

Geschicklichkeitsspiele

ab 6

mind. 2

jederzeit

drinnen + draußen

leise

3 Min.

10 Min.

Mit einer Hand ertasten!

Einem Spieler werden die Augen verbunden. Die eine Hand legt er auf den Rücken, in die andere Hand bekommt er jeweils für etwa 1 Min. nacheinander drei bis fünf kleine Gegenstände gelegt. Danach darf er das Tuch abnehmen und (möglichst in der richtigen Reihenfolge) aufschreiben, was er ertastet hat. Dann ist der nächste Spieler an der Reihe. Wer hat den besten Tastsinn?

1 Tuch oder Schal, verschiedene Materialien: 1 Stein, 1 Holzstück, 1 Ring, 1 Kastanie, 1 Fingerhut, 1 Garnrolle, 1 Knopf, 1 Stückchen Brot, 1 Rosine, 1 Mandel

mit Eltern

Basteln

Fackel

222.

ab 7

auch allein

Winter

draußen

leise

15 Min.

30 Min.

Habt ihr schon einmal einen leuchtenden Schneemann gesehen? Gebt ihm keinen Besen in seine Schneehand, sondern eine Fackel, dann wird er wunderbar leuchten!

Das untere Ende des Holzstabes anspitzen, auf das obere gerade Ende den Dosendeckel nageln. In den Kiefernzapfen Wachsreste oder getrocknete Harzstückchen stecken. Kerze anzünden und flüssiges Wachs oben auf den Dosendeckel träufeln lassen. Bevor das Wachs fest wird, den Kiefernzapfen fest hinein drücken. Nun den Holzstab samt Zapfen neben dem Schneemann in den Boden oder direkt in die Seite des Schneemanns stecken und den Zapfen anzünden.

mit Eltern

brennende Kerze, offenes Feuer

dicker, gerader Holzstab, Dosendeckel, 1 Nagel, Kiefernzapfen, Wachsreste oder getrocknetes Baumharz, 1 Kerze

---

Umwelt erleben

Wettervorhersage

223.

ab 6

mind. 2

Sommer

drinnen

leise

3 Min.

5 Min.

Wenn eure Eltern Kaffee trinken, so setzt sie in Erstaunen, indem ihr ihnen schnell mal vorhersagt, wie das Wetter in den nächsten Tagen wird.

Dazu eine Tasse schwarzen Kaffee nehmen und 1 Stückchen weißen Zucker in die Tasse geben. Kurz warten und beobachten, ob sich Blasen bilden oder nicht. Wenn sich Blasen bilden, bedeutet es Hochdruck, und das Wetter wird schön sein. Werden keine Blasen festgestellt, dann bedeutet es Tiefdruck, und das Wetter wird schlecht sein. Ihr habt bestimmt Recht!

mit Eltern

1 Tasse Kaffee, 1 Stückchen Zucker

224. Papierknoten

Geschick-
lichkeits-
spiele

ab 9

auch
allein

jederzeit

drinnen

leise

3 Min.

5 Min. +

1 Streifen Papier (ca. 5 x 35 cm), Schere, Lineal

Schlingt aus einem Papierstreifen einen Knoten!

Von einem Zeichenblockpapier (DIN A 4) der Länge nach einen Streifen von ca. 5 cm Breite abschneiden. Diesen Streifen dann so eng wie möglich zu einem Knoten schlingen, ohne daß sich das Papier dabei wellt oder daß es zerreißt. Die überstehenden Enden des Knotens an den Faltkanten entlang abschneiden. Jetzt mit dem Lineal die einzelnen Seiten des Knotens nachmessen. Sind alle Kanten gleich lang geworden? Was hat sich aus dem Papierstreifen ergeben? Wenn jede Ecke des Fünfecks mit der übernächsten Ecke durch eine Linie verbunden wird, ergibt sich ein sog. Pentagramm, ein fünfeckiger Stern.

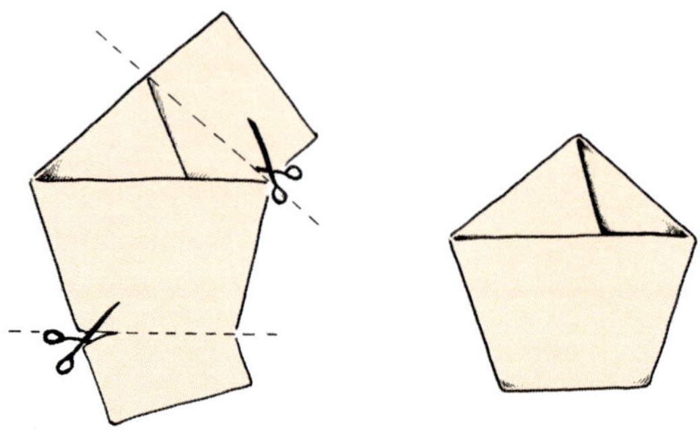

225. Gepreßte Blumen

Umwelt
erleben

ab 7

auch
allein

Frühling +
Sommer

drinnen +
draußen

leise

1 Std.

6 Tage +

Was haltet ihr von einer eigenen Pflanzensammlung? Habt ihr schon eine Blumenpresse? Wenn nein, schaut euch das Spiel Nr. 169 an.

Sammelt Blumen und Blätter, die euch gefallen oder interessieren, und preßt sie in der Blumenpresse, indem ihr die einzelnen Blumen oder Blätter schichtweise zwischen die Papiere und Pappen legt. Möglichst so, daß viele Teile gut sichtbar sind. Die Blumenpresse fest zuschrauben und mindestens 1 Woche lang warten. Für die Pflanzensammlung ein leeres Schulheft nehmen, die einzelnen Blumen ins Heft kleben, beschriften (Onkel nach der lat. Bezeichnung fragen!) und mit Klarsichtfolie abdecken.

Kalender oder Glückwunschkarten lassen sich mit gepreßten Blumen herrlich schmücken!

Blumen, Blätter, Blumenpresse, unliniertes (leeres) Schulheft, Klebstoff, Stift, selbstklebende Klarsichtfolie

Wort-
spiele

Stadt, Land, Fluß

226.

ab 9

mind. 2

jederzeit

drinnen

laut

5 Min.

30 Min. +

mehrere Bogen Papier, Stifte

Trainiert euer Wissen mit dem altbekannten Stadt-Land-Fluß-Spiel!

Jeder Mitspieler bekommt ein Blatt Papier, teilt es in senkrechte Spalten auf und versieht diese mit Überschriften wie Stadt, Land, Fluß und Begriffen wie Name, Automarke, Tier oder Beruf. Dann beginnt ein Spieler, leise das Alphabet aufzusagen, bis ein anderer „halt“ ruft. Mit dem zuletzt genannten Buchstaben muß nun jeder Mitspieler eine Stadt, ein Land usw. in die Spalten eintragen. Der Spieler, der als erster für jeden Oberbegriff ein Wort gefunden hat, ruft „stop“. Stimmen alle seine Worte, so erhält er 20 Sonderpunkte und wie alle anderen Mitspieler auch 10 Punkte für jeden richtigen Begriff. Worte, die auch von anderen gefunden wurden, werden nur mit 5 Punkten bewertet, und Worte, die nur von einem Spieler geraten wurden, mit 10 Punkten. Hat ein Spieler als einziger einen Begriff gefunden, erhält er 20 Punkte. Dann wechselt die Ansage, und ein anderer sagt leise das Alphabet auf. Wer bei Spielende – ein Spiel kann zum Beispiel auf 5 Durchgänge angesetzt werden – die meisten Punkte hat, ist der Gewinner.

Spiel von Christian Stegbauer, Bojan Mesiah und Sandor Nadj, München

Rechen-
spiele

Großes Rechengenie

227.

ab 9

mind. 2

jederzeit

drinnen

leise

keine

10 Min. +

Das große Rechengenie weiß sofort das Ergebnis.

Der Partner muß sich eine Zahl ausdenken. Er verdoppelt diese Zahl und zählt eine beliebige gerade Zahl (diese Zahl muß er sich merken!) hinzu. Dann nimmt er seine Summe mal zwei und zieht von dieser Zahl das Doppelte der addierten geraden Zahl ab. Er nennt laut das Resultat. Das große Rechengenie kann auf der Stelle die vom Partner gedachte Zahl nennen.

Lösung: Das große Rechengenie teilt das Ergebnis durch 4 und hat damit die gedachte Zahl!

evtl. Papier und Bleistift

228. Zuckerhäuschen

Rezepte

ab 5

auch allein

Winter

drinnen

leise

10 Min.

30 Min. +

Leckeres Zuckerhäuschen für kleine Festgäste oder für das Puppenhaus.

Jeder Festgast kann sich auch sein eigenes Zuckerhäuschen bauen. Zunächst eine Zitrone auspressen. Dann in einer kleinen Schüssel Puderzucker und Zitronensaft zu einem dickflüssigen Guß anrühren. In die Mitte eines Butterkekses einen Klecks Guß geben und damit einen Dominostein festkleben. Für das Dach einen Keks in der Mitte anritzen und mit dem Messer vorsichtig teilen. Die beiden Kekshälften auf den Dominostein kleben. Ein kleines Keksstückchen kann als Kamin dienen. Ein Gummibärchen vor das Häuschen setzen und ebenfalls mit Zitronenguß festkleben. Zum Schluß entweder das ganze Häuschen mit dem Guß überstreichen oder mit Puderzucker überstäuben.

mit Eltern

2 Butterkekse, 1 Dominostein, 1 Gummibärchen, Saft von 1/2 Zitrone, 2 bis 3 EL Puderzucker, Messer, Pinsel, Sieb

229. Flaschendrehen

Wortspiele

ab 7

mind. 4

jederzeit

drinnen

laut

3 Min.

30 Min. +

1 leere Flasche

Schnell fragen, schnell antworten: „Wohin fliegt der Bumerang?" „In den Busch und wieder zurück!"

Alle Spieler sitzen im Kreis. Der Flaschendreher in der Mitte stellt eine (schwierige oder lustige) Frage und dreht dabei schwungvoll die Flasche. Die Flasche kommt zum Stillstand und zeigt auf einen der im Kreis Sitzenden. Dieser Spieler gibt schnell eine Antwort und darf nun seinerseits die Flasche drehen und eine Frage stellen. Wißt ihr auf alle Fragen eine Antwort?

Geschicklichkeitsspiele

Gummitwist

230.

Gummitwist war in den 50er Jahren ein „Hit". Fragt eure Mütter und Väter danach!

Zwei Spieler stehen sich in 1 bis 2 m Entfernung gegenüber. Um ihre Knöchel ist das zusammengeknotete Gummiband gespannt. Der dritte Spieler beginnt nun mit einer vorher abgemachten Sprungfolge. Er springt mit beiden Beinen über beide Bänder, mit beiden Füßen auf das erste Gummiband, dann über das zweite hinweg, in den Zwischenraum der Gummibänder und wieder hinaus. Beim Springen wird das erste Gummiband über das zweite gezogen und wieder losgelassen. In den Zwischenraum hineinspringen und rückwärts wieder hinaus. Seitwärts so über beide Bänder springen, daß sich diese zwischen den Beinen befinden. Beim Sichdrehen das Gummiband mitnehmen und nach der anderen Seite hinausspringen. Jede Sprungart wird in Knöchelhöhe, in Kniehöhe und in Oberschenkelhöhe absolviert. Bei einem Fehler tauschen die Spieler nacheinander die Rollen. Denkt euch selbst schwierige Sprungfolgen aus!

ab 7

mind. 3

Frühling–Herbst

draußen

leise

5 Min.

30 Min. +

1 Gummiband (ca. 4 m lang), evtl. 1 Stuhl

Basteln

Windrädchen

231.

Ein Windrad wird in Windeseile fertig!

Das Tonpapier zuerst einmal Ecke auf Ecke diagonal falten, öffnen und dann auch die beiden anderen Ecken diagonal aufeinanderfalten. Von jeder Ecke aus ca. 7 cm in Richtung Mittelpunkt aufschneiden. Jede Ecke bekommt dadurch 2 Spitzen. Jede zweite Spitze wird vorläufig mit der Stecknadel im Mittelpunkt festgesteckt. Das Ende des Drahtes zu einer kleinen Schlaufe umbiegen, 1 Holzperle auffädeln, dann den Blumendraht mit der Perle von vorne durch den Mittelpunkt des Windrads ziehen (dabei die Stecknadel entfernen!) und von hinten noch eine Holzperle auffädeln, aber nicht zu eng, damit sich das Windrad zwischen den beiden Perlen drehen kann. Den Blumendraht hinter der äußeren Perle um ein Bambusstöckchen oder eine dickere Holzstricknadel wickeln und umknicken. Und ab geht's in den Wind!

ab 5

auch allein

jederzeit

drinnen + draußen

leise

10 Min.

30 Min.

mit Eltern

Buntes Tonpapier (ca. 15 x 15 cm), 2 Holzperlen, 1 Bambusstöckchen oder Holzstricknadel, 1 Stecknadel, Schere, etwas Blumendraht

232. Trommelsprache

Musik machen

ab 6

mind. 2

jederzeit

drinnen + draußen

laut

15 Min.

30 Min. +

Unterhaltet euch auf euren Trommeln, sendet euch Signale!

Jeder sucht sich eine leere Dose, eine Waschmitteltonne oder einen leeren Schuhkarton als Trommel und dazu Kochlöffel, Schneebesen oder ähnliches als Schlagzeug. Ein langer Schlag auf der Trommel kann „Hallo, hier bin ich" bedeuten, zwei kurze Schläge dagegen können „Was machst du?" bedeuten, zwei lange Schläge wiederum „Komm zu mir!" und drei kurze Antwortschläge „Achtung, es kommt jemand!"

Versteckt euch mit euren Trommeln im Garten oder in verschiedenen Zimmern und versucht, euch nur über die Trommelsprache zu unterhalten. Oder sucht den versteckten Trommler, indem ihr seinem Getrommel nachgeht. Oder teilt euch in zwei Gruppen, die sich gegenseitig fangen müssen und übermittelt euren Freunden mit der Trommel die Nachricht, wo sich der „Feind" gerade befindet. Denkt euch eure eigene Trommelsprache aus!

leere Waschmitteltrommeln, Schuhkartons, Blechbüchsen, Gläser usw., Kochlöffel, Schneebesen, Stöcke

---

233. Tellermaske

Basteln

ab 4

auch allein

Frühling

drinnen

leise

10 Min.

30 Min.

Aus einem Pappteller läßt sich eine Maske basteln! Ladet Gäste zur Faschingsparty ein! Bevor das Fest aber losgeht, macht sich jeder von euch eine Maske.

Auf die Rückseite eines weißen Papptellers mit Wasserfarben oder Wachskreiden ein lustiges Gesicht malen (Räuber, Schwein, Clown, Hexe, Prinzessin ...). Die Augen und den Mund ausschneiden. Mit der Stopfnadel rechts und links durch den Rand ein Loch stechen, das Hutgummi durchfädeln und rechts und links verknoten, so daß die Maske am Hinterkopf hält. Jetzt die Maske vors Gesicht ziehen, und die Party kann beginnen!

mehrere weiße Pappteller (je nach Teilnehmerzahl), Finger- oder Wasserfarben, Wachskreiden, Pinsel, Schere, Stopfnadel, Hutgummi

mit Eltern

Feuerbohnenzelt

Umwelt erleben

234.

Wo die Feuerbohne den Stock hochkriecht,
ist das Pflanzenzelt bald dicht.

Feuerbohnen können im Garten oder auf dem Balkon (in großen Töpfen) gezogen werden. Da sie frostempfindlich sind, erst ab Mitte Mai aussäen oder (vorgezogen) setzen.
3 bis 5 lange Bohnenstangen an einem sonnigen Platz im Dreiviertelkreis (wie beim Indianerzelt) zusammenstecken. Zwischen den Stangen Schnüre waagrecht verknoten, damit die Bohnen auch in dieser Richtung Halt finden. Um die Stangensockel Feuerbohnen eingraben oder setzen, reichlich und regelmäßig wässern und abwarten. Bald wird das Zelt dicht sein! Die Bohnen blühen zudem hübsch. Getrocknete Bohnen dienen als Samen für das nächste Jahr.

mit Eltern

ungekochte Bohnen sind giftig

ab 5

auch allein

Frühling–Herbst

draußen

laut + leise

1 Std.

1 Mon. +

3–5 Bohnenstangen, Feuerbohnensaat (oder vorgezogene Setzlinge), Schnur, große Pflanztöpfe (für den Balkon)

Rechenexempel

Streichholzspiele

235.

Ein schwieriges Rechenexempel. Gewußt wie!

Aus 6 Streichhölzern wird zunächst die (arabische) Zahl neun gelegt. Legt ihr 1 Streichholz dazu, so erhaltet ihr eins weniger. Werden drei Streichhölzer hinzugefügt, ergibt sich einerseits ebenfalls eins weniger, andererseits aber doppelt so viel. Werden 4 Streichhölzer dazugelegt, so heißt das Ergebnis sieben. Wie sehen die einzelnen Rechenschritte aus? Fallen euch noch mehr so verzwickte Streichholz-Rechnungen ein?

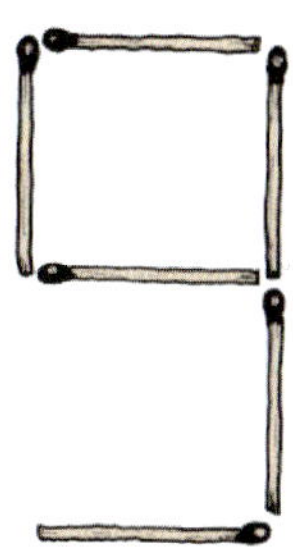

Lösung: 1 Streichholz dazu: die Zahl acht entsteht. 3 Streichhölzer dazu: 9-1=8, oder es ergibt sich die Zahl achtzehn. 4 Streichhölzer dazu: 8-1=7.

ab 9

auch allein

jederzeit

drinnen

leise

3 Min.

10 Min.

10 Streichhölzer

236. Duftorange

Basteln

ab 4

auch allein

Winter

drinnen

leise

5 Min. +

30 Min. +

Ein besonders wohlduftendes Geschenk für Freundin oder Freund, für Tante oder Onkel: die Duftorange.

Sucht ein längeres, dekoratives Geschenkband und legt es von oben nach unten um eine frische Orange. Dann das Band unten überkreuzen, wieder nach oben führen und dort verknoten. Nach etwa 20 bis 30 cm die beiden Enden zu einer Schleife zusammenbinden. Nun werden die Gewürznelken mehr oder weniger dicht in die Orange gesteckt. Dabei können schöne Muster entstehen. Bis zu 8 Wochen wird diese Orange wohltuenden Duft verbreiten.

1 Orange, Gewürznelken, Geschenkband

mit Eltern

238. Bommel

Basteln

ab 6

auch allein

Winter

drinnen

leise

10 Min.

30 Min. +

mit Eltern

Wollt ihr eine Bommel an eurer Mütze haben? So wickelt euch geschwind eine!

Zuerst eine kleine Dose auf ein Stück Pappe legen, mit dem Bleistift den Umriß nachfahren und anschließend ausschneiden. Nun in die Mitte des Pappkreises mithilfe eines Fingerhuts oder eines Fünfmarkstücks einen kleinen Kreis zeichnen und diesen auch ausschneiden. Dadurch entsteht ein Ring. Auf die gleiche Weise einen zweiten Pappring anfertigen. Die beiden Pappringe aufeinanderlegen und mit doppelten Wollfäden von innen nach außen

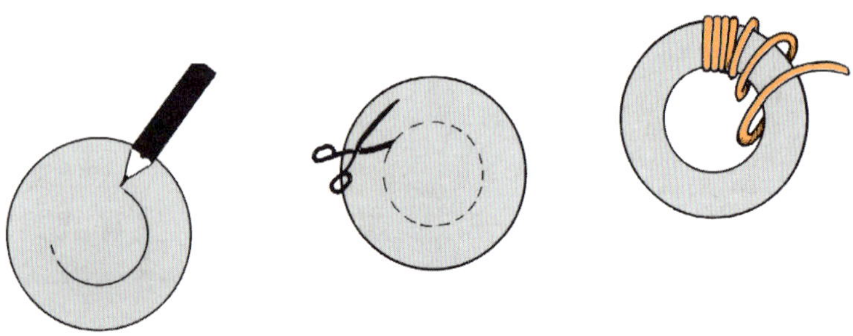

Spielen

Bild und Wort

237.

Aus Bildern werden Worte! Welche Mannschaft errät zuerst die gemalten Worte?

Die Spielgruppe in zwei Mannschaften aufteilen. Ein Spielleiter nennt einem Spieler von jeder Mannschaft ein Wort. Dieser muß das Wort so in eine Zeichnung umsetzen, daß die Spieler seiner Mannschaft das Wort erraten können. Haben sie das Wort erraten, geht der nächste Spieler zum Spielleiter, der nun diesem ein Wort zum Zeichnen aufgibt. Wieder muß das Wort erraten werden. Jede Mannschaft erhält erst dann vom Spielleiter ein neues Wort, wenn das vorherige erraten ist. Welche Mannschaft hat zuerst alle aufgegebenen Bilder in Worte umgewandelt? Ihr werdet staunen, was für Zeichenkünstler sich unter euch befinden!

ab 8
mind. 12
jederzeit
drinnen
leise
5 Min.

mit Eltern

Papier und Stifte

30 Min. +

---

so lange umwickeln, bis das Loch in der Mitte gefüllt ist. Zum Schluß mit der Nadel den Faden durchziehen. Möglichst bunte Wollreste dazu verwenden. Ist ein Faden zu Ende, ihn einfach festhalten und einen neuen darüberwickeln. Ist das Loch ausgefüllt, wird die Bommel außen herum entlang der Pappscheiben aufgeschnitten. Nun einen langen Wollfaden zwischen die Pappringe legen, das Innere des Bommels ein paarmal umwickeln, dann den Wollfaden fest verknoten. Jetzt können die Pappringe vorsichtig aufgeschnitten und herausgezogen werden. Am langen heraushängenden Wollfaden die Bommel an die Mütze nähen. Gefällt euch eure neue Bommelmütze?

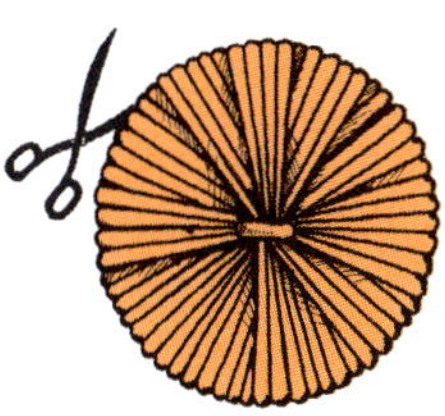

1 Stück Pappe, Bleistift, Schere, kleine Dose, Fingerhut, Wollreste, 1 Nadel

239. Kronkorkentreff

Geschicklichkeitsspiele

ab 6

mind. 2

jederzeit

drinnen + draußen

laut

10 Min.

20 Min. +

Bittet eure Eltern, ein paar Tage lang Bier zu trinken, und sammelt die Kronkorken. Dann könnt ihr den Kronkorkentreff veranstalten!

Mindestens sechs Kronkorken hintereinander in eine Reihe legen - mit der Öffnung nach unten. Mit dem kleinen Gummiball auf die Kronkorken zielen. Wer kann den Gummiball so auf die Kronkorken werfen, daß sie hochhüpfen und sich umdrehen? Wem gelingt es, zuerst den ersten, dann den dritten, dann den sechsten Kronkorken umzudrehen?

Schwieriger wird es, wenn der kleine Gummiball zuerst einmal auf dem Boden aufhüpfen muß, bevor er einen Kronkorken trifft. Schreibt Punkte in die Kronkorken. Wer hat am Ende die Korken mit den meisten Punkten umgedreht? Wer nicht getroffen hat, muß den Gummiball an den nächsten Spieler weitergeben.

mind. 6 Kronkorken (möglichst mehr), kleiner Gummiball

240. Heiß oder kalt?

Umwelt erleben

ab 7

auch allein

jederzeit

drinnen + draußen

leise

5 Min.

10 Min. +

Heiß oder kalt? Warum empfindet ihr das Wasser einmal als kalt und einmal als warm?

Stellt drei Schüsseln vor euch auf den Tisch: die erste ist mit heißem Wasser, die zweite mit kaltem, die dritte mit lauwarmem Wasser gefüllt. Nun wird die rechte Hand ins heiße Wasser, die linke ins kalte Wasser getaucht – mindestens 3 Minuten lang! Danach beide Hände gleichzeitig in die Schüssel mit lauwarmem Wasser tauchen. Ist dieses Wasser nun heiß oder kalt?

Lösung: Die Hand aus dem kalten Wasser empfindet das lauwarme Wasser als heiß, die Hand aus dem heißen Wasser dasselbe Wasser als kalt. Das Gehirn erhält zwei widersprüchliche Signale. Die Empfindungen lassen sich daher nicht einordnen. Ob das Wasser nun wirklich kalt oder heiß ist, läßt sich also nicht eindeutig sagen.

3 Schüsseln: eine mit kaltem, eine mit heißem, eine mit lauwarmem Wasser gefüllt

Spielen

Alle aufgepaßt

241.

Wer reagiert am schnellsten?

ab 3

mind. 2

jederzeit

drinnen

laut

5 Min.

30 Min. +

Im Spielzimmer eine Freifläche von ca. 10 qm schaffen. Ihr sollt so schnell es geht, dem Spielleiter verschiedene Körperteile wie die Hände, die Füße, den Po und den Bauch zeigen oder mit diesen etwas machen, je nachdem, wie er es verlangt. Erst einmal die Kommandos üben. Dann beginnt ihr, auf der Spielfläche frei umherzulaufen. Ruft der Spielleiter „Hände", dann müßt ihr alle eure Hände in die Höhe recken, ruft er „Füße", müssen alle stehen bleiben, ruft er „Po" , müssen sich alle auf den Boden setzen, ruft er „Bauch", müssen sich alle auf den Bauch legen.

Machen viele Kinder mit, kann daraus auch ein Wettspiel werden, bei dem der jeweils langsamste Mitspieler ausscheidet.

mit Eltern

Eine Freifläche von ca. 10 qm

Umwelt erleben

Mondkalender

242.

Beobachtet den Lauf des Mondes und malt einen Mondkalender!

ab 9

auch allein

jederzeit

drinnen + draußen

leise

45 Min.

1 Mon. +

Ein großes Blatt Papier durch senkrechte Linien in zwölf Teile aufteilen – für jeden Monat eine Abteilung. 32 Querlinien ziehen, so daß sich ein Kästchen für jeden Tag ergibt. Oben quer die Monatsnamen eintragen und seitlich längs die Tage von 1 bis 30 und 31. Nun versucht einmal, jeden Abend um dieselbe Zeit den Abend- bzw. Nachthimmel nach dem Mond abzusuchen. Für euren Eintrag verwendet ihr Symbole (leerer Kreis, ausgemalter Kreis, Halbkreis, einmal links, einmal rechts ausgemalt). Natürlich kann der Mond nur bei klarem Wetter beobachtet werden. Ist der Nachthimmel mit Wolken bedeckt, so wird das Tageskästchen einfach durchgestrichen.

mit Eltern

großes Blatt Papier, Lineal, Stifte

243. Linsenbasketball

Spielen

ab 3

auch allein

jederzeit

drinnen

laut

20 Min.

45 Min.

Testet eure Treffsicherheit.

Das alte Bettlaken in mehrere gleich große (ca. 25 x 25 cm) Vierecke schneiden. Die Vierecke mit den Farbstiften bemalen. Eine Handvoll Linsen auf ein Viereck geben, an den vier Enden zusammenraffen und mit einem Bindfaden zusammenbinden – fertig ist das Wurfsäckchen. Am besten mindestens 6 solcher Säckchen herstellen. Einen Wurfkreis im Zimmer bestimmen und verschiedene Spielmöglichkeiten ausprobieren. Körbe oder Kartons in unterschiedlicher Entfernung vom Wurfkreis aufstellen – alle müssen getroffen werden. Körbe oder Kartons mit Punktzahlen versehen. Gewinner ist, wer die höchste Punktzahl erreicht. Mit rechts oder links in die Körbe werfen, Säckchen mit dem rechten oder linken Fuß hineinschleudern, im Sitzen oder Liegen werfen.

altes Bettlaken, 1 Pfund getrocknete Linsen, Schere, Farbstifte, Tesafilm, Bindfaden, mehrere Papierkörbe oder schmale Kartons

mit Eltern

244. Wundertüte

Zauber-tricks

ab 8

mind. 2

jederzeit

drinnen + draußen

laut

30 Min.

10 Min.

2 Papiertüten, Seidentuch, etwas Konfetti, Schere, Klebstoff, Bürolocher

Ein Seidentuch wird in die leere Wundertüte gesteckt, und was rieselt nach dem Platzen der Tüte heraus? Konfetti! Wie mag das wohl zugehen?

Zuerst in den Boden einer Papiertüte mit dem Bürolocher einige Löcher einstanzen und den oberen Rand von der Tüte um etwa 4 cm kürzen. In eine unpräparierte Tüte Konfetti einfüllen und dann in die präparierte Tüte schieben und jeweils den oberen Rand miteinander verkleben. Dem Publikum wird die leere Tüte gezeigt. Danach das Seidentuch in die Wundertüte stecken, die Tüte aufblasen, zuhalten und mit der freien Hand dagegenschlagen, bis sie zerplatzt. Nun regnet es Konfetti, da nur die äußere Tüte zerplatzt. Die Tüte zerknüllen und wegwerfen. So bleibt das Seidentuch verschwunden.

Wort-spiele

Buchstabenstechen

245.

Das große Buchstabenstechen!

Einem ausgezählten Mitspieler werden die Augen mit einem Tuch verbunden. Er nimmt einen spitzen Bleistift in die Hand und sticht blind auf einen Buchstaben in einer Zeitung. Das Tuch wird abgenommen und eine Eieruhr umgedreht. Jetzt versucht jeder Mitspieler, möglichst viele Hauptwörter, Zeit- oder Tätigkeitswörter oder auch Namen aufzuschreiben, die mit dem gestochenen Buchstaben beginnen. Wenn es Spaß macht, dann stecht euch gleich den nächsten Buchstaben!

ab 8

mind. 2

jederzeit

drinnen

laut

5 Min.

10 Min. +

Zeitungsblatt, Papierbögen (je nach Teilnehmerzahl), Bleistifte, Tuch, Eieruhr

Spielen

Streithähne

246.

Zwei Streithähne fechten einen Kampf aus, und die Zuschauer spornen sie lautstark an.

Die beiden Kämpfer verschränken ihre Arme vor der Brust und hüpfen auf einem Bein aufeinander zu. Dabei versucht jeder, den Gegner so lange mit den Armen anzuschubsen, bis dieser das Gleichgewicht verliert und sein zweites Bein aufsetzen muß. Der Hahn, der dreimal das zweite Bein aufsetzen mußte, hat verloren. Besonders spannend wird es, wenn ihr mehrere Kampfpaare bildet und solange die Sieger gegeneinander kämpfen laßt, bis nur noch einer übrigbleibt. Wer ist am Schluß der stärkste Streithahn?

ab 6

mind. 2

jederzeit

drinnen + draußen

laut

1 Min.

10 Min. +

247. Weihnachtskarte

Basteln

ab 5

auch allein

Winter

drinnen

leise

15 Min.

30 Min. +

Näht eure Weihnachtskarten selbst!

Das farbige Tonpapier oder den Fotokarton einmal auf die Hälfte falten. Auf die Vorderseite mit Bleistift ein Weihnachtsmotiv (Kerze, Kugel, Tannenbaum, Weihnachtsstern, Nikolausstiefel) aufzeichnen. Mit der Stopfnadel im Abstand von etwa 1 cm entlang des Umrisses des vorgezeichneten Motivs kleine Löcher stechen. Einen farbigen Wollfaden in die Stopfnadel fädeln und mit Vorstichen den Umriß entlang nähen. Nach der ersten Nährunde ist jede zweite Lücke gefüllt, nach der zweiten Runde ist dann die Bleistiftzeichnung nicht mehr zu sehen. Anfang und Ende des Wollfadens werden auf der Rückseite verknotet. Fertig ist die Weihnachtskarte!

Tonpapier oder Fotokarton in beliebiger Farbe in DIN A 5, Bleistift, Schere, Wollfaden, Stopfnadel

mit Eltern

248. Pflanzenreaktion

Umwelt erleben

ab 9

auch allein

jederzeit

drinnen

leise

15 Min.

4 Tage +

Beobachtet, wie Pflanzen auf Licht und Schatten reagieren.

Ihr deckt ein beliebiges Blatt einer Zimmerpflanze mit einem schwarzen Papier ab, indem ihr ein deckungsgleiches Papierstück mit Büroklammern auf das Blatt steckt. Nun gilt es, ein paar Tage zu warten. Danach ein kleines Loch in das schwarze Papier schneiden und wieder ein paar Tage warten. Wenn das Blatt in eine Lösung aus Wasser und Jod getaucht wird, erscheint ein schwarzer Fleck auf dem Blatt! Wißt ihr auch warum?

Lösung: Nur der Teil des Blattes reagiert auf die Jodlösung, der (durch das Loch) zuvor wieder Licht und Luft abbekommen hat.

Zimmerpflanze, schwarzes Papier, Schere, Büroklammern, Jodtinktur, 1 Glas Wasser

Musik machen

Indianertrommel

249.

Ein Indianer bastelt sich seine Trommel selbst!

Sucht einen Blumentopf oder eine Blumenschale. Nun das Fensterleder in Wasser tauchen, gut auswringen und ganz straff über den Blumentopf spannen. Als Befestigung einen Einmachring verwenden. Die überstehenden Lederreste werden etwa 4 cm unterhalb des Gummirings abgeschnitten. Mit Perlenschnüren, Federn oder sonstigen Lederresten den Trommelrand verzieren. Ganz unterschiedliche Töne ergeben sich, wenn mit den Händen getrommelt wird oder mit kleinen Stöcken oder Ästen, die vorne mit Watte und Filz umwickelt sind. Erkennt den Indianer im Busch an den Tönen seiner Trommel!

ab 5

auch allein

jederzeit

drinnen + draußen

laut

10 Min.

Blumenschale oder Blumentopf, Fensterleder, Einmachgummiring, Schnüre, Perlen, Federn, Schere

30 Min. +

Spielen

Ringlein, Ringlein ...

250.

„Ringlein, Ringlein, du mußt wandern, von dem einen Ort zum andern, oh wie schön, oh wie schön, Ringlein, du darfst wandern gehn!“

Alle Spieler setzen sich in einem Kreis zusammen. Mit den Händen auf dem Rücken lassen sie einen Ring (Muschel, Stein, Münze) heimlich von Hand zu Hand wandern. Dabei singen oder sprechen sie laut obiges Liedchen. Ein ausgewählter Mitspieler sitzt in der Mitte des Kreises und ist der Ringleinsucher. Wenn er herausgefunden hat, wo sich das Ringlein befindet, muß derjenige, in dessen Hand das Ringlein entdeckt wurde, aufstehen, ein Pfand abgeben und einen neuen Ringsucher auswählen. Er nimmt das Ringlein zwischen seine flach gepreßten Hände, berührt alle geöffneten Hände der Mitspieler und läßt das Ringlein unvermutet in eine der Hände fallen. Wer das Ringlein bekommen hat, ist der neue Ringsucher. Jetzt beginnt das Spiel von vorn.

ab 5

mind. 5

jederzeit

drinnen + draußen

laut

5 Min.

20 Min. +

mit Eltern

1 Ring (1 Muschel, 1 kleiner Stein, 1 Münze)

251. Gemüse-Risotto

Rezepte

ab 8

mind. 2

Sommer

drinnen

leise

30 Min.

30 Min. +

Ladet eine Freundin oder einen Freund zum Mittagessen ein und kocht zusammen italienisches Gemüserisotto!

Die feingehackte Zwiebel, den klein geschnittenen Knoblauch sowie in Würfel geschnittene Zucchini in 3 Eßlöffel Olivenöl andünsten, dabei immer wieder umrühren. Nun den Reis dazuschütten und rühren, bis die Reiskörner glasig geworden sind. Danach löffelweise 1 l Fleischbrühe zugeben. Bei niedriger Hitze köcheln lassen und immer wieder umrühren. Wenn die Reiskörner keine weißen Punkte mehr zeigen, können 50 g Butter und 50 g Käse unter den Reis gemischt werden. Zuletzt den Reistopf mit einem Deckel zudecken und bei abgedrehter Herdplatte nachquellen lassen. Statt Zucchini können natürlich auch Tomaten genommen werden! Buon appetito!

heiße Herdplatte

250 g Rundkornreis, 1 l Fleischbrühe, 50 g Butter, 50 g Käse, 1 Zwiebel, 1 Knoblauchzehe, 3 EL Olivenöl, 1–2 kl. Zucchini

mit Eltern

252. Wassertransport

Spielen

ab 5

mind. 2

jederzeit

draußen

laut

5 Min.

30 Min. +

Wassertragen ist schwerer, als ihr glaubt!

Ihr sollt Wasser mit dem Löffel aus der Wanne schöpfen und in Flaschen füllen. Der Weg zwischen Schale und Flaschen kann je nach Räumlichkeiten beliebig lang und mit beliebig vielen Hindernissen gespickt sein. Gewonnen hat, wer als erster seine Flasche voll bekommt. Sowohl Mannschaften – Staffeln – als auch Einzelspieler können gegeneinander antreten.

leere Flaschen, Schale mit Wasser, mehrere Eßlöffel, diverse Hindernisse

mit Eltern

Umwelt erleben

Terrarium

253.

ab 7

auch allein

jederzeit

drinnen

leise

Ein Terrarium ist ein Behälter aus Glas, in dem man Pflanzen beim Wachsen und kleine Tiere beim Krabbeln beobachten kann.

Ihr füllt eine Schicht Sand, dann etwas Holzkohle, dann eine Handvoll Kieselsteine und zuletzt eine Schicht Blumenerde in das Gurkenglas. Nun drückt ihr ganz leicht die Pflanzensamen in die Erde oder setzt kleine Pflanzen ein. Danach gießt ihr den Boden und deckt das Glas mit einer Glasplatte ab, damit die Feuchtigkeit nicht so schnell verdunstet und ihr weniger zu gießen braucht. Ihr könnt in eurem Terrarium auch Radieschen oder Kresse ziehen.

Gurkenglas, Sand, Blumenerde, Holzkohle, Kieselsteine, kleine Pflanzen oder Pflanzensamen

24 Std. +

30 Min.

Zauber-tricks

Zauberkarten

254.

ab 9

mind. 2

jederzeit

drinnen + draußen

leise

30 Min.

15 Min.

Hier ist der Beweis, daß ihr hellsehen könnt!

Malt 8 verschiedene Motive auf die Karteikarten. Die Rückseite der Karten beklebt ihr einheitlich mit Papier, damit sie exakt gleich aussehen. Zeigt die Karten einem Zuschauer und bittet ihn, sich eine Karte zu merken. Anschließend die Karten mit der Rückseite nach oben in zwei Päckchen aufteilen, indem ihr abwechselnd eine Karte links, eine rechts ablegt (1). Der Zuschauer darf dann eines der Päckchen auswählen (2). Er muß sagen, ob seine Karte dabei ist. Wenn ja, so wird dieser Stapel auf den anderen gelegt, wenn nein, so gehört er unter den anderen (3). Die Vorgänge (1) bis (3) noch zweimal wiederholen. Dann werden die Karten nebeneinander von links nach rechts mit der Rückseite nach oben ausgelegt. Die dritte Karte von links aufdecken. Siehe da, sie ist tatsächlich die vom Zuschauer ausgesuchte Karte!

8 Karteikarten, Buntstifte, buntes Papier, Schere

255. Schatzinselkarte

Basteln

ab 5

auch allein

jederzeit

drinnen

leise

3 Min.

45 Min. +

Wo ist der Platz, an dem der Schatz
der Seeräuber begraben ist?
Ihr findet ihn durch eure List!

Zunächst das Papier an den Rändern vorsichtig mit einem brennenden Streichholz ansengen, damit es alt und echt wirkt. Die entstehende Flamme immer gleich wieder ausblasen. Auf das Papier die Form einer Insel zeichnen, wie ihr sie euch vorstellt. Um die Insel das Meer mit Haifischen malen. Auf die Insel zeichnet und malt ihr Berge mit einer Höhle, einen See mit Wasserschlangen, Palmen, Bach, Treibsand, wilde Tiere, einen Wasserfall ... – und selbstverständlich die Markierung, wo der Schatz liegt. Den Plan rollen und mit dem Band zusammenbinden.

Vor dem nächsten Treffen mit Freunden verstecken die Seeräuber ihren Plan, und die Schatzsucher versuchen, ihn – und danach die Insel – zu finden.

mit Eltern

großes Blatt Papier (auch Packpapier), Bleistift, Buntstifte, Streichhölzer, Geschenkband (20 cm)

Streichhölzer / Feuerzeug

256. Wortkünstler

Wortspiele

ab 9

mind. 2

jederzeit

drinnen

leise

3 Min.

10 Min. +

Was so ein Wortkünstler alles aus einem Wort hervorzaubern kann!

Jeder Spieler denkt sich ein Wort mit 4 oder 5 Buchstaben aus, schreibt es auf und gibt es an seinen Nachbarn weiter. Dieser muß eine möglichst lange Wortkette erstellen und niederschreiben, indem er von Wort zu Wort nur einen Buchstaben verändert: Land, Rand, Rund, Rind, Kind, Wind. Wer die längste Wortkette entwickelt hat, ist der siegreiche Wortkünstler! Für besonders begabte Wortkünstler wird nicht nur das Anfangswort, sondern auch das Endwort festgelegt. Wem gelingt es am schnellsten, die ganze Wortkette lückenlos zu füllen?

Papier, Stifte je nach Teilnehmerzahl

Basteln

Vogelmobile

257.

Alle Vöglein sind schon da...! Ihr bestimmt, wie sie aussehen.

Ihr nehmt ein Stückchen Bienenknetwachs (oder auch Knetmasse) in die Hand. Durch die Wärme der Hand wird das Wachs weich und läßt sich allmählich kneten. Nun wird der Vogelkörper geknetet. Dann rote Papierschnäbelchen in den Vogelkopf und seitlich die Federn in den Körper stecken. Damit die Vögel „fliegen" können, oben am Körper einen Faden befestigen und mehrere Vögel an ein Holzstäbchen knoten. Die Holzstäbchen mit Fäden so miteinander verknüpfen, daß sie im Gleichgewicht hängen.

ab 4

mind. 2

jederzeit

drinnen

leise

10 Min.

mit Eltern

30 Min. +

Bienenknetwachs oder Knetmasse, kleine Federn, Faden, mehrere Holzstäbchen (etwa 20 cm lang), rotes Papier

---

Umwelt erleben

Zerreißprobe

258.

Die Zerreißprobe: Kann ein Papierbogen auf einmal in drei Teile zerrissen werden?

Einen Bogen Papier in drei gleiche Teile falten. Faltlinien bis auf ca. 3 cm einschneiden oder einreißen. Nun die beiden äußeren Streifen anfassen und mit einem Ruck auseinanderziehen, damit der mittlere Streifen herunterfällt. Wer hat es geschafft? Keiner?

Lösung: Es ist tatsächlich unmöglich, zwei exakt gleiche Risse ins Papier zu reißen oder zu schneiden, und deshalb wird das Papier immer zuerst an der schwächeren Stelle reißen, also da, wo der Riß kaum wahrnehmbar etwas größer ausgefallen ist. Die beiden anderen Teile aber werden weiterhin zusammenhängen.

ab 8

auch allein

jederzeit

drinnen

leise

2 Min.

Bogen Papier

5 Min. +

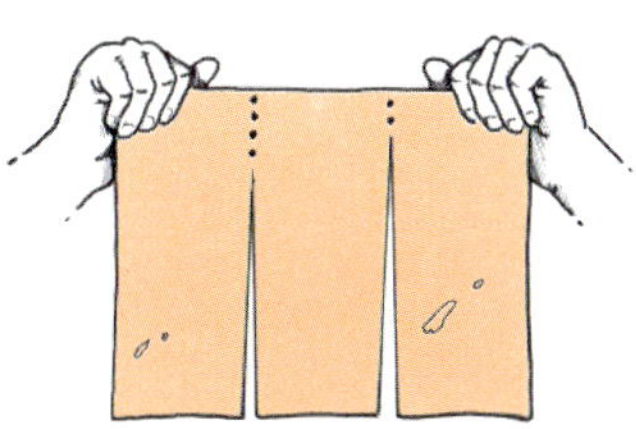

259. UFO

Basteln

ab 7

auch allein

jederzeit

drinnen + draußen

leise

30 Min. +

15 Min. +

Niemand weiß genau, wie ein UFO eigentlich aussieht (deswegen heißt es ja auch Unbekanntes FlugObjekt), aber wenn ihr das hier gelesen habt, dann wißt ihr, wie ihr euch eins basteln könnt.

Das eine Ende des Hölzchens schnitzt ihr mit einem Messer so zurecht, daß es wie die Spitze eines Schraubenziehers aussieht. Aus dem Karton schneidet ihr dann ein 12 cm langes und 3 cm breites Stück Pappe aus und schneidet die Ecken dieses Pappstücks rund, und zwar möglichst alle vier Ecken gleich rund – das ist wichtig, damit das UFO nachher gut starten kann! Dann schneidet ihr genau in die Mitte des Pappstücks einen kleinen Schlitz, den ihr mit mehreren Lagen Tesafilm überklebt. Schneidet dann den Schlitz durch den Tesafilm nach. Der Schlitz muß so groß sein, daß die Spitze des Stöckchens genau hineinpaßt. Jetzt knickt ihr das Pappstück der ganzen Länge nach genau in der Mitte ein wenig nach unten, steckt es auf das Stöckchen und reibt dieses solange zwischen euren Händen, bis es sich ganz schnell dreht. Schwupp, schon fliegt das UFO davon!

dünner, aber fester Pappkarton, Stöckchen, Tesafilm, Messer, Schere, Stift

---

260. Geschmackstest

Umwelt erleben

ab 5

auch allein

jederzeit

drinnen

laut + leise

5 Min.

30 Min. +

Wie kann man Gemüsesorten entdecken?
Gar nicht so schwer: durch Schmecken!

Je ein Stück der verschiedenen Gemüsearten bleibt unverarbeitet auf dem Tisch liegen. Den Rest putzen, schälen und schneiden. Die geschnittenen und gewürfelten Teile werden nun in der Schüssel durchmengt. Danach greift ihr, ohne in die Schüssel zu blicken, nacheinander Stückchen heraus. Ihr kostet davon und versucht, das Stückchen einer Gemüseart zuzuordnen. Schwieriger wird es, wenn eure Augen verbunden sind und ihr nach dem Kosten das zugehörige, unzerteilte Gemüse ertasten müßt.

Danach könnt ihr helfen, einen Gemüseeintopf zu kochen.

mit Eltern

Messer, (Herd)

Obst- und Eßmesser (nicht scharf), Schüssel, verschiedene Gemüsesorten (Sellerie, Kartoffel, Lauch, Paprikaschoten, Zucchini, Gurken, Kohlrabi, Aubergine, Rettich ...)

Spielen

Tick-Fangen

261.

ab 5

mind. 3

jederzeit

draußen

laut

keine

30 Min. +

Das Tick-Fangen sieht oft urkomisch aus.

Ein ausgezählter Spieler ist der Fänger. Er versucht, einen der davonlaufenden Spieler anzuticken. Hat er einen erwischt und angetickt, so muß dieser sich genau an der angetickten Stelle festhalten und dabei versuchen, einen anderen anzuticken. Meist werden die abgelegensten Stellen angetickt, so daß der Fänger mit den lächerlichsten Verrenkungen hinter den Davonlaufenden herrennen muß. Könnt ihr euch vorstellen, euch an der Ferse festzuhalten und dabei schnell den anderen Spielern nachzulaufen?

Spielen

Nüsseln

262.

ab 6

mind. 3

Winter

drinnen

laut

5 Min.

20 Min. +

Schälchen voller Nüsse

Schwedisches Silvesterspiel: Wer kann am besten nüsseln?

Spieler A nimmt beliebig viele Nüsse in die Hand, ohne daß die anderen Spieler es sehen. Er sagt: „Es geht los". Spieler B sagt: „Ich gehe nach draußen." „Wieviel Mädchen oder Jungen nimmst du mit?" fragt Spieler A. „Fünf", antwortet Spieler B. Hatte Spieler A tatsächlich fünf Nüsse in der Hand, gibt er diese Spieler B.

Hat Spieler B falsch geraten, so kommt Spieler C an die Reihe. Auch er sagt: „Ich gehe nach draußen." „Wieviel Jungen oder Mädchen nimmst du mit?" wird er von Spieler A gefragt. Spieler C rät: „Drei". Hat Spieler C richtig geraten, bekommt er drei Nüsse, hat er falsch geraten, so kommt der nächste Spieler dran.

Spieler A kann beliebig oft die Anzahl der Nüsse in seiner Hand verändern. Waren alle an der Reihe, so wechselt ihr die Rollen. Denkt euch selbst witzige Nüssel-Fragen aus!

263. Alle meine Entchen

Basteln

ab 6

beliebig

Frühling

drinnen

leise

10 Min.

30 Min.

Zeichenkarton oder stärkere Pappe, 6 Versandtaschenklammern, Buntstifte, Schere

Alle meine Entchen schwimmen auf dem See...!

Drei Entchen auf Zeichenkarton aufmalen. An den Bauch der Entchen senkrecht einen etwa 8 cm langen Pappstreifen dazu malen. Die Entchen samt dem Pappstreifen ausschneiden. In jeden Pappstreifen zwei nicht zu kleine Löcher bohren, das erste Loch 2 cm vom Entenbauch entfernt, das zweite etwa 5 cm darunter. Nun zwei waagrechte Pappstreifen als Führungsstreifen wellenförmig zuschneiden (2 cm breit, 18 cm lang). In diese wiederum jeweils drei Löcher nebeneinander bohren, das erste Loch 2 cm, das zweite Loch 7 cm, das dritte 12 cm vom Ende entfernt, so daß etwa 5 cm ohne Loch übrigbleiben. Mit 6 Versandtaschenklammern die Entchen so an den beiden Führungsstreifen befestigen, daß ein längeres Ende oben links und eines unten rechts übersteht. Wenn ihr an den überstehenden Führungsstreifen zieht oder schiebt, scheinen die Entchen zu schwimmen.

mit Eltern

Schere

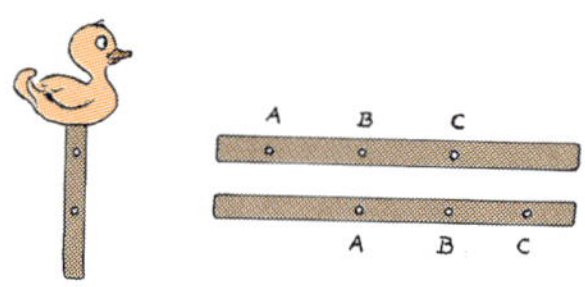

264. Stumme Maler

Geschicklichkeitsspiele

ab 7

mind. 6

jederzeit

drinnen

leise

3 Min.

10 Min. +

großer Packpapierbogen, 1 Buntstift, Klebestreifen

Zwei Maler und ein Stift!

Ein großer Bogen Packpapier wird an die Wand geheftet. Dann werden zwei Spieler aus der Runde ausgewählt, die fortan nicht mehr miteinander sprechen dürfen. Die anderen Spieler bestimmen einen Begriff, der von den beiden gemeinsam gezeichnet werden muß! Die stummen Maler fassen den Stift gemeinsam an und versuchen, den Begriff zu zeichnen! Aber kein Wort darf dabei fallen! Seid ihr mit dem Werk der beiden stummen Maler zufrieden?

Umwelt erleben

Kartoffelanbau

265.

Schon vor 2000 Jahren
haben Indianer erfahren:
Kartoffeln schmecken gut und sind gesund
Drum pflanzen wir sie für unseren Schlund.

Kartoffeln können ab April gesetzt werden. Zunächst zwei Handbreit Erde in einen großen Topf einfüllen. Dann die Kartoffeln etwa 5–8 cm tief eingraben. Wenn die nun sprießenden Kartoffelkeime etwa eine Handbreit lang sind, wird lockere Erde nachgefüllt – immer wieder, bis Keime und Erde den Topfrand erreichen. An den langen Keimsträngen in der Erde wachsen zahlreiche Kartoffeln. Im Herbst wird das Kartoffellaub gelb und welk. Dann beginnt die Ernte.

großer Blumentopf (mit Abflußlöchern) aus Plastik, Kompost- oder Blumenerde, (keimende) Kartoffeln

ab 5
auch allein
Frühjahr–Herbst
draußen
leise
5 Min.
40 Min. +

Basteln

Eisesser-Bilderrahmen

266.

Wer von euch jeden Tag gerne ein Eis am Stil ißt und bekommt, der kann sich schon nach einer Woche einen tollen Bilderrahmen basteln – wenn er alle Eisstiele sammelt.

Zunächst wascht ihr die Eisstiele gründlich ab und laßt sie trocknen. Dann legt ihr zwei Stiele so nebeneinander auf den Tisch, daß gerade noch eure Hand dazwischenpaßt. Nun nehmt ihr zwei andere Stiele und klebt diese auf den beiden ersten Stielen oben und unten fest, so daß ein viereckiger Rahmen entsteht. Dann klebt ihr noch zwei Stiele genau über die ersten beiden Stiele und den letzten Stiel über den Rahmen und fertig ist der Eisesser-Bilderrahmen. Nachdem der Klebstoff getrocknet ist, könnt ihr ihn natürlich noch bemalen.

ab 6
auch allein
Sommer
drinnen + draußen
leise
1 Min.
30 Min. +
7 Eis am Stil, Klebstoff

267. Weidezaun

Geschicklichkeitsspiele

ab 5

mind. 2

jederzeit

drinnen + draußen

leise

5 Min.

10 Min. +

1 Seil, 2 Stühle

Vorsicht elektrischer Weidezaun! Hier heißt es, unterm Zaun hindurchzuschlüpfen, ohne ihn zu berühren!

Zwischen zwei Stühlen wird ein Seil gespannt, zuerst etwa in 1 m Höhe. Bei jedem weiteren Durchgang wird das Seil immer um etwa 10 cm tiefer aufgehängt. Alle Spieler schlüpfen der Reihe nach unter dem Zaun hindurch. Wer ihn aber berührt oder die Hände zur Hilfe nimmt, scheidet aus. Wer als letzter übrigbleibt, ist der geschickteste Zaundurchschlüpfer! Wieviele Durchgänge habt ihr insgesamt geschafft?

268. Farbenwettlauf

Umwelt erleben

ab 6

auch allein

jederzeit

drinnen

leise

keine

5 Min. +

Kaffeefilter, Wasserfarben, Glas oder Becher, Teller, Wasser

Glaubt ihr, daß manche Farben schneller laufen können als andere? „Wie bitte?", werden jetzt wohl einige von euch sagen, „Farben können doch nicht laufen?" Und ob!

Ihr malt ein paar Tupfer unterschiedlicher Farben in gleicher Höhe auf den oberen Rand eines Kaffeefilters. In einen mit Wasser gefüllten Teller stellt ihr in die Mitte einen Becher oder ein Glas. Dann stülpt ihr den Kaffeefilter über den Becher, so daß der obere Rand jetzt unten ist und sich mit Wasser vollsaugen kann. Das Wasser steigt nach oben und saugt dabei die Farben mit. Da die Farben aus unterschiedlichen Stoffen gemischt sind, werden sie unterschiedlich schnell nach oben gezogen. Und deshalb gibt es Farben, die schneller laufen können als andere – welche das sind, müßt ihr selbst herausfinden.

Geschicklichkeitsspiele

Kreisklicker

269.

Laßt die Klicker aus dem Kreis springen!

Auf den Boden zeichnet ihr einen Kreis von etwa 15 cm Durchmesser. In den Kreis wird eine Mulde gegraben. Dorthinein legt jeder Spieler zwei Klicker als Einsatz. Dann lassen die Spieler nacheinander ihre Wurfklicker aus Augenhöhe auf die Klicker in der Vertiefung fallen. Wer die Muldenklicker so trifft, daß sie aus der Mulde und über den gezeichneten Kreis hinaus hüpfen, darf diese an sich nehmen. Klicker, die zwischen Mulde und Kreis liegenbleiben, werden als Einsatzklicker für die nächste Spielrunde wieder in die Mulde zurückgelegt. Das Spiel ist zu Ende, wenn keine Murmeln mehr in der Mitte liegen. Wer hat die meisten Kreisklicker gewonnen?

ab 5

mind. 3

Sommer

draußen

leise

5 Min.

30 Min. +

15–20 Klicker oder Murmeln je Spieler

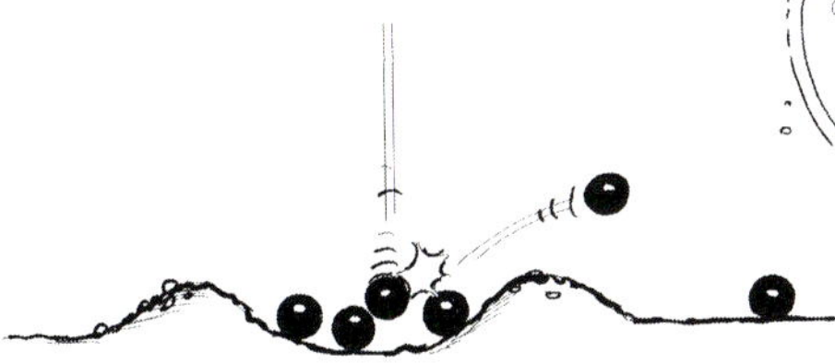

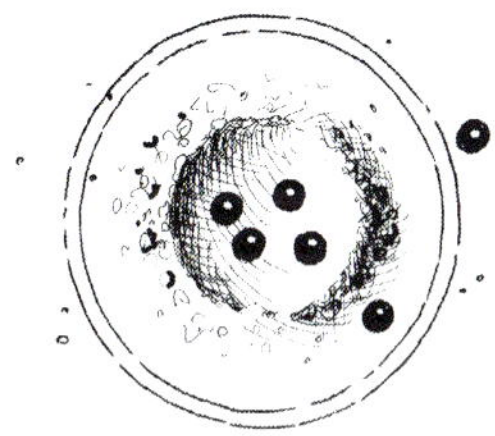

Umwelt erleben

Die Regenmenge messen

270.

Prüft nach einem Regentag oder einer Regennacht einmal selbst nach, ob die Niederschlagsmenge stimmt, die in den Wetternachrichten genannt wird!

Stellt draußen möglichst mehrere gleichgroße Gläser an verschiedenen Orten auf. Nach einem langen Regentag oder einer Regennacht die Gläser einsammeln und den Inhalt zusammen in ein gleichgroßes Glas gießen. Nun mit einem Lineal die „Wasserhöhe" in mm abmessen und anschließend durch die Anzahl der aufgestellten Gläser teilen. Daraus ergibt sich die durchschnittliche Niederschlagsmenge. Je mehr Gefäße aufgestellt werden, desto genauer wird das Ergebnis ausfallen. Wieviel Millimeter sind am letzten Regentag gefallen?

ab 8

auch allein

jederzeit

draußen

leise

15 Min.

24 Std. +

mehrere alte, gleichgroße Gläser, 1 Lineal

271. Meisenglocke

Basteln

ab 8

auch allein

Winter

drinnen + draußen

leise

30 Min.

1 Std.

Wenn die Vögel kein Futter mehr finden, dann hängt diese Meisenglocke ans Fenster, auf den Balkon oder in den Garten!

Sucht bei einem Spaziergang einen Erlenzweig mit Früchten dran! Diesen durch das Abflußloch des Blumentopfes ziehen und mit Knetmasse abdichten. Den Rindertalg oder das Kokosfett bei niedriger Hitze zerlassen und mit Sonnenblumenkernen und Erdnüssen vermischen. Das Fettgemisch in den Blumentopf füllen und erkalten lassen. Um das Ende des Zweiges Blumendraht wickeln und die Glocke mit dem Draht am Balkongitter, am Fenster oder an einem Ast befestigen. Beobachtet, welche Vögel zu eurer Futterstelle kommen!

1 kleiner Blumentopf, 1 entblätterter Erlenzweig mit Früchten, 150 g Rindertalg oder Kokosfett, 200 g Erdnüsse und Sonnenblumenkerne, etwas Knetmasse, ein Stück Blumendraht

mit Eltern

272. Eiertest

Umwelt erleben

ab 6

auch allein

jederzeit

drinnen

leise

10 Min.

5 Min.

Welches der Eier ist das hartgekochte?

Dreht die Eier auf der Tischplatte um ihre eigene Achse und beobachtet genau die Drehbewegungen! Dabei werdet ihr feststellen, daß ein hartgekochtes Ei sich viel schneller und länger um seine Achse dreht als ein rohes, da es ein massiver Körper ist. Rohe Eier dagegen drehen sich kürzer und schwerfälliger, weil die Flüssigkeit im rohen Ei zu schlingern beginnt und mehr Kraft braucht, um in Bewegung zu kommen.

1 hartgekochtes Ei, 1 rohes Ei

Spielen

Schokopost

273.

ab 6

mind. 4

jederzeit

drinnen

laut

10 Min.

30 Min. +

Die Schokopost ist angekommen! Sofort wollt ihr sie alle öffnen und aufessen!

Nur wer mit Mütze, Schal und Handschuhen versehen ist und mit dem Würfel eine „sechs" gewürfelt hat, darf zu Messer und Gabel greifen, um die mehrfach verpackte Schokopost zu öffnen. Inzwischen macht der Würfel weiter die Runde. Wem die nächste „sechs" gelingt, übernimmt die Mütze, den Schal, die Handschuhe und das Besteck und versucht, die Schokolade weiter auszupacken. Wer sich zur Schokolade vorgearbeitet hat, darf sie stückchenweise abschneiden und aufessen. Er muß aber sofort damit aufhören, wenn ein weiterer Spieler eine „sechs" gewürfelt hat. Hat jeder Spieler etwas von der Schokopost abbekommen?

1 mehrfach verpackte Tafel Schokolade, 1 Messer, 1 Gabel, 1 Würfel, 1 Mütze, 1 Schal, 2 Handschuhe

Umwelt erleben

Tauchermännchen

274.

ab 7

auch allein

Winter

drinnen

leise

1 Std.

Mit etwas Geduld werden die Korkenmännchen das Tauchen lernen!

Aus Korken, Draht, Schrauben, Perlen und Nägeln kleine Männchen herstellen. Die Männchen in einen mit Wasser gefüllten Eiswürfelbehälter stellen und im Gefrierfach des Kühlschranks einfrieren lassen. Dann die Eiswürfelmännchen aus dem Behälter lösen (Behälter mit heißem Wasser übergießen!) und sie im Einweckglas schwimmen lassen. Anfangs werden sie schwimmen, da Eis leichter als Wasser ist. Sowie aber etwas vom Eis geschmolzen ist, werden die Männchen anfangen zu tauchen, je nachdem wie schwer sie sind.

Eiswürfelbehälter, Einweckglas mit Wasser, Nägel, Schrauben, Korken, Perlen, Draht

1 Std. +

275. Lexikonspiel

ab 9

mind. 4

jederzeit

drinnen

leise

5 Min.

5 Min. +

1 Lexikon, Papier, Stifte

Ihr wißt mehr als das Lexikon!

Ein Spieler sucht einen schwierigen und völlig unbekannten Begriff aus dem Lexikon heraus und liest ihn vor. Alle anderen Spieler versuchen nun, diesen Begriff ihren Vorstellungen entsprechend, aber ganz nach Lexikonart zu erklären. Alle notierten Erklärungen werden eingesammelt, einschließlich der richtigen Deutung aus dem Lexikon.
Lest alle Erklärungen vor und stimmt ab, welche Erklärung ihr für die richtige haltet. Welche ist die fantasievollste?

---

276. Tellergesicht

ab 6

mind. 5

jederzeit

drinnen

leise

3 Min. +

10 Min. +

Punkt, Punkt, Komma, Strich, fertig ist das Angesicht!

Ein Spieler hält einen Teller mit der einen Hand vor sich und streicht mit dem Zeigefinger der anderen Hand über die Rückseite des Tellers und berührt anschließend damit seine Augen, Stirn, Nase, Mund, Wangen. Der Zuschauer bekommt auch einen Teller in die Hand und muß jede Bewegung nachmachen. Allerdings wurde die Unterseite seines Tellers zuvor mit einer brennenden Kerze rußig gemacht. Wenn er nun mit dem Zeigefinger über die Unterseite fährt und sich anschließend im Gesicht berührt, malt er sich einen schwarzen Punkt nach dem anderen ins Gesicht. Ihr dürft aber nicht durch Lachen verraten, welche Spuren all die seltsamen Bewegungen auf dem Gesicht des Spielers hinterlassen!

2 Teller, 1 brennende Kerze

brennende Kerze

mit Eltern

Streich-
holz-
spiele

Die Türme

277.

ab 9

auch allein

jederzeit

drinnen

leise

3 Min.

3 Min. +

27 Streichhölzer

In einer mittelalterlichen Stadt stehen drei verschieden hohe spitze Türme.

Der erste Turm wird aus 11 Streichhölzern, der zweite aus 9 und der dritte aus 7 Streichhölzern gelegt. Wieviele Streichhölzer müssen mindestens verlegt werden, damit die drei Türme gleich hoch sind?

Lösung: Vom höchsten Turm müssen 2 Streichhölzer an den niedrigsten Turm gelegt werden. Am höchsten und am niedrigsten Turm müssen jeweils der Boden und die Giebel verändert werden.

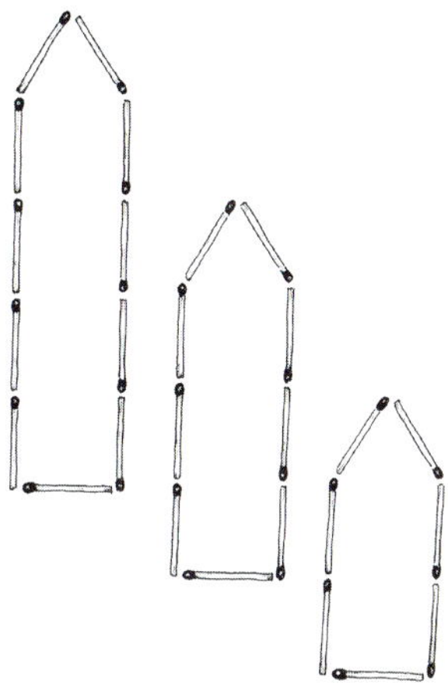

Basteln

Bücherstütze

278.

ab 7

auch allein

jederzeit

drinnen

leise

20 Min.

30 Min.

Ob als Bücherstütze, Papierbeschwerer oder zum Pressen von Pflanzen oder Briefmarken – der Mensch braucht ab und zu mal etwas Beschwerendes.

Wenn es bei euch in der Nähe eine Baustelle gibt, dann könnt ihr dort sicher Ziegelsteine bekommen, ansonsten fragt Eure Eltern, ob sie Euch einen oder mehrere Ziegelsteine beschaffen können. Erst säubert ihr den Ziegelstein und beklebt ihn nach Herzenslust mit bunten Papierschnipseln oder ausgeschnittenen Figuren. Innerhalb kürzester Zeit entsteht so eine hübsche Bücherstütze oder ein Briefbeschwerer. Klebt noch ein wenig Filz auf die untere Seite, um den Schreibtisch bzw. das Bücherregal zu schonen.

Ziegelstein, festes Buntpapier, Klebstoff, Filz

279. Spielchinesisch

Wort-spiele

ab 8

mind. 2

jederzeit

drinnen

laut

3 Min.

10 Min. +

In der chinesischen Sprache gibt es kein „R". Wenn ihr Spielchinesisch reden wollt, müßt ihr das „R" durch ein „L" ersetzen!

Jeder Spieler liest ein oder zwei Sätze auf diese Weise aus einem Buch vor. Wer einen Fehler macht, muß ein Pfand abgeben. Oder ihr bestimmt, daß ihr euch eine Stunde lang nur auf Spielchinesisch unterhalten wollt. Natürlich könnt ihr auch jedes „L" durch ein „N" ersetzen, oder ihr verdoppelt jeden Vokal, indem ihr ein „B" dazwischenfügt. „Wabar dabas eibeinebe gubutebe Ibidebe?"

280. Fensterbilder

Basteln

ab 4

auch allein

jederzeit

drinnen

leise

5 Min.

Wenn das Licht
durchs Fenster bricht,
sprühen alle Farben
schöne bunte Garben.

Auf eine Lage Zeitung legt ihr Wachs- oder Pergamentpapier. Mit dem Bleistift große Figuren oder Gegenstände aufmalen und in diese mit dem Spitzer Flocken der verschiedenfarbigen Wachskreiden schaben. Dann mit einem anderen Blatt Wachs- oder Pergamentpapier abdecken und darüber einer Zeitungsseite legen. Mit einem heißen Bügeleisen überbügeln, bis die Wachskreideflocken geschmolzen sind. Aufdecken und die gezeichneten Konturen auf dem Wachspapier ausschneiden. Das fertige Farbbild mit Tesafilm an ein sonniges Fenster kleben oder es verschenken.

30 Min. +

mit Eltern

Zeitung, Wachspapier (z.B. vom Metzger) oder Pergament- (Butterbrot-) Papier, Bleistift, bunte Wachsmalstifte, Spitzer, Schere, Bügeleisen, Tesafilm

heißes Bügeleisen

Geschick-lichkeits-spiele

Apfelfisch

281.

Wer erwischt den Apfelfisch?

In eine große, mit Wasser gefüllte Schüssel werden Apfelschnitze gelegt. Nun können nacheinander die einzelnen Spieler versuchen, einen Apfelfisch mit dem Mund aus dem Wasser zu angeln. Die Hände bleiben dabei auf dem Rücken verschränkt. Alle anderen zählen laut bis 20, wer bis dahin seinen Apfelfisch nicht angebissen und geangelt hat, muß auf die nächste Runde warten oder aufgeben. Jetzt kommt der nächste Angler an die Reihe. Zum Schluß werden die Apfelfische gemeinsam verspeist.

ab 5

mind. 3

Sommer

draußen

laut

10 Min.

mit Eltern

15 Min. +

große mit Wasser gefüllte Schüssel, je Spieler 1 Apfel

Spielen

Heißes Versteck

282.

Wer verbrennt sich am heißen Versteck?

Ein abgezählter Spieler wird hinaus- oder weggeschickt. Die anderen Spieler verstecken entweder einen beliebigen kleinen Gegenstand oder irgendein kleines Geschenk. Der draußen wartende Spieler wird hereingerufen und muß anfangen zu suchen. Die Suche wird ihm durch die Tips seiner Mitspieler erleichtert. Diese rufen nämlich „eiskalt" oder „kalt", wenn der Suchende sich vom Versteck entfernt, „warm", wenn er die richtige Richtung einschlägt und „heiß" oder „sehr heiß", wenn er dem Versteck ganz nahe gekommen ist.

ab 4

mind. 2

jederzeit

drinnen + draußen

laut

10 Min. +

mit Eltern

30 Min. +

beliebiger Gegenstand oder ein kleines Geschenk

283. Umwelttablett

Basteln

ab 6

auch allein

jederzeit

drinnen

leise

3 Min.

1 Std. +

Wir machen die Verpackungs-Verschwendung wett und basteln statt dessen ein schönes Tablett.

Zunächst das Fleisch- oder Gemüsetablett aus Styropor gründlich waschen und trocknen. Dann schneidet ein Erwachsener mit dem scharfen und spitzen Messer Schlitze im Abstand von etwa 3 cm in den Boden des Tabletts. Ihr schneidet nun mit der Schere ebenfalls 3 cm breite Streifen des bunten Papiers zu. Diese Streifen in das geschlitzte Styropor einweben, so daß ein Karo-Muster entsteht. Das überstehende Papier abschneiden und die Enden ankleben.

Styropor-Tablett aus der Frischwarenabteilung des Supermarkts, scharfes und spitzes Messer, farbige Papierstreifen, Schere, Klebstoff

Messer

---

284. Schuhsalat

Spielen

ab 5

mind. 5

jederzeit

drinnen

leise

„Rukediguh, Rukediguh, wem gehört der Schuh?“

Jeder Partygast muß nach seiner Ankunft seine Schuhe abgeben. Sie werden bunt gemischt in die Mitte gelegt. Die Spieler sitzen im Kreis um den Schuhsalat herum. Jetzt darf ein Spieler nach dem anderen versuchen, die Schuhe dem richtigen Träger zurückzugeben. Er verteilt ein Schuhpaar nach dem anderen. Macht er einen Fehler, paßt also ein zugeteiltes Paar einem Träger oder einer Trägerin nicht oder wählt er den falschen Besitzer oder die falsche Besitzerin, so kommt der nächste Spieler dran. Wem gelingt es, alle Schuhpaare richtig zu verteilen?

10 Min. +

30 Min. +

mit Eltern

viele Schuhpaare

Geschick-
lichkeits-
spiele

Knopfsprünge

285.

ab 6

mind. 2

jederzeit

drinnen

leise

10 Min.

15 Min. +

Laßt die Knöpfe springen!

Jeder Spieler nimmt einen Knopf zwischen Daumen und Zeigefinger und drückt ihn so auf den Rand eines anderen Knopfes, daß dieser nach vorne springt. Wer hat zuerst seine Knöpfe im Teller in der Mitte untergebracht? Einige Knöpfe können auch als Zielknöpfe ausgelegt werden. Wem gelingt es, seine Knöpfe so zu schnipsen, daß sie auf den Zielknöpfen zu liegen kommen? Wer hat seine Knöpfe zuerst „aufgeladen“? Überlegt euch weitere Knopfsprünge!

5 gewölbte Knöpfe für jeden Spieler, 1 kleiner Teller

Musik
machen

Glasorgel

286.

ab 6

auch allein

jederzeit

drinnen + draußen

laut

15 Min.

15 Min. +

Wer musizieren möchte und sich kein Instrument kaufen oder keine Noten lesen kann, der stellt sich am besten selbst ein Musikinstrument her.

Die Gläser stellt ihr nebeneinander auf einen Tisch, wobei ihr zwischen den Gläsern jeweils etwa einen handbreiten Zwischenraum laßt. Dann gießt ihr Wasser hinein: in das erste Glas nur ganz wenig Wasser, etwa zwei Finger breit, in das nächste Glas etwas mehr, in das nächste dann wieder etwas mehr, bis das letzte Glas schließlich fast ganz mit Wasser gefüllt ist. Nun befeuchtet ihr die Kuppe eures Zeigefingers mit Spucke und reibt sie mit leichtem Druck um den Rand eines Glases herum. Bald entsteht ein surrender Ton, der je nach Wassermenge des Glases höher oder tiefer ist. Probiert es aus – so eine Glasorgel kann sehr schön klingen! Besonders begabte Musiker können auch zweistimmig auf dieser Orgel spielen!

etwa 10 verschiedene Gläser, Wasser

287. Bunte Raupe aus Eierkarton

Basteln

ab 4

auch allein

jederzeit

drinnen

leise

3 Min.

30 Min. +

Liebe Raupe Nimmersatt,
friß nur weiter Blatt um Blatt!

Mit der Schere 4–6 Waben aus der Eierschachtel ausschneiden. Alle Höcker mit Wasserfarben bunt bemalen. Auf den vordersten ein lustiges, buntes Gesicht zeichnen. Darüber setzt ihr als Raupenfühler zwei ebenfalls gefärbte Pfeifenreiniger oder Zahnstocher.

Eierschachteln, Buntstifte, Wasserfarben, Pinsel, Pfeifenreiniger oder Zahnstocher, Schere

mit Eltern

---

288. Schnipp-Schnapp

Spielen

ab 6

mind. 2

jederzeit

drinnen

laut

5 Min.

15 Min. +

Sehen, vergleichen und schnappen!

Alle Spielkarten werden gleichmäßig unter die Spieler aufgeteilt. Jeder Spieler legt sein Kartenhäufchen verdeckt vor sich auf den Tisch. Auf das Kommando „schnipp" hin wendet jeder Spieler seine oberste Karte um. Wer zuerst eine zu ihm passende Karte unter den aufgedeckten Karten entdeckt, ruft „schnapp" und darf sich diese Karte nehmen und in den eigenen Stapel schieben. Bei einem Quartettspiel wird nach den drei weiteren Karten des Quartettsatzes Ausschau gehalten, bei einem Normalblatt nach einer ranggleichen Karte in beliebiger Farbe. Wer „schnapp" ruft, obwohl die Karten nicht übereinstimmen, muß die nächste Karte seines Stapels offen in die Mitte legen. Paßt sie beim nächsten „schnipp" zu einer Karte eines anderen Spielers, darf sie geschnappt werden. Hat ein Spieler alle Karten verloren, so zählen die anderen Spieler ihre restlichen Karten. Wer die meisten Karten geschnappt hat, ist Sieger.

Quartettspielkarten oder normale Spielkarten

Basteln

Walnußmäuse

289.

Für das lustige Spiel „Katz und Maus" werden aus Walnußschalen Mäuschen gebastelt.

Die Walnüsse vorsichtig mit einem scharfen Messer halbieren und den Nußkern entfernen. Die halbe Schale auf ein Stück Pappe legen, mit dem Bleistift den Umriß der Nuß nachfahren und ausschneiden. Einen bunten Wollfaden (ca. 15 cm lang) fest in das Innere der Nußschale kleben und als Schwanz am breiteren Ende herausschauen lassen. Den Rand der Nußschale mit Klebstoff bestreichen und die ausgeschnittene Pappe aufkleben. Mit dem schwarzen Filzstift zwei Augen auf das spitze Ende der Nußschale aufmalen. Darunter wird zuletzt aus einem Stück Wollfaden (ca. 3 cm lang) ein Schnurrbart geklebt. Den Wollschnurrbart an den Enden etwas auseinanderziehen.

ab 5

auch allein

jederzeit

drinnen

leise

10 Min.

30 Min.

mit Eltern

Messer

3 Walnüsse, Messer, Tonpapier oder Pappe, Bleistift, Schere, Klebstoff, farbige Wollfäden, schwarzer Filzstift

Spielen

Katz und Maus

290.

Aufgepaßt! Die Katze geht auf Mäusejagd.

Zuerst auf eine Konservenbüchse ein gemaltes Katzengesicht aufkleben. Ein Spieler muß als Katze mit der umgedrehten Konservenbüchse die Walnußmäuse (s. Spiel 289) fangen. Alle anderen Spieler legen ihre Mäuschen in einem engen Kreis vor sich auf den Tisch und halten diese an den Wollschwänzen fest. Der Katzenspieler würfelt. Wenn er eine sechs oder eine eins würfelt, muß er schnell die Büchse über die Mäuse stülpen. Die Mäuse dagegen müssen so schnell wie möglich weggezogen werden, damit sie nicht von der Katze erwischt werden. Wessen Maus unter der Büchse gefangen wird, der wird Katze. Wer seine Maus wegzieht, obwohl nur eine zwei, drei, vier oder fünf gewürfelt wurde, wird ebenfalls zur Katze.

Besonders schnelle Spieler können natürlich in jede Hand eine Maus nehmen. Das erhöht die Spannung!

ab 5

mind. 3

jederzeit

drinnen

laut

10 Min.

15 Min. +

6 Walnußmäuse, 1 große offene Konservenbüchse, Papier, Buntstifte, Klebstoff, 1 Würfel

291. Japanischer Lampion

Basteln

ab 5

auch allein

jederzeit

drinnen

leise

2 Min.

20 Min.+

rechtwinkliges (buntes) Papier/Tonpapier in beliebiger Größe, Schere, Bleistift, Lineal, Klebstoff, Schnur

mit Eltern

Neben Papierschlangen und Sternen
bastelt ihr fürs Kinderfest
auch japanische Laternen
und hängt sie an der Decke fest.

Zunächst faltet ihr das Papier der Länge nach in der Mitte. Dann zeichnet ihr euch im Abstand von 1,5 cm Schnittlinien von der Faltlinie bis etwa 1 cm vom Rand entfernt ein und schneidet diese auf. Das Papier auffalten. Die Längskanten etwas überlappen lassen und zusammenkleben. Wenn ihr sie mit einem Papierstreifen verstärkt, halten sie besser. Über eine der Laternenöffnungen einen Henkel aus Papierstreifen kleben, eine Schnur durchziehen und aufhängen.

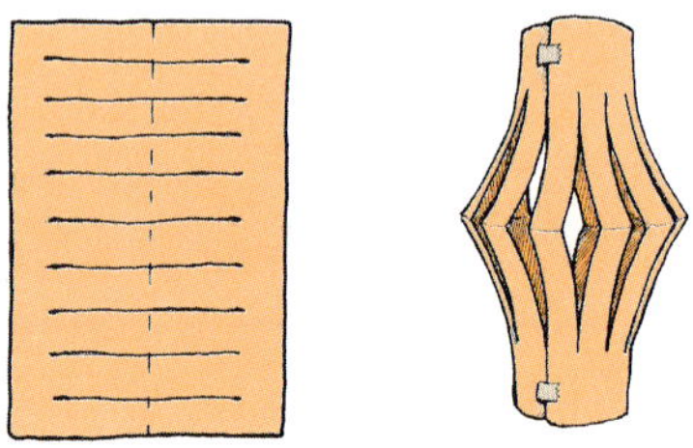

292. Hexenkampf

Geschicklichkeitsspiele

ab 7

mind. 2

jederzeit

drinnen + draußen

laut

3 Min.

30 Min. +

1 Besenstiel, 1 Ring

Zwei Hexen zanken sich um einen Zauberring, der auf den Boden gefallen ist. Nur die Hexe, die ihn erwischt, darf auf ihrem Besen davonreiten.

Beide Hexen halten sich am Ende eines Besenstiels fest. Keine darf loslassen. Zwischen den beiden liegt der Zauberring am Boden. Jede versucht nun, die andere daran zu hindern, sich zu bücken und den Ring aufzuheben. So schieben, ziehen und zerren sie hin und her, bis schließlich eine den Ring erwischt. Diese wird zur Oberhexe, darf auf dem Besen davonreiten oder den Kampf mit einer weiteren Hexe aufnehmen.

Wort-
spiele

Die vier Elemente

293.

Feuer, Wasser, Luft und Erde! Wer weiß, welche Tiere in welchem Element leben?

Alle Spieler setzen sich in einen Kreis, einer wird ausgewählt und setzt sich in die Mitte. Der Spieler in der Mitte deutet auf einen Mitspieler und ruft „Wasser“. Der Angesprochene hat sieben Sekunden Zeit, um ein Tier aus dem angegebenen Element zu nennen. Ist seine Antwort richtig („Delphin“), wird der nächste Spieler gefragt. Weiß dieser kein Tier aus dem gefragten Element oder nennt das gleiche Tier wie der vorherige Spieler oder nennt gar ein falsches Tier, ruft der Spieler in der Mitte „Feuer“ und alle Spieler vertauschen die Plätze. Wer beim Platztausch keinen erwischt hat, muß in die Kreismitte.

ab 8

mind. 5

jederzeit

drinnen

laut

3 Min.

30 Min. +

Basteln

Handabdruck

294.

Vergleicht mal eure Hände! Wie unterschiedlich diese sind, könnt ihr genauer sehen, wenn ihr Gipsabdrücke eurer Hände anfertigt.

Zunächst in einer Schüssel 2 Becher Gips mit 1 Becher Wasser vermischen, umrühren und in eine kleine Schachtel gießen (Menge reicht für einen Handabdruck!). Ein Stück Schnur als Aufhänger in die Gipsmasse drücken. Die gefüllte Schachtel leicht auf den Tisch fallen lassen, dadurch wird die Gipsoberfläche glatt. Jetzt die rechte oder linke Hand mit gespreizten Fingern in den Gips drücken und vorsichtig wieder herausnehmen, damit der Abdruck nicht verwischt. Die Gipsmasse ca. 15 Min. trocknen lassen. Währenddessen die Schachtel langsam lösen und den Rand mit feuchten Fingern glattstreichen. Zum Schluß entweder die Oberfläche um den Handabdruck herum oder die abgedruckte Hand selbst mit Wasserfarben bunt bemalen.

mit Eltern

ab 5

auch allein

jederzeit

drinnen

leise

10 Min.

30 Min.

2 Becher Gips, 1 Becher Wasser, 1 Käseschachtel, etwas Schnur, Wasserfarben, Pinsel, alter Kochlöffel

295. Fische fangen

Spielen

ab 5

auch allein

jederzeit

drinnen

leise

Wer malt den schönsten Fisch? Wer angelt den größten?

Zuerst malt ihr die Fische, Kraken, Krebse, Seesterne und anderes Wassergetier auf Papier, schneidet alles aus und klemmt an jedes Teil jeweils eine Büroklammer. An die Stöckchen lange Bindfäden knoten und an deren Ende kleine Magnete befestigen. Wenn ihr die Magnete durchbohrt, könnt ihr sie leichter am Faden festmachen. Die „Tierchen" mit Punktezahlen versehen, in ein großes Glas geben und um die Wette herausangeln oder alle bei einer Tombola verlosen.

10 Min. **30 Min. +** **mit Eltern**

Metallene Büroklammern, Papier, Schere, Buntstifte, Stöckchen, Bindfaden, kleine Magnete, Bohrer

Bohrer

296. Sonnenuhr

Umwelt erleben

ab 10

auch allein

Sommer (Sonnenschein)

draußen

leise

Als es noch keine Uhren gab, richteten sich die Menschen ganz nach dem Sonnenstand.
Beobachtet einmal selbst, wie die Sonne wandert!

Den Holzstab zuspitzen und ihn unter 45 Grad so in den Boden stecken, daß das Ende nach Norden zeigt. Der Schatten, den der Stab wirft, wandert wie ein Zeiger. Mithilfe einer Armbanduhr jede volle Stunde das Ende des Schattens mit Steinen markieren. Das ergibt eine kreisförmige Bahn. Wenn die Sonne im Jahreslauf einen höheren oder tieferen Stand erreicht hat, muß die Sonnenuhr korrigiert werden. In welcher Weise muß sie korrigiert werden?

30 Min.

1 Tag

gerader, dünner Holzstab (ca. 60 cm), Armbanduhr, Geodreieck

Spielen

Schleuderball

297.

Wettbewerb im Schleuderballwerfen!

Sucht euch ein weites Wurffeld! Dann nehmt einen alten Tennisball und stopft ihn in einen alten Strumpf. Knapp über dem Ball einen Knoten machen. Den Schleuderball einige Male mit ausgestrecktem Arm in der Luft herumwirbeln, sich dabei einmal um die eigene Achse drehen und dann den Ball in Richtung Ziellinie schleudern. An der Ziellinie steht der Schiedsrichter und notiert, wo der Ball aufgekommen ist. Sieger ist, wer am weitesten geworfen hat. Natürlich könnt ihr auch den Schleuderball hin- und herwerfen und dabei abzählen, wie lange der Schleuderball in der Luft bleibt. Sieger ist das Paar, das die meisten Würfe schafft!

ab 6
mind. 2
Sommer
draußen
leise
10 Min.
20 Min. +

1 Ball, 1 Kniestrumpf

Basteln

Strohsterne

298.

Klassischer Weihnachtsschmuck: Strohsterne, wie sie schon Großmutter selbst gebastelt hat!

Strohhalme ein paar Stunden lang in Wasser einweichen, die Halme herausnehmen, mit dem Messer aufschlitzen und glattbügeln. Zwei noch feuchte Halme über Kreuz legen, mit einer Stecknadel auf einen Korken feststecken, mit einem Faden abwechselnd über und unter den Halmen rundum durchweben und den Faden verknoten. Danach zwei auf diese Weise zusammengebundene Strohhalmkreuze übereinanderlegen, wieder mit einer Stecknadel auf dem Korken feststecken und sie mit einem Faden webend verbinden. So ist bereits ein einfacher Strohstern fertig. Bis zu vier einfache Strohsterne können aufeinandergelegt und so zu einem dichten Stern zusammengewebt werden. Zum Schluß die Strohhalmenden anspitzen.

ab 8
auch allein
Winter
drinnen
leise
mehrere Stunden
1 Std. +

Strohhalme, Schüssel mit Wasser, Faden, Kork, Stecknadeln, Schere, Klebstoff

mit Eltern

Bügeleisen

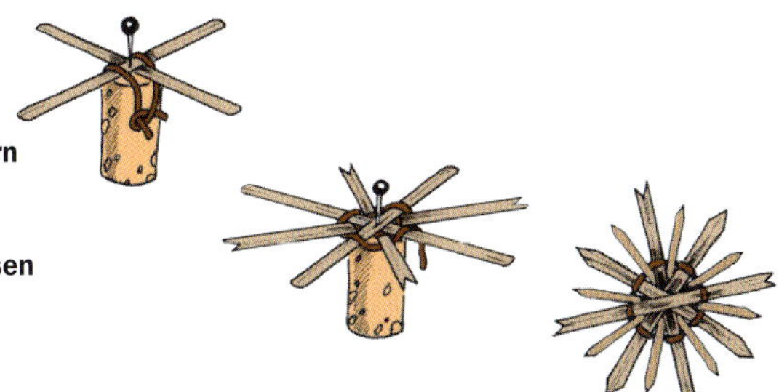

299. Glöckchensuche

Musik machen

ab 5

mind. 2

jederzeit

drinnen

laut

Wo ist das Glöckchen?

Allen Spielern werden mit Tüchern die Augen verbunden. Nur der Glöckchenspieler darf sehen. Er läutet in kurzen Abständen immer wieder mit seinem Glöckchen. Die blinden Mitspieler müssen ihn dem Gehör nach fangen. Wer den Glöckchenspieler berührt, darf das Glöckchen übernehmen. Der Glöckchenspieler kann sich auch ein festes Versteck suchen, aus dem er sein Glöckchen klingen läßt. In diesem Fall müssen die blinden Mitspieler das Versteck ausfindig machen. Wer hat ein gutes Gehör und findet das Versteck?

5 Min. 30 Min. +

Tücher je nach Teilnehmerzahl, 1 Glöckchen

mit Eltern

---

300. Kerzenexperiment

Experimente

ab 10

auch allein

Winter

drinnen

leise

3 Min.

10 Min. +

Eine Kerze auspusten? Das ist doch leicht getan! Ja, aber versucht einmal, die Kerze mit einem Trichter auszublasen!

Eine brennende Kerze auf den Tisch stellen und die Trichteröffnung in einigem Abstand auf die Kerze richten. Nun kräftig pusten! Die Kerzenflamme wird nicht verlöschen, sondern sich dem Trichter zuneigen.

Hier sind physikalische Gesetze zugange: Die Luft, die in den Trichter geblasen wird, streicht an der Innenseite des Trichters entlang und nicht durch die Mitte direkt auf die Kerze zu. Durch die an der Innenseite des Trichters streichende Luft wird ein Sog erzeugt, und so entsteht an der Innenwand ein kleiner Überdruck und in der Mitte eine Zone mit geringem Druck. In diese Zone strömt zum Ausgleich nur wenig Luft, die aber zu schwach ist, um die Flamme zu löschen und lediglich bewirkt, daß sich die Kerzenflamme zum Trichter hinneigt.

1 Trichter, 1 Kerze

mit Eltern

brennende Kerze

Spielen

Müllsackhüpfen

301.

ab 5

mind. 3

Sommer

draußen

laut

Der Müll geht auf und davon!

Besorgt euch große stabile Müllsäcke! Jeder Spieler steigt in einen Müllsack, zieht ihn bis zur Brust und hält ihn mit beiden Händen fest. Auf ein Signal hin beginnen sich die Müllsäcke so schnell wie möglich in Bewegung zu setzen auf eine vorher vereinbarte Ziellinie zu. Dort wird gewendet und wieder zurückgehopst. Wer ist der schnellste Müllsack? Wer schafft die Strecke, ohne umzufallen? Besonders lustig ist der Wettkampf, wenn ihr alle nebeneinander herhüpft. Einer von euch kann mit der Stoppuhr die beste „Müllzeit" ermitteln.

stabile Müllsäcke

30 Min. +

5 Min.

Basteln

Der kleine Fallschirmspringer

302.

ab 7

auch allein

jederzeit

draußen

leise

1 Std. +

30 Min. +

Streichholzschachtel, Wasserfarben oder Buntpapier, Klebstoff, Seidenpapier, Nähseide, Kieselsteine

Bastelt euch einen kleinen Fallschirmspringer!

Ihr bemalt oder beklebt eine leere Streichholzschachtel mit einem bunten Gesicht und legt zwei oder drei Kieselsteine hinein. Dann schneidet ihr ein quadratisches Blatt Seidenpapier (etwa 30 cm) zurecht. An jeder Ecke des Vierecks klebt ihr mit Tesafilm einen 30 cm langen Nähfaden fest und faltet das Papier entlang der unten gezeichneten Linien zusammen. Jetzt verknotet ihr alle vier Fäden am Ende miteinander und klebt es auf einer Seite der Streichholzschachtel mit Tesafilm fest. Nehmt nun Fallschirm und Fallschirmspringer in eine Hand und werft sie so hoch ihr könnt! Ihr werdet sehen: der Fallschirm öffnet sich und euer Fallschirmspringer schwebt zum Boden!

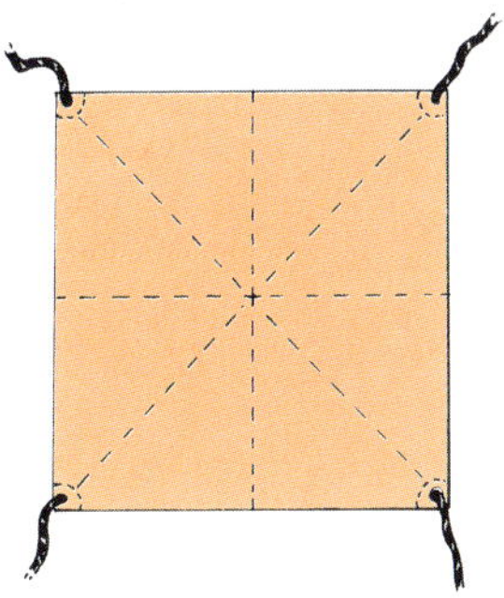

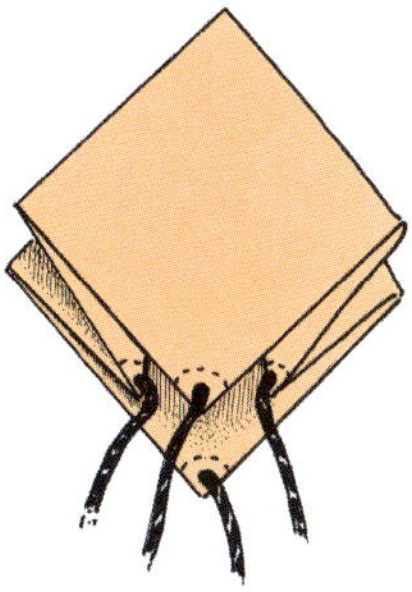

303. Kopf oder Zahl?

Spielen

- ab 5
- mind. 4
- jederzeit
- draußen
- laut
- 1 Min.
- 30 Min. +
- 1 Münze

Kopf oder Zahl?

Bildet zwei gleich große Mannschaften und nehmt eine Münze. Nun wählt die eine Mannschaft für sich den „Kopf“, die andere die „Zahl“. Die Münze wird in die Luft geworfen. Jetzt muß die Mannschaft, deren Seite nach oben zu liegen kommt, ganz schnell fortlaufen. Die andere Mannschaft muß die davoneilende Mannschaft abschlagen. Wer abgeschlagen wurde, scheidet aus. Sind alle abgeschlagen, kann das Spiel von vorn beginnen. Wer wurde schneller abgeschlagen, die „Köpfe“ oder die „Zahlen“?

304. Weltreise

Spielen

- ab 6
- mind. 3
- jederzeit
- draußen
- laut
- 5 Min.
- 30 Min. +

Wohin wollt ihr reisen? Wohin sollt ihr reisen? Fragt den Reiseleiter.

Wählt euch einen Reiseleiter! Dieser steht auf der einen, die Reisenden versammeln sich ihm gegenüber auf der anderen Seite des Spielfeldes. Nun fragt ein Reisender nach dem anderen. „Herr/Frau Reiseleiter, wohin soll ich reisen?“ Wenn die Antwort des Reiseleiters „Helsinki“ lautet, darf der Reisende soviele Schritte vorwärtsgehen wie das Reiseziel Silben hat. In diesem Fall also drei Schritte. Der nächste Reisende reist vielleicht nach Ulm, kommt also nur einen Schritt vorwärts. Wer zuerst beim Reiseleiter angekommen ist, hat gewonnen und wird bei der nächsten Spielrunde der Reiseleiter.

Welche Hauptstädte Europas fallen euch ein? Kennt ihr auch Städte in Amerika, Afrika und Asien?

Geschicklichkeitsspiele

Morsen

305.

Ohne Schreiben oder gerufenes Wort gelangt die Nachricht von Ort zu Ort.

ab 9

mind. 2

jederzeit

drinnen + draußen

laut + leise

3 Min.

30 Min. +

Wenn Schiffe in Seenot geraten, morsen oder blinken sie ihren Hilferuf mit dem Morse-Alphabet. Mit einer Taschenlampe, Klopfsteinen oder Hämmerchen könnt auch ihr Nachrichten morsen. Der Bindestrich „-" bedeutet langes Zeichen, der Punkt „." kurzes. Nach jedem Zeichen kurze Unterbrechung. Hier das Morse-Alphabet:

A = .	B = -...	C = -.-.	CH = ----	D = -..	E = .	F = ..-.	G = --.
H = ...	I = ..	J = .---	K = -.-	L = .-..	M = --	N = -.	O = ---
P = .--.	Q = --.-	R = .-.	S = ...	T = -	U = ..-	V = ...-	W = .--
X = -..-	Y = -.--	Z = --..	1 = .----	2 = ..---	3 = ...--	4 = ...-	5 = ...:
6 = -....	7 = --...	8 = ---..	9 = ----.	0 = -----		Punkt = .-.-.-	

Fragezeichen = ..--.. Auslassungszeichen = .----. Irrtum= ....

Taschenlampen (möglichst mit Druckknopf), Klopfsteine oder Hämmerchen

Basteln

Faschingshütchen

306.

Faschingshütchen - leicht gemacht! Wer hat das lustigste Hütchen?

ab 4

auch allein

Winter

drinnen

leise

10 Min.

30 Min.

Den Papierbogen (ca. 60 x 40 cm) kunterbunt bemalen mit Streifen, Tupfen, Wellenlinien. Den unteren Rand etwa 3 bis 5 cm umknicken, den oberen Rand alle 1 bis 2 cm einschneiden. Den Papierbogen um den Kopf legen und so zusammenkleben, daß er auf den Kopf paßt. Zuletzt oben mit einer bunten Schleife die eingeschnittenen Streifen abbinden.

mit Eltern

Papierbogen (ca. 60 x 40 cm), Schere, Buntstifte, Klebstoff, bunte Schleife

307. Dirigent und Chor

Musik machen

ab 7

mind. 5

jederzeit

drinnen

laut

5 Min. 20 Min.

Holzstab, Kreppapier

Der Dirigent bestimmt! Ihr müßt singen, was und wann der Dirigent es will! Schaut auf seinen Taktstock!

Ein Spieler wird zum Dirigenten bestimmt. Der Dirigent bekommt einen mit bunten Kreppapierstreifen umwickelten Taktstock. Der Dirigent hebt den Taktstock und stimmt ein Lied an. Alle singen mit. Aber sowie der Dirigent unerwartet innehält, hat auch der Chor zu schweigen. Wer nicht aufpaßt und weitersingt, muß ein Pfand abgeben. Wie die Pfänder einzulösen sind, müßt ihr vorher ausmachen.

308. Kirschkernkissen

Basteln

ab 8

auch allein

Sommer

drinnen + draußen

leise

30 Min.

1 Std.

ca. 1 kg Kirschkerne, Baumwollstoff (50 x 25 cm), Nadel, Faden

Warme Füße nach Großmütterchens Art! Eßt viele Kirschen und sammelt die Steine!

Sind ungefähr 1 kg Kirschkerne beisammen, so werden sie in Wasser kurz aufgekocht und anschließend mit einem Lappen abgerieben, bis sie sauber und trocken sind. Nun den Stoff links auf die Hälfte zusammenlegen und an zwei Seiten zunähen. Den Stoff stülpen und die Kirschkerne in das Kissen füllen. Dann die letzte Seite schließen. Das Kirschkernkissen zuerst auf den Ofen und anschließend ins Bett legen. Habt ihr gewußt, wie lange Kirschkerne die Wärme speichern können?

mit Eltern

heißes Wasser

Geschicklichkeitsspiele

Blinder Kaufmann

309.

Ein cleverer Kaufmann kann auch blind sagen, wieviel Geld er verdient hat!

Dem Kaufmann werden mit einem Tuch die Augen fest verbunden. Dann bekommt er eine Geldbörse mit Münzen in die Hand. Nun muß er die Münzen sortieren, zählen und ihren Gesamtwert erraten. Wer die richtige Summe herausbekommt, gewinnt den erratenen Betrag. Wer falsch rät, muß die Differenz bezahlen. Wer ist am Ende der/die cleverste Geschäftsmann/frau?

ab 7

mind. 2

jederzeit

drinnen

leise

10 Min. + **5 Min.**

einige Geldstücke, Tuch

Basteln

Martinsgans

310.

Kennt ihr die Geschichte der Martinsgans? Weil die Gänse der Sage nach so laut geschnattert haben, wurde Martin, der sich versteckt gehalten hatte, gefunden und zum Bischof von Tours gewählt.

Den Apfel so auf den diagonalen Knick einer Papierserviette legen, daß das hintere Ende zu einem kurzen Schwanz geknotet und das vordere zu einem langen Hals gedreht werden kann. Das Bonbon als Kopf in das Halsende stecken. Aus dem roten Papier einen Halbkreis (Radius 3,5 cm) ausschneiden, zu einem Hütchen, dem Schnabel drehen und am Kopf festkleben. Rechts und links auf den Kopf Augen malen. Jeder, der am St. Martinsumzug (am 11. November) teilgenommen hat, bekommt eine Martinsgans.

ab 5

auch allein

Herbst

drinnen

leise

10 Min.

mit Eltern

20 Min. +

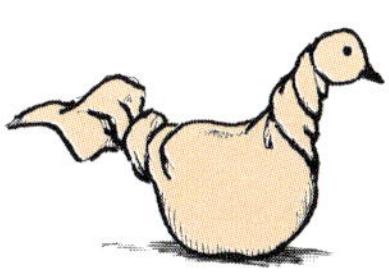

1 mittelgroßer Apfel, 1 weiße Papierserviette, 1 Bonbon, ein kleines Stück rotes Papier, Klebstoff, schwarzer Stift

311. Kleiderwechsel

Spielen

ab 7

mind. 4

jederzeit

drinnen

leise

Wie war das nun? Was hat sich bloß verändert?

Alle Spieler begrüßen sich im hellen Zimmer. Dann geht für etwa 3 Minuten das Licht aus. Jetzt heißt es, an seiner Kleidung schnell etwas zu verändern: Ärmel aufkrempeln, Halstuch ab, Schmuck weg, Armbanduhr an den anderen Arm, Schuhe verkehrt herum, Jacke aus, Brille ab, Weste hinten zuknöpfen. Nach drei Minuten geht das Licht wieder an. Wie sieht nun die edle Gesellschaft aus? Jeder Spieler notiert sich die festgestellten Veränderungen. Wer die meisten Änderungen bemerkt, gewinnt und bekommt einen Preis.

5 Min. | 30 Min. + | verdunkeltes Zimmer

---

312. Einweckprinzip

Experimente

ab 8

auch allein

jederzeit

drinnen

leise

5 Min.

10 Min. +

Wißt ihr, warum sich Früchte in den Einweckgläsern halten?

2 Einweckgläser werden in einem Backofen auf ca. 100 Grad Celsius erhitzt. Mit einem Topflappen die Gläser aus dem Ofen herausnehmen. Auf den Rand eines der Gläser einen feuchten Einweckring legen. Darauf nun kopfüber das andere Glas stülpen. Beide Gläser einen Augenblick fest zusammendrücken. Obwohl die Gläser nur mit einem Gummi verbunden sind, lassen sie sich nicht mehr voneinander trennen. Warum? Durch das Erhitzen ist die Luft in den Gläsern dünner geworden. Der im Zimmer herrschende Luftdruck preßt die Gläser so stark zusammen, daß sie nur getrennt werden können, wenn der Gummiring herausgezogen wird und dadurch mehr Luft einströmen kann. Der Unterdruck, der luftleere Raum in den Einweckgläsern bewirkt, daß sich eingeweckte Früchte halten und nicht durch Schimmelpilze kaputtgehen. Schimmelpilze können nämlich ohne Luft (Sauerstoff) nicht gedeihen.

2 Einweckgläser, 1 Einweckgummi, Topflappen

mit Eltern

heißes Backrohr

Basteln

Trockenblumen

313.

Pflückt auf einem Frühlings- oder Sommerspaziergang einen schönen Blumenstrauß. Ist es nicht schade, daß er so schnell verwelken wird? Ihr könnt ihn haltbar machen.

Einfach den Strauß mal nicht in die Vase stellen, sondern mit einer längeren Schnur zusammenbinden und an einem warmen Ort mit den Blüten nach unten aufhängen. Einige Tage trocknen lassen. Direktes Sonnenlicht vermeiden, sonst werden die Blüten grau und unscheinbar. Besonders gut halten sich auf diese Weise Rosen. Aus den Trockenblumen lassen sich hübsche kleine Sträuße binden oder Kränze flechten, die sehr edel wirken, wenn sie zum Beispiel mit einer Schleife aus Samtband oder Spitze zusammengebunden werden.

ab 7

auch allein

Frühling + Sommer

drinnen + draußen

leise

1 Std.

24 Std. +

Blumen, Blätter, längere Schnur

Wortspiele

„X“ und „O“

314.

Laßt euch kein „X“ für ein „O“ vormachen!

Auf ein Blatt Papier ein Kästchengitter malen mit 2 Quer- und 2 Längslinien. Ein Spieler setzt ein „O“ in ein Kästchen, der andere Spieler ein „X“. Jeder Spieler versucht, drei „O“ oder drei „X“ entweder in einer Reihe oder in der Diagonalen unterzubringen. Dabei versucht jeder der beiden zu verhindern, daß der andere dies schafft. Wer eine Reihe zusammenbringt, bekommt einen Punkt und ist Sieger. Kann das Spiel auch unentschieden enden? Wer erreicht zuerst 5 Punkte? Um einiges schwieriger wird die Sache, wenn das Kästchengitter aus 3 oder 4 Quer- und Längslinien besteht. Auch hier gilt, jede Dreierreihe ergibt einen Punkt, dabei können auch bereits gesetzte „X“ und „O“ mit einbezogen werden. Probiert es aus!

ab 7

2

jederzeit

drinnen

leise

3 Min.

5 Min. +

1 Blatt Papier, 2 Stifte

315. Versteinerte Tänzer

Spielen

ab 3

mind. 2

jederzeit

drinnen

laut

5 Min.

30 Min. +

Wie sehen versteinerte Tänzer aus?

Laßt euch eine rhythmische Musik vorspielen und tanzt dazu. Wenn alle eine Weile getanzt haben, ruft ein Spielleiter „stop" und dreht die Musik ab - sofort müssen alle in der Stellung verharren, die sie beim Hören des Rufs gerade eingenommen haben. Erst wenn die Musik wieder weiterspielt, seid ihr aus der Versteinerung erlöst und dürft weitertanzen.

freie Zimmerfläche von ca. 10 qm; Radio oder Kassettenrekorder

mit Eltern

316. Frühlingsglocke

Basteln

ab 6

auch allein

Frühling

drinnen + draußen

leise

15 Min.

30 Min.

Läutet den Frühling mit der Frühlingsglocke ein: Bevor die ersten Blumen kommen, hängt ihr diese Glocke hinaus!

Blumentopf mit Plakafarbe innen und außen bemalen, trocknen lassen und mit Lack nachbehandeln. Aus Häkelgarn oder Schnur eine Kordel drehen. An das eine Ende der Kordel eine Perle als Klöppel festknoten, eine zweite Perle auffädeln, festknoten und das andere Ende durch das Abtropfloch des Blumentopfes ziehen, bis die zweite Kugel von innen direkt vor dem Loch sitzt. Dann die dritte Perle auffädeln und von außen vor dem Abtropfloch festknoten, eine Schlaufe machen, damit die Glocke aufgehängt werden kann.

kleiner Blumentopf aus Ton, 3 farbige Holzperlen, Häkelgarn oder Schnur, Plakafarben, Klarlack

mit Eltern

Geschick-lichkeits-spiele

Stäbchenstaffel

317.

Könnt ihr mit zwei „Stäbchen" leere Weinflaschen rollen? Nicht schieben, sondern rollen! Versucht es einmal, es ist nicht leicht!

Bildet zwei Mannschaften. Zuerst geht von beiden Mannschaften jeweils ein Spieler an den Start. Auf ein Signal hin beginnen die Spieler, mithilfe zweier Stäbchen die leere Weinflasche bis zu einem Wendepunkt zu rollen und von dort wieder zurück zum Start, wo der nächste Spieler die Stäbchen übernimmt und seinerseits nun die Flasche weiterrollt. Staffelsieger ist die Mannschaft, deren letzter Spieler die Weinflasche zuerst über die Startlinie gerollt hat. Wer ist der geschickteste Weinflaschenroller?

ab 6

mind. 4

jederzeit

drinnen + draußen

laut

5 Min.

30 Min. +

2 leere Weinflaschen, 4 Stäbchen (Kochlöffel o.ä.)

Spielen

Balltrio

318.

3 Spieler, 1 Ball und 2 Spielmöglichkeiten!

Zwei Spieler stehen sich gegenüber und werfen sich den Ball zu. Der dritte Spieler steht in der Mitte und versucht, den Ball abzufangen. Erst wenn es ihm gelingt, den Ball zu fangen, darf er den Platz mit einem der anderen tauschen.

Die beiden Außenspieler versuchen, den Spieler in der Mitte mit dem Ball zu treffen. Kann er ausweichen, wird weitergespielt. Wird er getroffen, so werden die Plätze getauscht.

ab 6

3

Sommer

draußen

laut

keine

30 Min. +

1 Ball

319. Zielscheibe

Geschicklichkeitsspiele

ab 6

mind. 3

jederzeit

drinnen

leise

10 Min.

20 Min. +

Wie oft trefft ihr ins Schwarze?

Zuerst eine Zielscheibe malen. Dazu an das eine Ende des Wollfadens einen Buntstift, an das andere eine Stecknadel befestigen. Die Stecknadel mit dem Wollfaden in die Mitte des Papierbogens stecken und mit dem am Wollfaden befestigten Stift rundum einen großen Kreis zeichnen. Nun den Wollfaden um 10 cm kürzen und wieder einen Kreis zeichnen. Dasselbe 6 mal wiederholen. Den innersten Kreis schwarz ausmalen. Dann die Zielscheibe an der Wand festkleben. Alle Spieler stellen sich in 5 m Entfernung auf. Mit verbundenen Augen und vorgestrecktem Stock versucht ein Spieler nach dem anderen, einen Treffer auf der Zielscheibe zu landen. Die einzelnen Treffer können mit dem jeweiligen Namen der Spieler markiert werden.

1 großer Bogen (Pack-) Papier, Buntstifte, Klebestreifen, 1 Stock, Tuch oder Schal, Stecknadel, Wollfaden (ca. 60 cm lang)

320. Figurenreihe

Basteln

ab 7

auch allein

jederzeit

drinnen

leise

10 Min.

30 Min. +

Papier, Buntstifte, Schere

Hier habt ihr eure ganze Schulklasse Hand in Hand! Wißt ihr überhaupt, wie eure Klassenkameraden/innen aussehen?

Einen langen Streifen Papier zuschneiden und wie eine Ziehharmonika falten. Möglichst doppelt so oft falten, wie Kinder in der Klasse sind! Dann wird auf das oberste Papier eine Figur zur Hälfte so aufgezeichnet, daß an der Faltkante zwei Verbindungsstellen bleiben. Die halbe Figur ausschneiden und das Papier auffalten. So entstehen lauter gleiche Figuren, die sich an der Hand halten. Jede Figur anmalen und mit einem Namen versehen.

Umwelt erleben

Waschstraße

321.

Alle Autos sind schmutzig und wollen durch die Waschstraße fahren!

Drei oder mehr Spieler nehmen sich ein Putzgerät zur Hand, knien sich hintereinander auf den Boden, bilden also die Waschstraße. Jetzt kommt das erste Auto „angefahren“, der erste Spieler krabbelt von einer Station zur anderen. Zuerst wird er abgebürstet oder abgeklopft, dann mit einem Waschlappen abgewischt, nun mit einem weichen Handtuch abgerieben, zuletzt mit dem Heißluftfön getrocknet. Denkt euch noch weitere Stationen aus! Wie fühlen sich die einzelnen Putzgänge an? Jeder Spieler darf einmal Auto und einmal Putzstation sein, der Spielleiter wechselt die Spieler entsprechend aus. An einem heißen Sommertag könnt ihr die Waschstraße in eurem Garten natürlich mit echtem Wasser spielen!

mit Eltern

1 Schwamm, 1 Bürste, 1 weiches Tuch, 1 hartes Tuch, eine Papprolle, 1 kleiner Besen o.ä. je nach Teilnehmerzahl

ab 4
mind. 4
jederzeit
drinnen + draußen
leise
10 Min. +
30 Min. +

Wort-spiele

Wörterball

322.

Mit dem Ball fliegt euch der Buchstabe zu. Schnell heißt es da, mit dem richtigen Wort zu antworten!

Stellt euch alle im Kreis auf. Bestimmt nun, mit welchen Wörtern geantwortet werden soll, mit euren eigenen Namen, denen berühmter Persönlichkeiten, Länder-, Tiere-, oder Pflanzennamen. Ein Spieler beginnt und wirft den Ball dem nächsten Spieler zu, dabei ruft er beispielsweise „B“. Der Spieler, der den Ball fängt, muß dann schnell einen Namen mit „B“ sagen und den Ball einem weiteren Spieler zuwerfen. Dabei ruft er beispielsweise „K“. Jetzt muß der dritte Spieler einen Namen mit „K“ sagen und den Ball seinerseits mit einem neuen Buchstaben auf die Reise schicken. Wer kein entsprechendes Wort findet, scheidet aus.

ab 8
mind. 5
Sommer
draußen
laut
10 Min.
15 Min. +
1 Ball

323. Hut ab!

Geschick-lichkeits-spiele

ab 6

mind. 2

Sommer

draußen

laut

15 Min.

20 Min. +

Zielen wie Wilhelm Tell!

Knüllt eine alte Zeitung zusammen und formt einen Kopf daraus. Einen Stock suchen und an einem Ende anspitzen. Den Zeitungskopf auf den Stock stecken und mit der Schnur befestigen. Jetzt wird dem Kopf Vaters alter Hut aufgesetzt und der Stock mit Kopf und Hut in die Erde gesteckt. Eine Abwurflinie bestimmen, von der alle Spieler nacheinander versuchen müssen, mit dem Ball den Hut vom Kopf zu schießen. Wer trifft den Hut als erster?

1 Stock (ca. 1,50 m lang), 1 Hut, 1 Ball, 1 alte Zeitung, Stück Schnur

324. Mini-Laternen

Basteln

ab 5

auch allein

Herbst

drinnen

leise

10 Min.

30 Min. +

Schmückt am St. Martinstag den Tisch mit Mini-Laternen oder schenkt sie euren Puppen und Tieren!

Mit Wachsmalkreiden die Hälfte eines Bogens Transparentpapier bemalen. Die bemalte Seite auf die unbemalte falten und darüberbügeln, dadurch schmilzt das Wachs, und es entstehen spiegelverkehrte Muster. Aus dem Transparentpapier mehrere (je nach Teilnehmerzahl) 12 cm lange und 5 cm breite Rechtecke ausschneiden. Diese zylinderförmig um die Teelichter kleben. Zur Stabilisierung um jedes Teelicht oben und unten einen etwa 1 cm breiten Streifen Glanzfolie kleben. Falls gewünscht, Mini-Laternen mit Draht und Holzstäbchen versehen, so daß tragbare Laternchen entstehen.

mit Eltern

Wachsmalkreiden, Transparentpapier (90 g schwer), Teelichter, Glanzfolie, Blumendraht, Holzstäbchen

Bügeleisen, brennende Kerze

Geschick-
lichkeits-
spiele

Wanjas Sonnenblumenkerne

325.

Um stark zu werden, ißt Wanja jeden Tag ein Schälchen voller Sonnenblumenkerne. Aber er muß es geschickt anstellen! Versucht, so geschickt zu sein wie Wanja!

Zählt eine bestimmte Anzahl von Sonnenblumenkernen ab! Jeder Spieler erhält ein mit Sonnenblumenkernen gefülltes und ein leeres Schälchen. Mit einer Stecknadel versucht dann jeder Spieler, so schnell wie möglich seine Kerne in das leere Schälchen umzufüllen. Sonnenblumenkerne, die danebenfallen, gelten als nicht angekommen. Wem es zuerst gelingt, alle Sonnenblumenkerne von einem zum anderen Schälchen zu befördern, ist so geschickt wie Wanja, darf sie aufessen oder an die anderen Mitspieler verteilen.

ab 6

mind. 2

jederzeit

drinnen

leise

10 Min.

20 Min. +

4 Schälchen, 2 Stecknadeln, Sonnenblumenkerne (alles je nach Teilnehmerzahl)

Streich-
holz-
spiele

Streichholzmikado

326.

Immer mit der Ruhe!

Eine leere Flasche wird in die Mitte gestellt. Jeder Spieler erhält 15 Streichhölzer. Ein Spieler nach dem anderen legt vorsichtig jeweils ein Streichholz auf die Flaschenöffnung. Kunstvoll werden die Streichhölzer auf diese Weise aufeinander geschichtet. Dabei muß gut aufgepaßt werden, daß sie nicht herunterfallen, denn wer sie herunterfallen läßt, muß sie alle als seinen Vorrat aufnehmen. Sieger ist, wer all seine Streichhölzer losgeworden ist.

ab 5

mind. 2

jederzeit

drinnen

leise

5 Min.

15 Min. +

leere Flasche, 15 Streichhölzer für jeden Spieler

327. Kastagnetten

Musik machen

ab 6

auch allein

jederzeit

drinnen

laut

10 Min.

30 Min. +

2 Holzlöffel, Laubsäge, Handbohrer, feines Schleifpapier, Lederschnur, Plakafarben, Pinsel, Sprühlack

Tanzt wie die Spanier mit Kastagnetten in den Händen! Stellt euch eure Kastagnetten selbst her!

Sucht zwei alte, möglichst gleich große Holzkochlöffel. Beide Stiele mit der Laubsäge an der Stelle absägen, wo sich der Stiel zum Löffel hin verbreitert. Die Sägekanten mit dem Schleifpapier glätten. Mit dem Handbohrer je zwei Löcher nebeneinander etwa 1 cm von der Sägekante entfernt in die Kochlöffel bohren. Die beiden Kochlöffel aufeinanderlegen und die Lederschnur durch die beiden Löcher ziehen. Zwei Finger auf die Kastagnetten legen und die Lederschnur über den Fingern verknoten (klappt nicht ohne fremde Hilfe!). Zum Schluß die Kochlöffel-Kastagnetten mit Plakafarben bunt bemalen, trocknen lassen und mit klarem Sprühlack behandeln. Schiebt zwei Finger durch das Lederband und schlagt die Kastagnetten mit diesen auf den Handballen. Mit dem Öffnen und Schließen der Hand wird der Rhythmus bestimmt!

mit Eltern

328. Langsame Mühle

Spielen

ab 3

mind. 2

jederzeit

drinnen + draußen

leise

1 Min.

10 Min. +

Wie schnell dreht sich die Mühle?

Die Spieler sitzen im Kreis. Der erste Spieler macht eine Faust und streckt seinen Daumen in die Höhe. An diesem Daumen hält sich der zweite Spieler fest und streckt ebenfalls seinen Daumen hoch, der dritte Spieler umfaßt mit seiner Faust den Daumen des zweiten Spielers, bis sich ein Daumenturm gebildet hat. Nun beginnt der unterste Spieler, den Daumenturm zu drehen (alle drehen mit) und sagt dabei den Spruch: „Die Mühle geht langsam, die Mühle geht langsam, die Mühle geht schneller, die Mühle geht schneller, immer schneller und schneller...." Die Mühle dreht sich so lange, bis der Daumenturm auseinanderbricht. Nun darf der nächste Spieler die Mühle andrehen.

mit Eltern

Geschicklichkeitsspiele

Weckringwerfen

329.

Das große Weckringwerfen!

Jeder Spieler besorgt sich drei Einweckringe und markiert sie mit einem Stift. Drei leere Flaschen werden in mind. 2 m Entfernung aufgestellt. Die Spieler versuchen nacheinander, entweder alle drei Ringe um eine vorher bestimmte Flasche zu werfen oder jeder Flasche einen Ring zu verpassen. Dabei können die Flaschen auch in drei verschiedenen Entfernungen aufgestellt sein. Oder es werden zwei Mannschaften gebildet, die jeweils drei oder auch mehr Ringe um die Wette werfen. Sieger ist immer, wer die meisten Treffer erzielt hat.

ab 5

mind. 2

jederzeit

drinnen + draußen

leise

5 Min.

30 Min. +

3 Einweckgummis pro Spieler, leere Flaschen

Basteln

Party-Zöpfe

330.

Verwandelt euer Zimmer oder euren Garten in die schönste Party-Landschaft! Laßt eure Gäste mitmachen!

Von verschieden farbigen Kreppapierrollen etwa 10 cm breite Streifen abschneiden. Diese nach Art einer Ziehharmonika falten und sie nach Belieben seitlich einschneiden. Dann können die Bänder um ihre eigene Achse gedreht und miteinander verschlungen werden. Besonders schön ist es, wenn die bunten Bänder als Zöpfe geflochten und im Zimmer oder im Garten aufgehängt werden. Schon kann die Party beginnen.

ab 6

auch allein

jederzeit

drinnen

leise

10 Min.

30 Min. +

verschiedenfarbige Kreppapierrollen, Schere

331. Fangbügel

Spielen

ab 3

auch allein

jederzeit

drinnen

leise

5 Min.

15 Min. +

Fangt den Korken!

Einen Drahtbügel derart verbiegen, daß der Hängeteil des Bügels einen Kreis und der Haken einen Griff bildet. Den Korken (die Kastanie, Garnrolle) mit dem Nagel durchbohren, einen Bindfaden durch das Loch ziehen und verknoten, das andere Ende des Bindfadens am Bügelring festbinden. Versucht, mit einer schwingenden Bewegung den Korken (Kastanie, Garnrolle) in den Kreis zu schleudern, ohne daß er den Drahtbügel berührt! Ein Mitspieler versucht gleichzeitig, den Korken zu fangen. Ist der Korken gefangen, werden die Rollen getauscht.

mit Eltern

Kleiderbügel aus Draht (aus der Reinigung), Bindfaden (ca. 50cm), Korken (Kastanie, Garnrolle), Nagel

332. Zauberkästchen

Spielen

ab 5

mind. 2

jederzeit

drinnen

leise

30 Min. +

30 Min. +

7 Streichholzschachteln, Glanzfolie, Schere, Klebstoff, Rosinen oder Mandeln

Eine Mandel ist in einer Streichholzschachtel versteckt - wer entdeckt sie ?

Zuerst werden aus den 7 Streichholzschachteln 7 Zauberkästchen, indem ihr sie alle gleichermaßen mit Glanzfolie beklebt. Danach wird ein Mitspieler zum Zauberer, murmelt einen Zauberspruch und steckt währenddessen eine Mandel oder eine Rosine in eine der Schachteln und vermengt sie. Jetzt liegen alle sieben Kästchen auf dem Tisch. Wer weiß, welches Kästchen gefüllt ist und welches nicht? Wer es errät, darf den Inhalt des Kästchens aufessen.

mit Eltern

Basteln

Faden-Kino

333.

ab 7

auch allein

jederzeit

drinnen

leise

keine

30 Min. +

Ihr könnt euch Bilder basteln, die sich bewegen.

Ihr schneidet aus einem dünnen, festen Karton ein viereckiges Stück Pappe aus, das etwa so groß ist wie eure Handfläche. Nun malt ihr auf ein Blatt Papier eine kleine Figur, beispielsweise eine Maus. Diese Maus paust ihr mit Pauspapier auf die linke Hälfte von einer Seite des Kartons. Dann dreht ihr den Karton um. Achtung: Klappt den Karton beim Umdrehen nicht nach links oder rechts, sondern nach oben oder unten, sonst funktioniert der Trick nicht. Auf die umgedrehte, nichtbemalte Seite des Kartons paust ihr dieselbe Maus noch einmal ab, aber diesmal auf die rechte Hälfte. Dann bohrt ihr auf der linken und rechten Seite des Kartons in der Randmitte ein Loch und bindet an beiden Löchern einen kurzen, dünnen Faden fest.

Jetzt kann die Kinovorstellung losgehen: Ihr haltet in jeder Hand ein Fadenende fest und schwingt die Pappscheibe zwischen euren Händen im Kreis, so daß sich der linke und der rechte Faden aufzwirbeln. Wenn ihr nun mit beiden Händen gleichzeitig beide Fäden auseinanderzieht, dreht sich die Pappscheibe ganz schnell, und ihr seht, wie eine kleine Maus von links nach rechts hin- und herhüpft.

dünner, fester Pappkarton, Nähfaden, Schere, Buntstifte

Geschicklichkeitsspiele

Dosenstelzen

334.

ab 6

mind. 2

Sommer

draußen

laut

30 Min.

30 Min. +

Auf bunten Dosen ins Ziel! Sammelt alte Konservendosen!

Jeder Spieler braucht zwei leere Dosen. 2 bis 3 cm vom Dosenboden entfernt werden zwei sich gegenüberliegende Löcher mit dem Handbohrer oder mit einem Schraubenzieher gebohrt. Durch diese Löcher eine feste Schnur ziehen und die Enden so weit oben verknoten, daß der Läufer die Schlaufe bequem halten kann, wenn er auf den beiden Dosen steht. Hat jeder Spieler seine Dosenstelzen fertig, so kann der Wettlauf beginnen. Natürlich können die Dosen noch lustig bemalt werden. Jetzt kann gewettet werden, ob die grünen, die blauen oder die roten Dosen Sieger sein werden!

mind. 2 Konservendosen, Handbohrer oder Schraubenzieher, feste Schnur, Plaka-Farben, Pinsel

335. Adventskette

Basteln

ab 7

mind. 2

Winter

drinnen

leise

Knackt jeden Tag im Dezember eine Nuß!

24 Walnüsse mit einem scharfen Messer halbieren. Aufgepaßt, daß die Schale nicht zerbricht! Die Walnußhälften entkernen und die Außenseite mit Goldbronze entweder besprühen oder anstreichen. Die Nußhälften mit Süßigkeiten oder wieder mit den Kernen füllen und so zusammensetzen, daß das rote Geschenkband dazwischen geklebt werden kann. Im Abstand von 2-4 cm die nächste Goldnuß auf das Band kleben. Sicher wißt ihr nicht mehr, was ihr in die einzelnen Nüsse gesteckt habt, oder doch?

1 Std. 1 Std. + mit Eltern

24 Walnüsse, Goldbronze, breites rotes Geschenkband (ca. 5 cm breit, 80–100 cm lang), Klebestoff, Rosinen, Bonbons, sonstige Süßigkeiten, die in die Nußschale passen, scharfes Messer

scharfes Messer

336. Schloßverteidiger

Spielen

ab 5

mind. 6

Sommer

draußen

laut

5 Min.

30 Min. +

1 Ball

Stellt euch vor, ihr seid eine Schloßmauer!

Stellt euch im Kreis auf und schaut nach innen. Spreizt leicht eure Beine und stellt euch - Bein an Bein - so dicht nebeneinander auf, daß die Mauer keine Lücke hat. Ein ausgezählter Spieler ist der Angreifer und versucht, den Ball durch die Beine in den Schloßhof zu werfen. Dabei darf die „Schloßmauer" die Beine nicht bewegen, sondern nur mit den Händen, den Oberkörper nach unten gebeugt, den Ball abwehren, um den Hof zu verteidigen. Wer den Ball durchläßt, muß als nächster angreifen.

Geschick-
lichkeits-
spiele

Narrenolympiade

337.

Wer bei der „Narrenolympiade" erfolgreich sein will, muß einige Kunsstücke beherrschen.

Das rechte Auge schließen, gleichzeitig mit dem linken Auge jemandem zublinzeln und umgekehrt. Mit den Ohren wackeln, ohne sie zu berühren. Auf einem Bein eine Achterfigur hüpfen. Mit verbundenen Augen Streichhölzer in die Streichholzschachtel füllen. Mit einem Stift zwischen den Zehen eine Blume malen. Ein Lied pfeifen, während die anderen Grimassen schneiden. Einem anderen solange ernst in die Augen schauen, bis dieser zu lachen beginnt. Mit einen Apfel auf dem Kopf durch das ganze Zimmer laufen. Mit den Füßen Holzperlen einsammeln und in eine Schachtel befördern. Einen Hut von den Fußspitzen aus in die Luft werfen und mit dem Kopf auffangen. Jeder „Narr" kann jede Disziplin versuchen. Notiert, wer welche Kunststücke fertigbrachte und verteilt entsprechende Medaillen!

ab 7

mind. 4

jederzeit

drinnen

laut

10 Min.

45 Min. +

mit Eltern

Hut, Streichhölzer und Streichholzschachtel, Tuch, 1 Bogen Papier, Stift, Holzperlen, kleine Schachtel, Apfel

Geschick-
lichkeits-
spiele

Dreieckswettkampf

338.

Aus Punkten werden Linien, aus Linien werden Dreiecke, aus den Dreiecken ergibt sich ein tolles Muster!

Auf ein Blatt werden abwechselnd von den beiden Spielern beliebig viele Punkte gesetzt. Dann verbinden die Spieler hintereinander immer zwei Punkte durch einen Strich und zwar so, daß sich lauter Dreiecke ergeben. Wer ein Dreieck schließt, darf es in seiner Farbe ausmalen. Wer gewinnt am Ende die meisten Dreiecke?

ab 6

mind. 2

jederzeit

drinnen

leise

1 Blatt Papier, verschieden farbige Stifte

15 Min. +

3 Min.

339. Lirum-Larum

Spielen

ab 6

mind. 5

jederzeit

drinnen

laut

3 Min.

„Lirum - Larum - Löffelstiel, wer das nicht kann, der kann nicht viel!"

So spricht der Oberkoch und betont jede Silbe, indem er mit seinem Kochlöffel auf den Tisch klopft. Dann macht er eine kaum wahrnehmbare Kochbewegung und gibt den Kochlöffel an einen Kochlehrling weiter. Dieser wiederholt dieselben Worte und die Bewegungen und reicht den Kochlöffel auf die gleiche Weise weiter. Vergißt er aber die vom Oberkoch vorgezeigte Bewegung oder hat sie nicht erkannt, muß er ein Pfand abgeben. Wieder beginnt der Oberkoch, spricht die Worte und vollführt eine neue unwesentliche Bewegung, die die Lehrlinge genau beobachten müssen. Welcher Lehrling war wieder unaufmerksam? Der Lehrling, der bei mehreren Runden alles mitbekommen hat, wird der nächste Oberkoch.

30 Min. +

Kochlöffel

340. Papierdrachen

Basteln

ab 6

auch allein

Herbst

drinnen + draußen

leise

30 Min. +

Kleiner Papierdrachen für kleine Leute schnell gefertigt!

Das quadratische Papier diagonal falten. Meßt die Seiten A und B aus und teilt sie durch 3. Zieht zwischen dem ersten Drittel der Seite A und dem Eckpunkt der Diagonalen eine Linie und faltet das Blatt entlang dieser Linie nach innen. Genauso knickt ihr Seite B. Die Spitzen der gefalteten Flügel knickt ihr nach außen. Darunter zwei Befestigungspunkte markieren, mit Klebstreifen verstärken, dann Löcher durchbohren. Durch die Befestigungspunkte Schnüre ziehen, am Blatt verknoten und beide locker zusammenbinden. Am Knotenpunkt der beiden Schnüre die Drachenschnur befestigen. An das Ende des Drachens klebt ihr lange bunte Papierstreifen oder eine kleine Schwanzschnur mit eingeknoteten Papierstreifen fest. Bereits ein leichter Wind wird euren Drachen in die Lüfte heben!

30 Min. +

Tonpapier oder Zeichenpapier (30 x 30 cm oder 50 x 50 cm), Klebstoff, Schere, farbige Papierstreifen, Drachenschnur aus Zwirn oder Nylon (auf einer Abwickelrolle), 2 Verbindungsschnüre

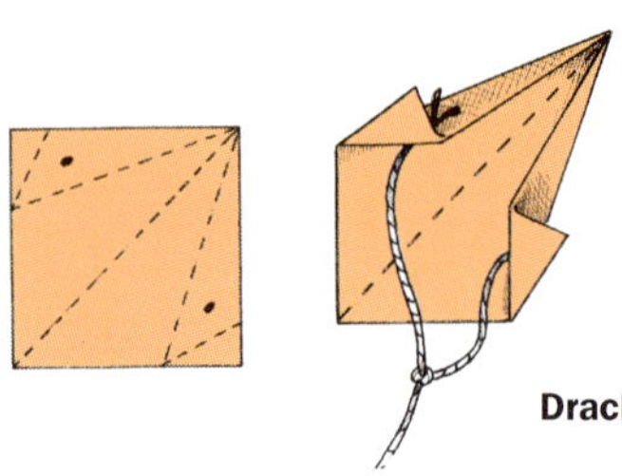

mit Eltern

Drachen dürfen nicht überall fliegen!

Spielen

Schwarzer Peter

341.

ab 4

mind. 5

jederzeit

draußen

laut

1 Min.

30 Min. +

Wer hilft dem Schwarzen Peter?

Der Schwarze Peter steht auf der einen Seite des Spielfeldes, die Mitspieler verteilen sich auf der anderen Seite. Auf ein Signal hin laufen die Spieler durch das Spielfeld hin und zurück. Der Schwarze Peter kommt ihnen entgegen und versucht, sie zu fangen. Dabei darf der Schwarze Peter aber nur nach vorn oder zur Seite laufen, niemals zurück. Der erste Gefangene darf dem Schwarzen Peter helfen. Schwarzer Peter der nächsten Spielrunde ist derjenige, der als letzter gefangen wurde.

Geschicklichkeitsspiele

Pfennigakrobat

342.

ab 6

mind. 3

jederzeit

draußen

leise

5 Min.

30 Min. +

Wer ist der beste Pfennigakrobat?

Sucht euch eine Hauswand, eine Mauer oder zieht mit dem Stock eine Ziellinie in den Boden. Jeder Spieler wirft ein Pfennigstück möglichst nah an die Wand oder die Ziellinie. Wer seinen Pfennig dem Ziel am nächsten geworfen hat, darf alle Pfennige einsammeln. Dann kann er sich als Pfennigakrobat bewähren: die eingesammelten Pfennige müssen mit einem Schwung in die Höhe geworfen und mit dem Handrücken aufgefangen werden. Alle Pfennige, die er fängt, gehören dem Akrobaten. Denkt euch noch weitere schwierige Kunststücke aus!

mehrere Pfennige für jeden Spieler

343. Rübenziehen

Spielen

ab 5

mind. 6

jederzeit

drinnen + draußen

laut

5 Min.

Eine Riesenrübe soll geerntet werden!

Bildet zwei gleichgroße Mannschaften. Die eine Mannschaft ist die Riesenrübe, die andere die Bauernfamilie, die die Rübe zu ernten versucht. Die Spieler stellen sich hintereinander auf, wobei immer der hintere den vorderen Spieler um die Hüfte faßt. Die beiden ersten Spieler der beiden Gruppen reichen sich die Hand. Nun versucht die Bauerngruppe, die Rübengruppe über den Strich, d. h. aus dem Boden, zu ziehen. Alle helfen beim Ziehen mit, die Rübe leistet großen Widerstand. Vermag die Bauernfamilie die Rübe zu ernten?

30 Min. +

344. Das geheimnisvolle Wasser

Experimente

ab 8

auch allein

jederzeit

drinnen

leise

15 Min.

10 Min.

1 Teller, 1/2 Kartoffel, 9 Streichhölzer, 1 Streichholzschachtel, 1 Glas, 3 EL Wasser

Wetten, daß Wasser ohne Pumpe bergauf laufen kann?

Einen Teller mit 2 bis 3 EL Wasser füllen. In eine halbe Kartoffel 8 neue Streichhölzer stecken. Die auf diese Weise präparierte Kartoffel auf den Teller legen und die Streichhölzer nacheinander anzünden. Zuletzt ein Glas über die brennende Kartoffel stülpen. Was passiert? Auf geheimnisvolle Weise wird das Wasser in das Glas steigen. Könnt ihr euch erklären, warum?

Lösung: Durch die Hitze im Glas entsteht ein sog. Unterdruck, durch den das Wasser in das Glas hochgezogen wird.

mit Eltern

offenes Feuer

Geschick- lichkeits- spiele

Schwamm drüber

345.

„Schwamm drüber" - das Spiel für einen heißen Sommertag!

Jeder Spieler bekommt ein Glas und einen Schwamm. Außerdem werden ein paar mit Wasser gefüllte Schüsseln aufgestellt. Nun ertönt ein Signal, und alle Spieler beginnen mit Hilfe des Schwammes ihr Glas mit Wasser zu füllen. Den Schwamm in die Wasserschüssel tauchen und dann den Schwamm über dem Glas ausdrücken! Wer hat seinen Becher am schnellsten gefüllt? Der Sieger bekommt einen leckeren Drink!

ab 4

mind. 2

Sommer

draußen

laut

15 Min.

10 Min. +

mit Wasser gefüllte Schüsseln, Gläser, Schwämme je nach Teilnehmerzahl

---

Wort- spiele

Alle Vögel fliegen hoch!

346.

Was fliegt und was fliegt nicht?

Alle Spieler trommeln gleichmäßig mit den Zeigefingern auf den Tisch. Dann ruft der Spielleiter: „Alle Vögel fliegen hoch!", und alle Spieler heben die Arme in die Luft. Dann wird heftig weiter getrommelt. Nun heißt es: „Alle Eulen fliegen hoch!" oder „Alle Schwäne fliegen hoch!" oder „Alle Segelflugzeuge fliegen hoch!". Immer schneller fliegen die Arme der Spieler in die Luft. „Alle Fahrräder fliegen hoch!" Wer jetzt nicht weitertrommelt, sondern wieder die Hände hochhebt, muß ein Pfand abgeben oder scheidet aus.
Was ist zu tun bei „Alle Pfauen fliegen hoch!"?

ab 6

mind. 4

jederzeit

drinnen

laut

1 Min.

mit Eltern

30 Min. +

347. Zwergenwiege

Basteln

ab 4

auch allein

jederzeit

drinnen

leise

10 Min.

20 Min.

Eine besondere Wiege für Zwergenkinder!

Eine leere Streichholzschachtel rundum mit buntem Papier bekleben. Aus bunter Pappe einen Kreis schneiden (Durchmesser so lang wie die schmale Seite der Streichholzschachtel). Den Kreis in zwei Halbkreise aufteilen und jeweils einen Halbkreis oben und unten am durchschiebbaren Schachtelteil mit Klebstoff befestigen. Jetzt den Zahnstocher in die Perle kleben und auf die Perle ein kleines Schlafgesichtchen malen. Ein Stück Stoff als Nachthemd um den Zahnstocher wickeln, festkleben oder festnähen. Zuletzt ein Filzstück oder etwas Stoff in die Schachtel legen, und schon kann der kleine Zwerg in seiner Wiege schlafen! Manchmal will der kleine Zwerg herausschauen, schwupps, dann geht die Wiege auf. Will er seine Ruhe haben, schwupps, geht die Wiege wieder zu!

1 leere Streichholzschachtel, 1 größere Holzperle, 1 Zahnstocher, etwas Stoff oder Filz, ein Stück Pappe, Filzstifte, Klebstoff, Schere

mit Eltern

348. Wetterhahn

Basteln

ab 9

auch allein

jederzeit

drinnen + draußen

leise

10 Min.

30 Min. +

Woher weht der Wind? Bastelt euch euren eigenen Wetterhahn!

Radiergummi auf ein Stück Pappe kleben. In die Mitte des Joghurtbecherbodens mit der Schere ein Loch bohren und den Strohhalm durchschieben. Eine Stecknadel in den Radiergummi stecken. Darauf den Strohhalm samt Joghurtbecher stülpen, so daß sich der Strohhalm um die Stecknadel drehen kann. Den Joghurtbecher auf die Pappe kleben. Oben in den Strohhalm zwei gegenüberliegende Schlitze (ca. 1 cm) machen und einen aus Pappe gefertigten Wetterpfeil (ca. 1,5 cm breit und 15 cm lang) einlegen und festkleben. Auf ein weiteres Stück Pappe einen Hahn malen, ausschneiden und in die Mitte des Wetterpfeils kleben. Zuletzt mit Hilfe eines Kompasses die Himmelsrichtungen ermitteln und auf die Pappe um den Joghurtbecher herum aufzeichnen.

1 Joghurtbecher, 1 Stück Pappe, Klebstoff, 1 Stecknadel, 1 Radiergummi, 1 Strohhalm, Schere, Stifte, Kompaß

mit Eltern

Spielen

Hüpfkarussell

349.

Steigt ein in das Hüpfkarussell!

Ein Tennis- oder Gummiball wird an einer Schnur befestigt. Ein Spieler hält die Schnur mit dem Ball in der Hand und dreht sich langsam um sich selbst. Dadurch beschreibt der Ball einen großen Kreis. Nun versuchen die Spieler, nacheinander in den Kreis zu springen, und müssen rechtzeitig hochhüpfen, um dem heransausenden Ball auszuweichen. Wer vom Ball getroffen wird, löst den Ballschwinger in der Mitte ab. Je schneller sich das Karussell dreht, desto schwieriger wird es, dem Ball zu entkommen. In diesem Fall müssen die Karussellhüpfer fast alle gleichzeitig hochspringen. Versucht es einmal!

ab 6

mind. 3

Sommer

draußen

laut

5 Min.

20 Min. +

lange Schnur (ca. 3m lang), 1 Tennisball

Geschicklichkeitsspiele

Schweinerei

350.

So eine „Schweinerei"!

Bindet euch ein Tuch vor die Augen und versucht, nacheinander blind ein Schweinchen (einen Elefanten, eine Maus) zu zeichnen! Außerdem signiert jeder Zeichenkünstler noch blind sein Werk. Wem ist ein richtiges Schweinchen gelungen? Wie gefällt euch eure „Schweineparade"?

ab 7

auch allein

jederzeit

drinnen

leise

5 Min.

10 Min.

1 Tuch oder Schal, mehrere Bogen Papier, Stifte je nach Teilnehmerzahl

351. Geheimsprache

Wort-spiele

ab 7

mind. 2

jederzeit

drinnen + draußen

laut

1 Min.

20 Min. +

Das Besondere an einer Geheimsprache ist, daß sie niemand außer ein paar Eingeweihten verstehen kann.

Eine der geheimsten Geheimsprachen ist die B-Sprache. Ihr sprecht einfach nach jedem Vokal (also jedem a, e, i, o, u, ä, ö und ü) ein „b" und wiederholt den Vokal noch einmal. Das klingt dann etwa so: „Kabannst Dubu sprebecheben diebe Bebe-Sprabachebe?" Na, verstanden? Wenn ihr die B-Sprache schnell sprecht, dann wird euch niemand mehr verstehen können. Und natürlich könnt ihr auch einen anderen Buchstaben anstelle des „b" verwenden – probiert es einfach aus – es klappt fast immer!

352. Papptrommel

Musik machen

ab 5

auch allein

jederzeit

drinnen + draußen

laut

5 Min.

1 Std. +

Wer mit einer Trommel, selbst gebaut,
so richtig auf die Pauke haut,
den vernimmt man nah und fern.
Hört er's nur selber gern?

Die leere Papptrommel auf den Kopf stellen und unterhalb des Randes mit dem Dosenpiekser zwei gegenüberliegende Löcher pieksen, durch die Schnur oder Band als Schultergurt gezogen werden können. Die Rundseite der Trommel mit Geschenkpapier oder bemaltem Packpapier bekleben. Als Schlagwerkzeuge dienen Fleischklopfer, große Löffel aus Holz und Spielzeughammer.

mit Eltern

Waschmittel-Papptrommel ohne Deckel, altes Geschenk- oder Packpapier, altes Geschenkband (dick und kräftig) oder Schnur, Schere, Klebstoff, Wasserfarben, Kreide, Dosenpiekser, Schlagwerkzeuge aus Holz (Spielzeughammer, Fleischklopfer oder große Löffel)

Geschicklichkeitsspiele

Sitz-Staffel

353.

Eine kleine Staffel, bei der auf keinen Fall die Hände zu Hilfe genommen werden dürfen!

Zuerst bildet ihr zwei gleich große Mannschaften, die sich an einem Tisch gegenübersitzen. Nun steckt sich jeder der Teilnehmer den Griff einen Suppenlöffels in den Mund. Zwei sich gegenübersitzende Wettkämpfer am linken oder am rechten Ende des Tisches legen einen Tischtennisball in ihre Löffelmulde. Nach dem Kommando „Achtung, fertig, los!" muß jeder der beiden versuchen, seinen Tischtennisball mit seinem Löffel in den Löffel seines Tischnachbarn zu befördern. Wenn einer Mannschaft der Ball runterfällt, muß sie wieder von vorne anfangen. Gewonnen haben die, deren Ball zuerst am anderen Tischende ankommt.

ab 6

mind. 8

jederzeit

drinnen

laut

1 Min.

20 Min. +

pro Teilnehmer 1 Löffel, 2 Tischtennisbälle, 2 Buntstifte

Spielen

Treffpunkte

354.

Ob die beiden sich wohl treffen?

Zwei Spieler stehen etwa 20 bis 30 Meter weit voneinander entfernt. Jeder merkt sich die Richtung des anderen. Nun werden beiden Spielern die Augen verbunden. Sie gehen aufeinander zu, versuchen sich zu treffen, an den Händen anzufassen und ein Tänzchen zu wagen. Verfehlen sie sich aber, so rufen die Zuschauer: „Hänschen (Anna ...) klein, ging allein ...!"

Wenn sie sich gefunden und miteinander getanzt haben, nehmen sie die Augenbinde ab und übergeben sie dem nächsten Paar. Wer hat am Ende wen getroffen?

ab 8

mind. 4

jederzeit

draußen

leise

5 Min.

30 Min. +

2 Tücher

355. Bananenzauber

Zauber-tricks

ab 8

auch allein

jederzeit

drinnen

leise

30 Min.

5 Min.

Kennt ihr schon den Bananenzauber?

Murmelt einen geheimnisvollen Zauberspruch, schwingt euren Zauberstab vor den Augen der Zuschauer über einer Banane: „Hokuspokus – fidibus – dreimal schwarzer Kater“ – schon ist die Banane unsichtbar in kleine Stückchen aufgeteilt! Denn wenn ihr der Banane die Schale abzieht, kommen lauter kleine Stückchen zum Vorschein. Diese verteilt ihr an die Zuschauer! Wie konnte das wohl geschehen?

Lösung: Präpariert zuvor die Banane: Festen Faden auffädeln und durch den ersten Streifen der Banane ziehen, die Nadel herausziehen und am Ausstichsloch wieder einstechen und durch den nächsten Streifen der Bananenschale ziehen, auf diese Weise fortfahren, bis ihr wieder am Ausgangspunkt angelangt seid. Die Fadenenden fest anziehen und dadurch die Banane unsichtbar zerteilen. Diesen Näh-Vorgang alle 2–3 cm wiederholen. Die jeweiligen Fadenenden so abschneiden, daß sie nicht mehr sichtbar sind. Zwischen Vorbereitung und Vorführung nicht zu lange warten, damit die Banane keine verdächtig braunen Stellen bekommt!

1 grobe Nadel, fester Faden (ca. 50 cm lang), 1 Banane, Zauberstab

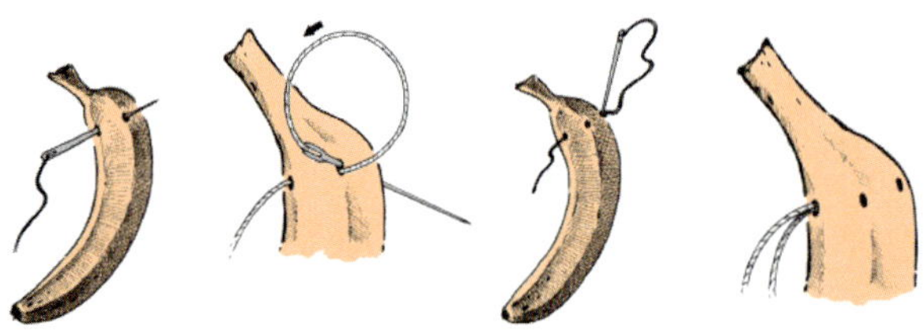

356. Dreibeinlauf

Spielen

ab 5

mind. 4

jederzeit

drinnen + draußen

laut

Zwei Spieler – drei Beine! Ihr habt ein Bein mehr, aber kommt ihr auch schneller vorwärts?

Zwei Spieler stellen sich nebeneinander auf. Dann werden die beiden sich berührenden Beine mit einem Schal, Tuch oder Gürtel zusammengebunden. Von einer Startlinie aus geht der Lauf bis zu einem vorher abgemachten Zielpunkt. Dort wird gewendet, und zurück geht's an den Start, wo schon der nächste „Dreibeiner“ auf das Tuch wartet. Mit der Stoppuhr bestimmen, welcher „Dreibeiner“ der schnellste war. Besonders hoch geht's her, wenn zwei Mannschaften gleichzeitig den Dreibeinlauf veranstalten!

5 Min.

30 Min. +

Tuch, Schal oder Gürtel, Stoppuhr

Basteln

Selbstgemachte Briefumschläge

357.

Einmal ist ein Postbote beim Sortieren seiner Briefumschläge eingeschlafen, weil er nur lauter weiße und langweilige Briefumschläge vor sich hatte. Wenn ihr einen Brief schreiben und keine Langweiler sein wollt, dann bastelt euch doch die Briefumschläge selbst!

Legt einen normalen (langweiligen) Briefumschlag in warmes Wasser, bis sich der Klebstoff gelöst hat, und faltet ihn auseinander. Dann legt ihr ihn zum Trocknen zwischen eine alte Zeitung und stapelt mehrere Bücher zum Glattpressen darauf. Wenn der Umschlag getrocknet ist, habt ihr eine gute Vorlage, nach der ihr aus alten Zeitschriften oder Comic-Heften bunte Umschläge ausschneiden könnt. Nun müßt ihr das ausgeschnittene Papier genauso falten wie eure Vorlage und zusammenkleben - fertig ist euer ganz spezieller Briefumschlag. Die Adresse schreibt ihr auf einen kleinen rechteckigen Zettel und klebt ihn auf den Umschlag, sonst kann der Postbote womöglich nicht lesen, wohin der Brief geschickt werden soll.

ab 6

auch allein

jederzeit

drinnen

leise

1 Min.

30 Min. +

normaler Briefumschlag, alte Zeitschrift oder altes Comic-Heft, Schere, Klebstoff

---

Wortspiele

Hellsehen

358.

Der Hellseher behauptet: „Ich weiß, auf welchem der drei Stühle jemand gesessen hat, ohne es zu sehen!"

Drei Stühle werden in die Mitte eines Zimmers gestellt. Der Hellseher wird vor die Tür geschickt. Nun setzt sich ein Spieler kurz auf einen der Stühle, steht wieder auf und stellt sich an seinen vorherigen Platz zurück. Der Hellseher wird vom Spielleiter hereingerufen. Sofort bezeichnet er den richtigen Stuhl. Wie kann er wohl den richtigen Stuhl so schnell erkennen? Macht noch einmal einen Test mit ihm? Hat er wieder richtig hellgesehen?

Lösung: Vor Spielbeginn hat der Hellseher mit dem Spielleiter eine Art Losung vereinbart: Ruft der Spielleiter: „Komm!", so saß ein Spieler auf dem ersten Stuhl. Beim Ruf: „Komm herein!", saß ein Spieler auf dem zweiten Stuhl. Beim Ruf: „Dani, komm herein!", war es der dritte Stuhl.

ab 8

mind. 2

jederzeit

drinnen

leise

3 Min.

15 Min. +

mit Eltern

3 Stühle

359. Einbeinige

Spielen

ab 5

mind. 2

Sommer

draußen

leise

keine

30 Min. +

Der schnellste Einbeinige!

Jeder Spieler faßt mit der rechten Hand seine rechte Ferse und zieht den Fuß so hoch, daß er nur noch auf einem Bein steht. Nach dem Startruf „Los!" hüpft er so schnell wie möglich zur Ziellinie. Dort umfaßt er mit der linken Hand die linke Ferse, und zurück geht's zur Startlinie! Wer schafft dies nur mit dem rechten, wer nur mit dem linken Bein? Wer kann auf beiden Beinen gleich gut hüpfen? Nach diesem Wettlauf wißt ihr, wer von euch die „Rechtsbeiner" und wer die „Linksbeiner" sind? Stimmt es mit den Händen überein?

360. Raketenstart

Spielen

ab 6

auch alleine

jederzeit

drinnen + draußen

laut + leise

10 Min.

20 Min. +

großer Luftballon, dünne, lange (und möglichst glatte) Schnur, Strohhalm, Klebeband

Wir zählen: zehn, neun, acht, sieben …
Es zischt die Rakete von Luft getrieben!

Ihr befestigt das eine Ende der Schnur einige Meter entfernt an einer Halterung (an einem Türgriff, einem Ast oder einem Zweig). Ihr steht am anderen Ende der Schnur. Auf den voll aufgepusteten Ballon (gut zuhalten!) befestigt ihr der Länge nach mit Klebeband den Strohhalm. Nun zieht ihr die Schnur durch den Strohhalm und spannt sie. Und dann zählt ihr von zehn auf null herunter, laßt den Ballon los, und die Rakete startet!

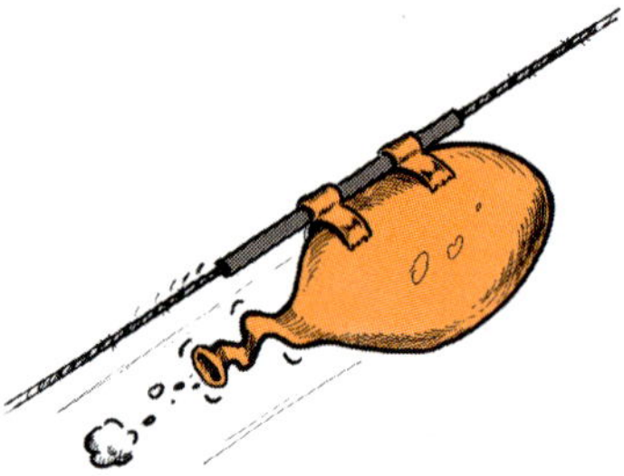

Geschicklichkeitsspiele

Mehlwurm

361.

Welcher Mehlwurm hebt den Schatz?

Eine große Tasse Mehl wird mitten auf dem Tisch ausgeleert. Oben auf den Mehlhaufen wird ein Schokoladenstück (es kann auch eine Mandel oder ein Walnußkern sein) als Schatz gesteckt. Nacheinander schneiden die Spieler mit einem stumpfen Messer vorsichtig ein Stückchen vom Mehlberg ab. Wem beim Schneiden der Schatz vom Mehlberg fällt, muß ihn mit dem Mund herausholen, ohne dabei die Hände zur Hilfe zu nehmen. Wie hat der Schatz geschmeckt, Herr/Frau Mehlwurm?

ab 5

mind. 3

jederzeit

drinnen

laut

5 Min.

30 Min. +

1 Tasse Mehl, 1 stumpfes Messer, 1 Schokoladenstück

Geschicklichkeitsspiele

Kirschenlauf

362.

Wer seine Kirschen ins Ziel bringt, darf sie aufessen!

Zuerst auf den Boden eine kurvenreiche Linie bis zu einem vorher ausgemachten Ziel malen! Jeder Spieler erhält einen Kochlöffel, auf dem mehrere Kirschen liegen. Jetzt heißt es mit dem gefüllten Kochlöffel die Linie entlang laufen, ohne daß die Kirschen vom Löffel fallen. Nacheinander gehen die Spieler an den Start. Wer seine Kirschen verloren hat, muß sie am Ende des Spiels aufsammeln. Wer sie ins Ziel bringt, s.o.!

ab 5

mind. 4

Sommer

draußen

laut

10 Min.

30 Min. +

Kochlöffel, Kirschen je nach Teilnehmerzahl

363. Ballon-Volley

Spielen

ab 7

mind. 6

jederzeit

drinnen

laut

10 Min.

20 Min. +

1 Luftballon, 1 Schnur, 2 Stühle

Ihr seid zwar viele Spieler, habt aber nur einen Luftballon! Darum teilt eure Gruppe in zwei Mannschaften und spielt gegeneinander!

Spannt eine Schnur zwischen zwei Stühlen, so daß sich ein zweigeteiltes Spielfeld ergibt. Einer wirft den Luftballon hoch, und jede Mannschaft muß versuchen, den Ballon in das Spielfeld des Gegners zu befördern – aber nur mithilfe des Kopfes oder der Füße, nicht mit den Händen! Der Luftballon darf im eigenen Feld nur dreimal berührt werden und muß dann über die Schnur zurückgespielt werden. Fällt der Luftballon im eigenen Feld auf den Boden, dann bekommt die gegnerische Mannschaft den Punkt. Nach einer festgesetzten Zeit werden die Punkte gezählt. Hoffentlich ist der Ballon zuvor nicht geplatzt!

364. Vortänzer

Geschicklichkeitsspiele

ab 5

mind. 2

jederzeit

drinnen + draußen

laut

3 Min.

30 Min. +

Musik

Wählt euch einen Vortänzer, dazu eine gute Musik, und schon kann es losgehen.

Ein Vortänzer marschiert im Takt durchs Zimmer. Alle anderen Spieler marschieren hinterher. Der Vortänzer rudert mit dem linken Arm, die anderen ebenso. Dann hüpft er auf einem Bein, kriecht auf allen Vieren, macht Riesenschritte oder kleine Sprünge. Fällt ihm nichts mehr ein, ernennt er einen anderen Spieler zum Vortänzer. Dieser tanzt rückwärts, hüpft in der Hocke oder schüttelt den Kopf im Gehen. Denkt euch weitere lustige „Tanzschritte" aus!

Feurige Hexe

365.

ab 8

mind. 5

jederzeit

draußen

laut

5 Min.

45 Min. +

1 Mütze oder 1 Tuch, 1 kleines Stöckchen

Vorsicht! Die feurige Hexe kommt!

Einer der Spieler wird als Hexe ausgezählt und bekommt eine Mütze oder ein Tuch aufgesetzt. Die Hexe schlägt mit ihrem kleinen Zauberstöcken alle anderen Spieler ab und schickt sie als Gefangene in den „Backofen". Gelingt es aber einem Spieler, ihr das Tuch vom Kopf zu ziehen, ohne daß sie ihn zuvor berührt hat, so werden dadurch alle Gefangenen befreit. Wer das Tuch ergattert hat, wird die neue Hexe. Tüchtigste Hexe ist, wer alle Spieler gefangen hat.

Euer Spielvorschlag:

Kategorie:

ab welchem Alter:

Teilnehmerzahl (mind.):

Jahreszeit:

☐ drinnen ☐ draußen

☐ laut ☐ leise

Vorbereitungszeit:

Spieldauer:

Gefahr wodurch?

☐ mit ☐ ohne Eltern

Skizze (falls notwendig)

Material

Titel:

Text

Haben Euch einige Spiele besonders gut gefallen?

Dann schreibt eure Lieblingsspiele hier auf und schickt die Liste an uns (Adresse siehe unten):

1. ______________________________
Titel Spielnummer

2. ______________________________
Titel Spielnummer

3. ______________________________
Titel Spielnummer

4. ______________________________
Titel Spielnummer

5. ______________________________
Titel Spielnummer

Unsere Adresse:

Beust Verlag
Fraunhoferstr. 13
80469 München

Mit der Einsendung eines Spiels nehmen Kinder bis einschließlich 15 Jahre an einer jährlich am 30. Juni stattfindenden Verlosung von sechs attraktiven Preisen teil. Die besten Einsendungen werden dann in der jeweils neuen Ausgabe dieses Buches mit Namensnennung abgedruckt. Von der Teilnahme sind Mitarbeiter und deren Angehörige ausgeschlossen. Die Verlosung findet unter Aufsicht eines Rechtsanwaltes statt (der Rechtsweg ist ausgeschlossen).

Einverständniserklärung der Eltern/Erziehungsberechtigten:
Mit der Veröffentlichung des von meinem/unserem Kind/Kindern obenstehend vorgeschlagenen Spiels in dem Buch *Sendepause – 365 x fernsehfrei und Spaß dabei* für alle Auflagen und Ausgaben einschließlich aller Nebenrechtsverwertungen, erkläre ich mich einverstanden und übertrage im Namen meines Kindes honorarfrei eventuell erforderliche Nutzungsrechte auf den Beust Verlag; auf Honoraransprüche seitens meines Kindes verzichte ich:

Absender:

Straße: Name des Kindes:

PLZ, Ort: Alter:

Unterschrift der/des Erziehungsberechtigten:

Weitere Titel der Reihe KidsWorld im Beust Verlag

200 S., 77 farbige Ill.,
DM/SFr24,80 , 184 ÖS,
ISBN 3-89530-000-4

Buch der Woche des Süddeutschen Rundfunks, Herbert Spaich:
„... der beste Erziehungs-Ratgeber seit langem. Ein wunderbares Buch für ‚Praktiker', dem es gelingt, mit ‚Aha'-Erlebnissen bei der Lektüre wirklich weiterzuhelfen ..."

Berliner Morgenpost:
„Eine Reise durch die Kinderseele ... informativ, wissenschaftlich fundiert, mutmachend, ideenreich, humorvoll erzählend ... Gespickt mit praktischen Handlungsanleitungen und gewürzt mit peppigen Illustrationen."

Saarländischer Rundfunk:
„Wenn Sie dieses Buch mit seinen gut strukturierten Kapiteln lesen, werden Sie buchstäblich die stützende Hand auf Ihrer Schulter spüren."

Die Rheinpfalz:

„Die Autoren liefern eine Reihe von überzeugenden Gründen dafür, Computer in die Erziehung mit einzubeziehen."

Abendzeitung, München:

„Ein umfassender Ratgeber."

PC Praxis, Düsseldorf:

„Das Buch begleitet Mütter und Väter mit praktischen Tips zu Hard- und Software sowie pädagogischen Richtlinien kompetent und mit Spaß bis zum zehnten Lebensjahr ihres Kindes."

Bildzeitung:

„Mit diesem Elterratgeber sind Sie ganz schnell im Thema und können bestimmen, welche Hard- und Software im Kinderzimmer künftig stehen soll."

224 S., 38 Ill., 24,80 DM,
24,80 SFr, 184 ÖS, ISBN 3-89530-010-1

Die Wochenzeitung, Basel

„witziger Stil, ... predigt keine Lehrmeinungen, sondern regt zu einem bewußten Umgang mit Essen an."

Nordwest-Zeitung

„Angenehm aus dem Rahmen fällt das Buch nicht nur durch seine witzigen Karikaturen, sondern auch durch pfiffige, halbwegs gesunde Kinderpartyrezepte."

192 S., 35 farbige Ill., 24,80 DM,
24 ,80 SFr, 184 ÖS, ISBN 3-89530-002-0

Die aktuelle, Nürnberg
„Mit Witz und Charme bringt das Enkel-ABC Großeltern von heute auf neue überraschende Weise wieder das Buchstabieren bei."

Saarbrücker Zeitung
„Jeder Menge praktischer Tips bietet dieser Ratgeber quasi als Erinnerungshilfe."

Thüringer Allgemeine
„Das amüsante Enkel-ABC mischt sich ein in den Umgang der Generationen. Und es verrät, warum Großväter für jeden Unsinn zu haben sind."

208 S., 42 farbige Ill., 24,80 DM,
24,80 SFr, 184 ÖS, ISBN 3-89530-009-8

Kurier, Wien
„In durchaus humorvoller Form liefert das Buch Gesprächsanregungen, bietet aber auch dort sachliche Information, wo – z.B. in medizinischen Fragen – vielleicht die Eltern selbst nicht ganz sattelfest sind. Die Denkanstöße, die dieses Buch dabei liefert, gehen weit über den engen Bereich der Sexualität hinaus."

Bild und Funk, Offenburg
„Wer sich mit Aufklärung schwer tut, sollte sich diesen Ratgeber besorgen. Mit vielen Beispielen, Anekdoten, Fragen und Antworten, Diskussion und einem sachlichen Lexikon, hilft er, die richtigen Worte und Verhaltensweisen zu finden."

200 S., 40 farbige Ill., 24,80 DM,
24,80 SFr, 184 ÖS, ISBN 3-89530-011-X

Rheinland-pfälzische Lehrerblätter:
„Eltern erfahren in diesem Buch, wie sie ihre Sprößlinge an körperliche Aktivitäten heranführen und ihnen helfen können, Sieg und Niederlage zu ertragen."

Bayernsport:
„Die Autoren fassen in ihrem Buch erstmals zusammen, was Eltern und Erzieher schon immer über Jugendsport erfahren wollten."

Rieser Nachrichten:
„Auch Eltern, deren Kinder wenig Lust am Sport zeigen, finden Anregungen und Ratschläge, wie sie diese zum Mitmachen ermuntern können"

184 S., 38 farbige Ill., 24,80 DM,
24,80 SFr, 184 ÖS, ISBN 3-89530-003-9

ekz-Informationsdienst
„ansprechendes Layout, humorvoller Stil, gut verständlich, flott und informativ mit vielen Beispielen."

NDR Hamburg Welle
„... ohne besserwisserischen Tonfall, humorvoll, übersichtlich gestaltet ..."

Ostsee Zeitung
„... humorvoll, informativ, ideenreich und anekdotenhaft wird hier auf viele Situationen eingegangen, die im Familienalltag eine Rolle spielen."

200 S., 81 farbige Ill.,24,80 DM,
24,80 SFr, 184 ÖS, ISBN 3-89530-001-2

Aschaffenburger Stadtmagazin
„Die ersten Worte des eigenen Kindes werden meist sehnsüchtig erwartet. Und danach? Dieses Buch ist ideal für Eltern, die auch noch nach diesem Moment wissen wollen, wie das Kind zur Sprache kommt, und die spielerisch und mit viel Spaß zu einer guten Sprachentwicklung beitragen wollen."

Besser leben
„... ein ebenso unterhaltsamer wie brauchbarer Ratgeber ... Er enthält eine Fülle von praktischen Tips ..."

184 S., 43 farbige Ill.,24,80 DM, 24,80 SFr, 184 ÖS, ISBN 3-89530-005-5

Buchjournal:
„Ein versierter Ratgeber in dringenden Fällen."

Ratgeber aus der Apotheke
„Kurz und klar, humorvoll und anteilnehmend räumt der erfahrene Kinderarzt mit den Ammenmärchen und Ratschlägen auf, die von allen Seiten auf neue Eltern einprasseln."

232 S., 46 farbige Ill., 24,80 DM, 24,80 SFr, 194 ÖS, ISBN 3-89530-004-7

Kinder am Computer: Praxisbuch ist die konzeptionelle Weiterführung des Erfolgstitels *Kinder entdecken den Computer.* Anhand bebilderter und einfach erklärter Beispiele bietet das Buch gerade auch Eltern, die bislang kaum über Computererfahrung verfügen, viele Anregungen, wie sich klassische Kinderspiele mittels gängiger Software auf dem heimischen PC umsetzen lassen. Ein breit angelegter Anleitungsteil beschäftigt sich mit einfachen Programmen zum Malen, Spielen, Lesen, Schreiben, Rechnen, Basteln und Musizieren. Daneben wird auch auf pädagogisch wertvolle, käufliche Kinder-Software eingegangen.

200 S., ca. 50 farbige Ill., DM/SFr 24,80, ÖS 184, ISBN 3-89530-006-3

Traditionelle Kinderspiele wurden früher von Eltern an Kinder oder von Kindern untereinander weitergegeben. Diese Tradition ist heute verlorengegangen. *Kinder, spielt doch draußen!* soll Eltern, ErzieherInnen und LehrerInnen dazu anregen, diese Aufgabe wieder verstärkt zu übernehmen.
Mit witzigen Illustrationen und theoretischem Hintergrundwissen, durchmischt von praktischen Spielanleitungen, versetzte das Buch Eltern und ErzieherInnen in die Lage, den Kindern einen wichtigen Aspekt der Lebenserfahrung zu vermitteln, der gerade in der heutigen Zeit nicht verlorengehen darf.

184 S., 40 farbige Ill., DM/SFr 24,80, ÖS 184, ISBN 3-89530-007-1